¶ Cy commãce vng tresnotable liure nomme Tullius de officii [...]
latin en francoys ꝯ nomme Tulles des offices/contenãt troys volumes parlant de
iustice/et de iniustice ꝯ des quattre vertuz cardinalles.

Pource que lumain lignage applicque ses
cures et labours en diuerses estudes/ꝯ ada
pte sa vie en plusieurs manieres de viure/
touteffois il se doit pricipallemẽt efforcer
de puenir a vne fin de beatitude/alaquel‑
le il ne peut pas tendre durant sa mortelle
vie sy nõ par sapience. Car dieu qui est la
souueraine beatitude ayme sapiẽce deuãt
toute aultre chose. Pource quelle monstre
et enseigne ses euures et sa discipline. Et
nonobstant que nature humaine soit sy in
satiable quelle ne puisse auoir ou acquerir
chose dont elle se vueille contenter/ toutes‑
fois quant elle aura acquis sapiẽce elle de

ura estre contente/car se elle desire auoir richesses en sa vie/il nest rien plus riche ne
plus habondant que sapience/pource que par elle viennent tous biens. Car premie‑
rement elle cause sobriete/ secondement elle enseigne prudence/ tiercement elle mon‑
stre iustice/et finablement elle instruit lomme en toutes vertuz. Or nest il riens pl̾
vtile ala vie de lomme que vertuz. Parquoy doncques tout homme doit principalle
ment labourer a acquerir sapience puis que par elle viennent toutes vertuz et tous
biens. Et puis quãt il laura acquise/il se rendra sy content q̇l ne desirera plus auoir
aultre chose. Mais pour acquerir la sapience dont nous parlons lomme se doit rei‑
gler principallemẽt par les quattre vertuz cardinalles/ desquelles la premiere est sa
pience qui nest pas prinse sy generallement cõme la prennent les saiges et grãs phi‑
losophes en leurs liures. Mais elle est prise pour vne vertuz qui gist en inquisition
de verite/la seconde est iustice/la tierce force/ et la quarte est attrempance. Car par
elles quattre est regie ꝯ gouuernee toute sapience generalle. Et principallement par
la vertu de iustice/car comme les aucuns ont dit. Cellup qui a la vertuz de iustice a
toutes vertuz. Car elle est plus ꝓpre a lomme que nulle des vert̾/ dist le philosophe
en son liure de politiques.
¶ Sicut oium aïaliũ perfectũ optimũ est homo. Jta separatũ a iusticia et lege pes
simuz est. ¶ Cõe lõme dist il q̇ est le pl̾ pfait de toutes les aultres bestes est le meil
leur dicelles. Sẽblablemẽt quãt il est separe de iustice et de loy il est le pire de toutes
autres bestes. Dies plusieurs philosophes et saiges gens ont bien notablement de
termine de sapience et ont fait delle plusieurs beaulp liures en latin/ꝯ aussy des ver
tuz par lesquelles elle est gouuernee. Mais pource que aulcunes gẽs ne se sont pas
adonnez a lestude/ꝯ pource ilz nãtendẽt pas le langaige latin/pourquoy ilz pourroy
ent grandement errer en aucunes especes de vertuz dessus nommees. Pour laquelle

a ii

cause iay bien voulu employer vne partie de mon te(m)ps a translater de latin en fra(n)/
coys aulcun petit liure parlant des quattre vertuz dessus no(m)mees/et auffy de leurs
especes.Et apres ce q(ue) ien ay delibere en mon entendeme(n)t de ce faire.A la priere et re
queste de Taneguy du chastel seigneur de regnac/pour lors gra(n)t escuyer de fra(n)ce et de
present gra(n)t maistre de lostel de bretaigne mon especial seigneur et amp/iay pencez
que plusieurs sages ancie(n)s philosophes en auoye(n)t tresnotablement determine. Et
entre les aultres vng tressage et treseloquent philosophe appelle Marc° Tullius
Cicero en fist vng tresbeau liure no(m)me le liure des offices q(ui) vault auta(n)t a dire co(m)
me des vertuz/car il nest estat en ce mo(n)de ou vertu soit plus requise ne ta(n)t necessai
re co(m)me en offices.Car toutes les administratio(n)s tant de lame co(m)me de toutes cho
ses humaines sont baillees par loy et ordo(n)na(n)ces a estre regies et gouuernees soubz
icelle par ge(n)s a ce co(m)mis chescun en son ordre.Lesq(ue)lz sans vertu ne tiendroye(n)t ne loy
ne loy.Et pource est il q(ue) les maulx aduersitez et tribulatio(n)s q(ui) aduienne(n)t p chescun
iour en ce monde ne vienne(n)t q(ue) par faulte de vertuz en ceulx q(ui) par office ont le regi
me et administration de la chose publique.Leq(ue)l liure des offices ce noble philosophe
Marc° Tulli° enuoya a son filz Marc° cicero estudia(n)t en philosophie a atheynes
soubz vng tresgra(n)t philosophe no(m)me Crathipus q(ui) estoit le price des philosophes de
son te(m)ps.Ouq(ue)l liure il parle des moyenes vertuz par lesq(ue)lles est acquise la moyene
sapience/laquelle nous deuons tres affectueusement desirer.

¶ Sapie(n)tie tertio capitulo.Sapientia(m) et disciplina(m) q(ui) abiicit infelix est/et vacua est
spes illi° labores sine fructu/et inutilia opera ei°. ¶ Car co(m)me dit le saige ou tiers
chapitre de son liure de sapience.Cellup est bien malleureux q(ui) desprise sapie(n)ce et di/
scipline/car son espera(n)ce est vuide/et de nul effect ses labours sont sans fruit/et ses
euures sont inutiles/et cest ce q(ue) dit lauctorite.Et co(m)bie(n) q(ue) ie co(n)gnoisse bien q(ue) mon en
tendement estoit trop petit pour co(m)prandre et tra(n)slater vne sy gra(n)t et elega(n)t matie/
re/co(m)me est celle des offices et vertuz.Toutesfoys a laide de dieu le tout puissant/et
daulcune messeigneurs et co(m)paigno(n)s descolle expers en la scie(n)ce de philosophie/iap
conclu de le faire selon ma petite possibilite.Et pourta(n)t seigneurs q(ui) bouldrez passer
le te(m)ps a veoir et lire ce pr(ese)nt liure ie bous supplie benigneme(n)t q(ue) sy vo° y trouuez aul/
cune chose mal dicte/vo° ne le vueillez imputer a limperite dug sy gra(n)t et sy notable
philosophe que fut Marc° Tullius/mais seuleme(n)t a lignora(n)ce du tra(n)slateur q(ui) la
fait au mois mal q(ui)l a peu en ensupua(n)t le latin/sans y o(m)predre aultre chose q(ue) le sens
litteral.Et ie ne scap q(ue) aux exe(m)ples daultres liures q(ue) iay amasses faisans a p(ro)pos.
Et q(ui)l bous plaise de se corriger doulcement/car il nest entendement tant soit il par
fait que y inaduerte(n)ce ne faille bie(n) aucunesfoys a ce q(ui)lveult faire ¶ Lacteur.

Mon filz Marcus/co(m)bien que par vng an tu ayes este disciple de ce
philosophe Cratipus en la bille datheynes/pour la grant renommee
de la cite/semblablement aussy pour la grant auctorite du philosophe/
et q(ui)l te soit vtile et p(ro)ffitable de habunder es (com)mandeme(n)s et instructi/
ons de philosophie/esquelles Cratipus te peult augmenter en science/et la cite en
exemples/toutesfoys depuis q(ue) a mon vtilite ie assemblay le langage latin auec le
grec/ie ne lay pas proict en philosophie seuleme(n)t/mais aussi en tout art et exercitu
de de parler.Et pource auta(n)t ten veulx ie faire/affin q(ue) tu soyes pareil a moy en chescu

ne faculte de oraifon. Ceftaffauoir latine en grecque. A laquelle chofe nous auons
baille grãt aide anoz difciples/ainfy comme il nous femble/affin quilz ne fe cuidẽt
pas eftre rudes en la lettre grecque mais quilz fe cuident eftre enfeignez/ et conue/
nables a parler/et femblablement a iuger. Et pour cefte caufe tu apprẽdras du prin
ce des philofophes de ce temps prefent/ et apprendras tant que tu vouldras/et doiz
tant vouloir apprendre que tu ne ten repentes point/quant tu verras que tu y proffi
teras. Mais touteffoys en lifant noz dictez/ tu congnoiftras quilz ne font gueres
difcordans des paripathecques/car eulx et moy auons voulu eftre platoniftes et
focratiftes/tu veras de noz ditz a ta voulente/ car ne ten voulons point empefcher
Mais finablement par noz legendes/tu feras plus legiere oraifon latine. Et ie ne
cuide point auoir dit ces chofes arrogamment/ car en baillant la fcience de philofo/
phie a plufieurs/la propre chofe dung orateur eft conuenablement diuifeement ꜭ or
neement parler/or a ce faire iay vfe mon temps et mon aage. Et pource fe ie me ap/
proprie ce que dit eft/ il me femble ꝗ ie le puis bien vendiquer pour mon droit. Pour
laquelle chofe ie te prie mon filz que tu ne lifes pas tant feulement ftudieufement
mes oraifons/mais auffy ces petiz liures de philofophie qui font prez que parelz
a elles. Combien que la facon de parler en icelles eft plus difficile. Mais en mon
liure eft vng genre doraifon qui eft efgal et attrempe/et eft plus a prifer. Et certai/
nement ie nay point encores veu aduenir que vng orateur grec laboraft en vng chef
cun des deux gẽres. Ceft adire quil enfupuit le genre eftrange de parler/et le genre
pacifique de difputer/fy non ceft orateur Demetrius phalerius qui eftoit vng difpu
tateur fubtil/vng orateur peu vehemẽt ꜭ douly difciple de ceft orateur Theofraft'
Mais combien que nous ayons profite en vng chefcun des deux gentes/ nous le
laiffons ou iugement des aultres/car certainement no'auons enfup tous les deux
gentes. Et ie cuide que fe Platon euft voulu tracter le gẽre eftrange de parler/que
grandement et copieufement il euft peu determiner. Et femblablement ie eptime
que fe Demoftenes euft tenu et voulu pronũcer ce que il auoit aprins de Platon il
euft peu faire orneement et refplendiffammẽt. Et pareillement le iuge de Ariftote
et de Socrates defquelz chefcun ceft tãt delecte a fon eftude que lung a defprife faul
tre. Mais quant ie propofe de te efcripre aucune chofe en ce tẽps prefent qui te pour
ra eftre grant chofe ou temps aduenir/iay voulu cõmancer a ce qui fuft cõuenable
a ton aage et amon auctorite/car puis quil ya moult de chofes en philofophie gran
des et proffitables/qui font fagement et grandemẽt difputees par les philofophes/
les chofes qui des vertuz et offices ont efte baillees et commandees peuent grande
ment apparoir/car ta vie ne peuft eftre fans les offices et vertuz/quant tu es em/
pefche es chofes publicques/ ou priuees/ ou en chofes domefticques/ ou fe tu piens
follicitude en toy daultres chofes/ou fe tu cõtractes auecques aultruy. Et en vfant
de ces offices et vertuz eft fituee toute hõneftete de vie/et en les defprifant toute fai
dute ꜭ turpitude. Et cefte queftion eft commune a tous philofophes. Qui eft cellup
qui en ne baillant aucunes difciplines des offices et vertuz fe oferoit dire philofo/
phe/certe nul. Mais il ya aucunes difciplines qui peruertiffent toute loffice et ver
tuz du propos des bons/ et des fins des mauuais/car cellup qui prẽt ainfy le fouue

rain bien qui na rien conioinct auecques vertu et mesure/ce bien nõ pas par hone
stete/mais pour son pfit seulemēt.Se icelup se cõsent a ce bien/z ne soit point aul
cunesfoys vaincu p la bonte de nature/z ne puisse hõnourer amitie/ non fait il pas
iustice ne liberalite.Et auffy cellup q dit que douleur est le souuerain mal/ou q vo
lupte et plaisir est le souuerain bien/ou q les attrēpe/disant q douleur est mal/et vo
lupte est bien/il ne peult aucunemēt estre fort/ses qlles choses combien qlles soyent
sp euidētes z si magnifestes qlles napēt aulcū besoing de disputation).Toutesfoys
sp sont elles p noº disputees en aultre lieu.Pource se ces disciplines dont iap parle/
veullēt estre psentās lune a saultre/elles ne pourroyēt dire aucune chose de office et
vertu/et ne saroyēt bailler aulcuns commandemēs fermes estables ne conioingts
a nature/sp nõ de ceulp q desiroyēt appeter z desirer honnestete pour eulp seulemēt
ou de ceulp q mesurement et principalemēt lappetēt.Et cest la propre doctrine des
Stoiques/z des Achademiqs/et des Paripathetiqs/z ce fut anciēnemēt la sentence de Aristote de Phiro/et de Heril? lesqlz toutessoys auroyēt leur droit de disputer
des offices et vertuz/se ilz eussent traictez aulcune difference des choses/affin qlz
eussent eu entree a linuētion des offices.Et pource ensupuõs en ce temps psēt/z en
ceste question mesmemēt les Stoiques/nõ pas cõme interpretateurs de leurs ditz/
Mais cõme nous auõs acoustume/noº prendriõs de leurs disciplines a nrē iuge-
ment/et de nostre arbitre ce q noºpourrõs.Et pource q toute question de office doibt
estre a aduenir/il fault premieremēt diffinir et scauoir q cest que office/laqlle diffinition a este delaissee de ce philosophe Panecius/dont ie me esbahpz/car toute instruction de aulcune chose prinse selon raison doibt cõmancer a la diffinition/affin
que on attende ce de quop on doit faire la disputation.

¶ De la diuisiõ et diffinition des offices.

Oute question de offices est double z diuisee en deup gēres/lũg
des gēres sp est q appartient a la fin des biens/laultre sp est q est
mis en cõmandemēs.Par lesqlz en toutes pties peult estre cõser-
me lusaige de la vie.Du pmier gēre il ya de telles epēples/assa-
uoir se toutes offices sont pfaictes.Et se lung des offices q sont
dung mesme gēre est plusgrãt q laultre/desquelles offices il bail-
se telz enseignemēs/q combien qlz apartiennēt a la fin des biēs. Toutessops cela
est le moins apparēt.Car ilz semblent mieulp apptenir a linstitution de la vie com
mune/desqlles noº parlerõs en ce suire.Et auffy il ya vne aultre diuisiõ des offices
Car lung office est dit moyen/z laultre est dit pfait/leql nous appellons le droit/et
le moyen appellons le cõmun. Les grecz les diffiniēt ainsp/car ilz dient que le droit
office ou vertu est dit parfait/ et le moyen cest quant on peult bailler raison proba-
ble pourquoy il est fait.   ¶ Des questions de tracter des offices.

Durce doncqs ainsp cõme il me semble a ce philosophe Paneti?/il est
triple question de tracter de office z vertuz. La premiere sp est quāt on
doubte sp se q chiet en deliberatiõ est hõneste ou deshõnesle.Et en le cõ
siderāt/les pēcees des hõmes sent souuēteffois distraictes en diuerses
sentēces z opiniõs alors ou ilz se nequierēt/ou ilz se consultēt au pfit de la vie/ou
de la iccõbite aup facultez/ou aup richesses/ou ala puissance des choses desquelles

ilz se puissent aider ⁊ secourir les leurs. La secõde sy est/sy ce de quoy on delibere est
vtile et prffitable ou nõ/et toute celle deliberatiõ chet en raison de prffit et de vtilite
℩ Cum enim vtilitas ad se rapere/hõnestas ꝑtra reuocare ad se videtur/fit vt di
straħatur animus in deliberando/afferatꝗ ancipitem curã cogitandi. ℩ Le tiers
gẽre de doubter sy est/ quãt se q̃ semble estre prffitable ne semble pas estre hõneste/
car quãt en deliberant de aulcune matiere vtile/rauist a luy le courage de somme
dung couste/et hõnestete de laultre/adonc lentendemẽt de somme est distrait de deli
berer/et cela engendre en luy vne sollicitude doubteuse/q̃ le fait estre pencif. Mais
pource que cest vng grãt vice q̃ en diuisant laisser aulcune chose/il me semble q̃ Pa
necius en faisant la diuisiõ/dont noꝰ venons de parler a laisse deux choses. Car
on ne delibere pas/seulemẽt sy vne chose est honneste ou laide/aincoys deux choses
hõnestes ꝓposees on delibere bien laquelle est la plus hõneste. Et semblablemẽt de
deux choses pffitables/ on delibere bien laquelle est la plus prffitable. Et ainsy ce
que Panecius disoit nestre diuisee q̃ en troys pties/selon nostre entendement doibt
estre diuisee en cinq. Car le pmier gẽre sy est/ se la chose ꝓposee est hõneste/le second
est/se lune est plus honneste que laultre/le tiers/se la chose ꝓposee est proffitable/le
quart/se lune est plus proffitable que laultre/le quint de la comparaison des deux/
cest assauoir se la chose proposee est honneste ou proffitable.

℩ De la propriete naturelle des hommes.

D commancement du monde il fut attribue ꝑ nature/ au genre
de toutes bestes ayans ame/q̃lz puissent garder ⁊ deffendre eulx
leur vie ⁊ leurs corps/q̃lz laissent les choses q̃ leur semblent estre
nuysibles/et q̃lz quierẽt toutes choses a culx necessaires pour vi
ure/⁊ q̃lz les engendrẽt/cõme fait miel/pasturages/habitatiõs/
et les aultres choses dung mesme gẽre a elles semblables. Et pa
reillemẽt la cõmunite de toutes les bestes apãs ame a vng appetiz de coniũction a
cause de ꝓcreer/⁊ auecꝗs ce elle q̃ vne cure et sollicitude des choses ꝓcrees entre lõ/
me raisõnable/⁊ la beste irraisõnable/car la beste irraisnonable entãt q̃ elle est me
nee ꝑ sens se a dõne ⁊ attribue tãt seulemẽt a ce q̃lle voit ⁊ q̃ luy est pñt/⁊ ne ꝯgnoist
point ce q̃ est passe/ou se q̃ est aduenir. Mais somme q̃ est pticipãt de raison ꝑ laq̃l/
le il cõgnoist les choses a aduenir/il voit les causes dicelles/leurs cõmancemẽs/et
leurs aduenemẽs/il cõpare les similitudes/⁊ ioingt ⁊ anneye les choses a aduenir
aux choses pñtes. Parquoy il voit facilemẽt tout le cours de sa vie/⁊ apꝑste les cho/
ses necessaires a la regir ⁊ gouuerner. Et vne mesme nature ꝯioigt vng hõme auec
ques laultre/ꝑ la force de raison/a societe et ꝯpaignie/de vie et de oraison. Et pmie
remẽt elle engẽdre vne principalle amoure en ceulx q̃ sont ꝓcreez/et induit ses hom
mes de ꝯmuniquer/⁊ faire ꝯpaignie entreulx/⁊ de obeir lũg a laultre. Et pour ceste
cause/ilz se estudient de acquerir les choses q̃ leur sont necessaires a la vie et a leur
ornemẽt/⁊ nõ pas a eulx tãt seulemẽt/mais a leus femes ⁊ a leurs enfãs ⁊ a ceulx
quil aymẽt/et q̃lz ont chiers/et quilz doyuent deffendre. Laquelle sollicitude esmeut
leurs couraiges/⁊ les fait plusgrãs ⁊ gouuerner leurs choses. Et principalement
la ꝓpre chose de somme/ cest inuestigation ⁊ inq̃sitiõ de verite. Et ainsy quãt noꝰ
nauons cure ne sollicitude de noz negoces necessaires. Adonc noꝰ couuoitõs veoir

a iiii

oupir et apredie aulcune chose/ ι prenos vne ɔgnoissance necessaire pour bič viure
des choses obscures ι mucees/ou des choses merueilleuses. Par quoy il est a enten/
die q̃ ce q̃ est vray simple ι pur il est ɔuenable a la nature de somme. Et a celle cupi
dite de veoir verite est adioinct vng appetit de ɔnation/ car le courage de somme
bien informe p nature ne veult obeir a aultrup/sp nɔ a cellup q̃ lup peult ɔmāder/
ou a cellup q̃ lup enseigne/ou a cellup q̃ pour son pffit iustemēt ι legitimemēt lup cɔ
mande/ de sačlle chose vient la grandeur du courage/ι la contēption et desprisemēt
des choses humaines. Et veritablemēt ce nest point vng petit art de nature/ou de
raison q̃ vng hɔme cɔgnoist q̃ est lordie quelle chose est ɔuenable en faiz/ou en ditz/
ne q̃lle maniere. Semblablemēt vne aultre beste ne cɔgnoist point la pulchritude/la
beaulte/ne la conueniēce des pticulieres choses/qui se cɔgnoissent par regard/sačl
le similitude est trāsportee par la naturelle raison des peulp a lentendemēt/ et ensei
gne q̃ plusgrandemēt en cɔseilz et en faiz/on doibt obseruer et garder beaulte/con/
stance/ι ordie/et garder q̃ on ne face chose laidemēt ne fragilemēt/tāt en opinions
cɔme en faiz/et q̃ on ne face ne pēce aulcune chose par affection. Par lesquelles cho
ses est fait ce q̃ nous querons hɔneste. Et combiē quil ne soit pas noble/touteffoys
sp est il hɔneste/nonobstant q̃l ne soit loue de personne/sp est il a louer par nature.

ℭ Des quelles offices et vertuz vient honnestete.

Pvrce doncq̃s mon filz Marcus tu voys ceste forme et manie/
re de office et vertuz dont no⁹ venɔs de pler estre cɔme la face de
toute hɔnestete. Et cɔme dit Platon se on la regardoit bien des
peulp/ elle esmouueroit merueilleuses amours d̃ sapiēce. Mais
toute honnestete viēt de lune des quattre pties. Car ou elle est en
la cɔgnoissance ι sollicitude de verite q̃ est prudēce/ ou a regarder
la cɔpaignie des hommes/ι rendie a vng chescun ce q̃ est sien. Et en la foy des cho/
ses faictes et cɔtraictes q̃ est iustice/ou enila force ι grādeur du hault couraige fort
et insuperable q̃ est force/ou en lordie et maniere de toutes les choses q̃ se font et di/
ent/en laq̃lle est attrēpance ι moderāce/ lesq̃lles quattre vertuz combiē quelles soy
ent cɔioinctes entre elles. Toutesfoys de chescune naissent certains gēres des offi
ces et vertuz/comme de la premiere q̃ nous auɔs premieremēt descripte/en laquel/
le est sapience et prudēce/viēt vne inuestigation et vne inuention de verite/et ceste
office est ppie de celle vertuz. Car cellup q̃ congnoist bien laq̃lle dune chescune cho/
se est la plus veritable/et q̃ la peult veoir et eppliquer p raison aguemēt et subtile/
ment cil est repute tressaige et prudent/pour laq̃lle cause/ verite est subgecte a celle
prudēce. Dont nous venɔs de pler cɔme la matiere q̃ on tracte en laq̃lle on se doibt
tourner aup aultres troys vertuz/dɔt nous auɔs ple/sont subgectes aultres neces
sites a les garder ι deffēdie. Esq̃lles necessites est ɔtenue vne opation de vie/ affin
que la ɔpaignie des hɔmes ι la cɔiunction q̃ est entre somme ι la fēme soit gardee.
Et affin q̃ lexcellence et grādeur du courage soit aussp gardee/ aulcuneffoys en ac
croissant les richesses ι vtilitez pour acquerir/ aulcuneffoys affin q̃l ne soit pl⁹ ap/
parāt q̃ on les doibt ɔtēpner ι despriser. Et en ce gēre on doibt garder ordie/ ɔstāce/
ι attrēpāce/ι les aultres offices ι vertuz a elles sēblables. A laq̃lle chose on doit ad
iouter nɔ pas seulemēt vne agitatiɔ de pēcee/mais aussp vne opatiɔ/ι pour bailler
maniere ι ordie aup choses q̃ no⁹ faisons en ntēvie/no⁹ garderɔs hɔneur ι hɔneste.

Es quattre especes/par lefqlles no⁹ auős diuife la nature de hő‑
neftete et de verite. La premiere efpece q̃ eft en cőgnoiffance de ve‑
rite touche pl⁹ grandemēt la nature humaine. Car no⁹ fommes
tous tuez τ menez a la couuoitife de cőgnoiffance τ de fcience/en
laqlle no⁹cuidős q̃ beaulte foit epaulcee. Et difons q̃ trefbucher/
errer/nő fauoir/τ eftre deceu/eft vng grāt mal τ vne chofe defhő‑
nefte. Et en ce gēre qui eft naturel et hőnefte/no⁹ deuős euiter deuy vices/ le pmier
fy eft/q̃ nous ne ayős point les chofes incőgneues pour ągneues/et q̃ nous ne adő‑
nons point folemēt a elles. Mais q̃ eft il q̃ doit vouloir fupr ce vice/ certes tous le
doyuēt vouloir. car a pfiderer les chofes on doit employer tēps et diligēce. Le fecőd
vice fy eft/quāt aulcun prēt trop grāt eftude et euure auy chofes obfcures et diffici‑
les q̃ ne font poit neceffaires. Lefqlz vices delaiffez ce q̃ nous mettrős de nrē euure
et de noftre follicitude es chofes hőneftes et dignes deftre ągneues fera loue p̃ droi‑
cte raifon. Comme no⁹ auős ouy dire q̃ Gayus Sulpici⁹ fe mift en aftrologie. Et
auős cőgneu q̃ Septus Pompeyus fe mift en geometrie/τ plufieurs en la fciēce de
dyaletique/et les aultres en la fciēce de droit ciuil. Lefqlles fciēces fe adonnēt a inq̃‑
fition τ inueftigation de verite. Et quāt en faifant aulcunes chofes on fe diftraict
de leftude de verite. Car toute fa louēge de vertuz eft opation/de laqlle eftude on fe
diftraict fouuēt et y retourne len fouuēt lors la cogitation de la pēcee q̃ ne repofe ia‑
mais no⁹ peuft mettre en leftude de congnoiffance fans nrē oeuure et toute cogita‑
tion et mouuemēt de courage/en prenāt cőfeil des chofes hőneftes et pertinētes / fy
deura toutner a leftude de fcience et de congnoiffance a bien et curieufement viure.
Et ainfy nous auons determine de la premiere maniere des offices et vertuz.

Es aultres troys efpeces p̃ lefqlles no⁹ auős diuife la nature de hőnes‑
ftete et de verite peult euidāmēt apparoir p̃ cefte raifon par laqlle eft cő‑
tenue fa fociete ds hőmes entreulp/τ la pmunite dela vie. De laqlle rai‑
fon il ya deuy p̃ties/la pmiere eft iuftice/en laqlle eft trefgrāt refplēdif‑
feur de vertuz/de laqlle les bons hőmes font nőmez/τ a celle vertu de iuftice eft cő‑
ioicte begnificēce laqlle no⁹ appellős benignite/ou liberalite. Et le pmier office ou
vertu d iuftice fy eft tel/q̃ hőme ne nuyfe a aultruy/fil neft pourmeu pmieremēt par
ire. Laultre office fy eft/q̃ on vfe des chofes cőmunes pour les pmunes/τ des priue
es cőme des fiēnes. Di les chofes priuees felon nature főt nulles/ mais elles font
priuees/ou p̃ lanaēne occupatiő τ detētiő. Car anciēnemēt quāt les gēs virēt q̃ les
chofes eftoyēt cőmunes et vuides/ilz vferēt de meum τ tuum/τ les appliquerent a
eulp/τ en prit vng chefcū p̃ ou il peuft. Du elles főt priuees p̃ victoire/pme a ceulp
qui ont vfe de batailles/ainfy cőme no⁹ auons de Alipādre q̃ par bataille et victoi‑
re ąuift tout le monde τ en fut nőme roy/τ de plufieurs aultres. Du elles font pri
uees par foy/ou par paction/ou par condition.   ¶ Eyemple.

Omme nous lifons que le geant Golias deffia le roy Saul/et dit q̃l
batailleroit contre luy/ou quil gafteroit fon royaulme. Et pource que
Saul fcauoit quil neftoit pas pour refifter a luy/dift quil donneroit
la moitie de fon royaulme a celluy q̃ vouloroit batailler cőtre Golias

Et adonc Dauid batailla contre luy et dune pierre quil gecta auecques. Vne frõde
luy rompit sa teste/et mourut le geant Golias/pour laquelle cause/le roy Saul dõ
na a Dauid la moitie de son royaulme/ et en fut roy Dauid pource quil auoit tue
Golias/et ainsy il acquist ce royaulme par condition/ ou les choses cõmunes sont
faictes priuees par sort et aduenture.   ¶ Lacteur.

Omme no⁹ pouõs veoir que Saul fut roy disrael nõ pas par
succession ne par victoire/mais p aduenture a diuine disposition
Et pourtãt est il q auant que les choses ont este faictes priuees/
elles ont prins le nom de ceulx a qui elles sont a apartiennēt/cõ
me le champ des atipinians est dit le chãp atipinian/a celuy des
tusculains/est dist le champ tusculain. Et semblablemēt est il dit
de la description des aultres choses priuees. Et pource q vng chescun fait le sien/ et
se attribue les choses q souloyent estre cõmunes/il fault q ce qui appartient a vng
chescun luy soit baille et desiure. Et se aulcun veult plus prandre ou demander quil
ne luy appartient/il destruit le droit de societe humaine et compaignie.

¶ Non solum nobis nati sumus/ortusqz ntri partem patria vedicat/partē amici.

¶ Mais pource q cõme il est notablement escript par Platon no⁹ ne sonsmes pas
nez seulemēt pour nous/car no⁹ deuõs employer vne ptie de nostre vie a aider aux
affaires de nostre pays/ et laustre partie a secourir a noz parens et amys en leurs
necessitez. Et cõme disent les Stoiques/ les chose q la terre pduit sont creez pour
lusage des hõmes/ et les hommes sont engendrez a cause des hõmes/ affin quilz ai
dent lung a laultre. Et pource no⁹ deuons en ses choses supute dame nature/ cõme
celle qui nous conduit et maine/ et deuõs mettre en cõmun les communes vtilitez
Et quãt nous sõmes entre les hõmes/nous deuõs vaincre leur societe/par muta
tion des offices a vertuz/cest adire/en donnãt en prenant aucunessoys par art/au
cunessoys par euute/ou par facultez et richesses.

¶ Fondamentũ aut iusticie fides. ¶ Or le fondement de iustice est foy/ cest adire
la constance et verite des choses dictes a assemblees. Et pource que ceste exposition
semble estre difficille a plusieurs/ toutessoys no⁹ ensuyurons les Stoiques q senqe
rent studieusemēt de ou sont descendutz les motz/ et ainsy no⁹ croyons q foy est ap
pellee/pource que ce q est dit est fait. Mais pource q les hõmes ne tiennēt pas tous
iours iustice lung a laultre/apns bien souuēt vsent il de iniustice. Il fault scauoir
quãtes especes il ya de iniustice. Et trouuõs que il en ya deux especes/la pmiere est
de ceulx qui font iniustice/ la seconde de ceulx qui la voyent faire/ et en peuēt bien
garder ceulx qui la font/ et ne les en gardent pas/car celluy q bat ou tourmēte aul
cun iniustement/esmeu de ire ou daultre perturbation / il met mains violentes en
son compaignon. Et celluy qui luy voit faire ceste iniure et y peult bien resister et
le deffendre. Mais toutessoys il ny resiste point/en est aussy grant vice comme sil
laissoit ses parens/ ses amys/ ou son pays. Et certainement les iniures qui sont
faictes a escient pour cause de nuyre viennent le plus souuent de paour/car celluy
qui veult nuyre a aulcun/craint que se il ne luy nuyst il soit tourmente de aul
cun grant dommaige. Mais les aultres viennet la plusgrant partie a faire in
iure a aultruy/ affin quilz puissent auoir ce quilz desirent. Et pourtant en ceste

maniere de iniurier auarice est clerement apparent. Dies par auarice on desire les
richesses aulcunesfoys pour lusage necessaire de la vie/aulcunesfoys pour acomplir
les voluptez et desirs. Et en ceulx q̃ ont le plusgrãt courage/en ceulx la est la plus/
grant cupidite de peccune. Et la conuoitet pour auoir richesses/ou pour auoir facul
te ou pouoir de gratiffier a aultruy. Aussy cõme Mussi' Crassus q̃ disoit que vng
homme q̃ vouloit estre prince de la chose publique/de la quelle les fruiz ne suffisoy/
ent pas a nourrir le peuple ne pouoit auoir trop grnat quãtite de peccune. Aussy les
grãs z magnifiqz apparelz donnẽt aux gẽs delectation/et semblablemẽt les grãs
labours de la vie auecqs grãt epcellence z habondãce. Et pourtãt est il q̃ les hõmes
ont vne infinie cupidite de peccune. Et touteffoys laugmẽtation de la chose domesti
que et familiere qui ne nupst point a aultruy/nest pas a blasmer/mais on doit touss
iours fuyr iniure.

¶ Maxime aũt adducũtur pleriqz/ut eos iusticie capiat obliuio/cũ imperionũ
et honor̃ ptãtẽ inciderũt. ¶ Cõbien q̃ plusieurs sont tirez aux biẽs en ceste manie
re q̃lz oubliet iustice quãt ilz sõt en la cupidite z auarice des empires z des hõneurs
¶ Nulla sctã societas nec fides regni est. ¶ Et pource dit ce philosophe Ennius'q̃l
npa saincte societe ne foy en royaulme/et ce la est tout apparẽt. Car quãt vng hom
me est mõte en tel honneur q̃ plusieurs ne le peuẽt surmõter/il est bien souuẽt plain
de si grãde contẽption et desprisemẽt quil est difficille q̃l puisse garder foy ne iustice
Et ce no°a bien declare la folye de Gayus Cesar/qui p la grãde principaulte z sei
gneurie q̃l se attribua par son opinion peruertist to° les droitz diuins et humains.

¶ Exemple.

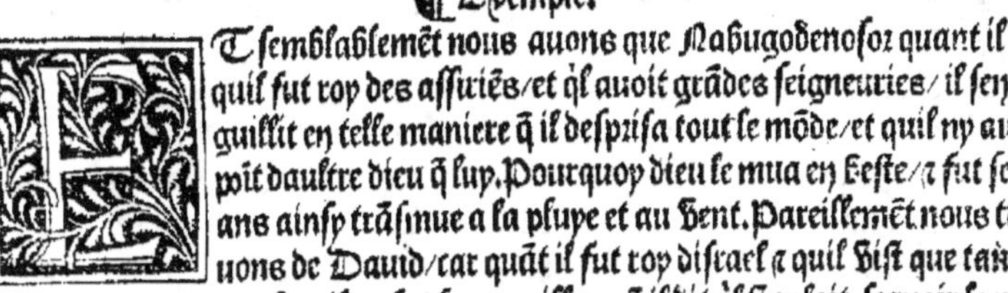

T semblablemẽt nous auons que Nabugodenofor quant il vit
quil fut roy des assuriẽs/et q̃l auoit grãdes seigneuries/ il sen or/
guillit en telle maniere q̃ il desprisa tout le mõde/et quil ny auoit
poit daultre dieu q̃ luy. Pourquoy dieu le mua en beste/z fut feptz
ans ainsy trãsmue a la pluye et au vent. Pareillemẽt nous trou
uons de Dauid/car quãt il fut roy disrael z quil vist que taãt de
monde estoit subiect a luy/il en fut fy orgueilleux q̃ il dit q̃l vouloit scauoir le nom
bre du peuple q̃ estoit soubz luy/et pour cest orgueil dieu enuoya vng ãge des cieulx
qui occist fy grãt multitude du peuple disrael q̃ pour .p. mille q̃ Dauid en auoit par
auant/il nen eust pas mille apres. Et pourtãt est il plus vicieux et p' mauuais/
quant en gẽs magnanimes de grãs courages et en grans et aguz engins sont les
grans puissances de honneurs/et les grans gloires et cupiditez des empires et sei
gneuries. Non obstant que en cest estat on doibt mieulx garder q̃ on ne peche en au
cune chose/mais en toute iniustice/il ya grãt differẽce. Se iniure est faicte par aul
cune perturbation legiere de courage q̃ ne dure gueres/ou se elle est faicte de coura/
ge desibere/et par conseil. Les choses qui aduiennẽt par vng mouuemẽt soudain/
sont plus legieres q̃ celles qui ont este precogitees et pencees par auant. Di nous
auons pour le pñt assez ple de iniure faicte a aultruy/et pource no° fault parler de
ceulx q̃ ne gardẽt poit d faire iniure a aultruy quãt ilz ont biẽ le pouoir d sẽ garder

¶ En quelles causes on peult delaisser a vanger aultruy/et en quelles causes on
se doit vanger.

l ya plusieurs causes de delaisser a deffendre aultruy de iniure/
et delaisser ceste office et vertu/car bien souuent les hommes laif
sent a deffendre aultruy pource que ilz ne veullent point auoir de
inimite auecques ceulx qui font liniure.Ou pource quilz ne veul
lent pas prendre la labeur/ou quil y auroit trop grãs despẽs/ou
auffy par negligence/ou par paresse/ou pource quilz font fy em/
peschez a leurs estudes ou aultres occupatiõs qlz feuffrẽt iniurier ceulx quilz deuf
fent deffendre.Et pourtant il fault veoir fe il fuffift de dire ce que difent les philofo
phes a Platon, Cest a dire q ilz exercitoyẽt et trauailloyent a linuestigation et in
quifition de verite/et que ilz defprifent et ne leur chault des chofes dont plufieurs
eftriuẽt en bataillant fouuẽt/font ilz doncques iuftes pour cefte caufe. Je cuide que
oup/car puis que ilz retiennent laultre efpece et genre de iuftice/cest adire que ilz
ne nuyfent point a aultruy en faifant iniure mais entendent a aultre chofe/car ilz
font empefchez en leftude daprẽdre et pource ilz laiffent ceulx quilz deuffent deffen
dre.Et pour cefte caufe plufieurs dient et tiennent que telles gens ne doyuent point
aller aux deffences de la chofe publicque fe ilz ny font contrains.Mais touteffois
il eft plus iufte que ilz y aillent de leur voulente.

Hoc ipfum ita iuftum eft quod recte fit fi eft voluntarium. Car la vertu qui
eft faicte droictement eft plus iufte quãt elle eft voluntaire.Jl en ya auffy daultres
qui laiffent a deffendre aultruy/par ce quilz veullent entendre a deffendre leur cho/
fe familiere et domeftique/ou par hayne quilz ont a aultruy/et dient quilz font em
pefchez en leurs negoces et affaires/affin q ilz ne femblent point faire iniure a aul
cun/et ceulx la vacquent a lung des genres de iniuftice et cheent en vng aultre vi/
ce/car ilz laiffent la fociete de la vie commune.Pource quilz ne contribuent aulcu/
nes chofes de leur eftude/de leur confeil/de leur labour/ne de leur defpẽce/de leur eu
ure/ne de leurs facultez a la deffendre. Quãt doncques noꝰ aurons adioufte ꝛ bail
le les caufes dung chefcũ des deux gẽres de iniuftice q nous auõs ꝓpofez/veu auf
fy que noꝰ auons declare p auant les chofes efquelles eft cõtenue iuftice.Noꝰ pour/
rons facillement iuger qlle eft loffice ꝛ vertu de chefcun tẽps/fe noꝰ ne noꝰ aymons
tant q nous ne voulons pas prendre la peine. Et pource la caufe pourquoy noꝰ laif
fons a deffendre liniure que nous voyons faire a aultruy fy eft.

Eft enim difficilis cura rex alienaruz. Car il eft biẽ difficille de prẽdre grãt
cure ꝛ follicitude des chofes daultruy/cõbiẽ q ce poete Therẽce reputoit toutes les
chofes q les humains faifoyẽt eftre faictes a luy.Mais touteffois pource q noꝰ ap
perceuõs ꝛ fentõs pluftoft les chofes q nous font profperes ou cõtraires que celles
qui viennẽt bien ou mal aux aultres/car entre noꝰ et eulx il ya vne grãt merueille
et differẽce.Pourquoy noꝰ iugeons aultrement de nous/ꝛ aultrement deulx.Pour
laquelle caufe ceulx qui deffendent que on ne face vne chofe pource quilz doubtent
fe elle eft raifonnable ou defraifonnable.

Equitas eniz lucet ipa per fe/dubitatio cognitionẽ parit iniurie. Cecy con
fone bien/car raifon et eqte reluift delle mefmes/ꝛ doubter engendre cõgnoiffance
diniure.Mais il aduient aulcuneffois des tẽps efquelz les chofes q femblent eftre
dignes et raifonnabes en vng iufte hõme/et en celluy q nous difons eftre bon/font

muees et faictes cõtraires. Cõme se vng hõme a depose et mis en garde cent escuz
en mon hostel raison veult q̃ ie les luy rẽde. Mais se vng peu de tẽps apres il deui
ent insense a furieux/et il viẽgne en mon hostel querir ses cent escuz/ie ne suis põt
tenu de les luy bailler. Car il est aulcunessfoiz iuste de passer. et ne garder pas des
chosesq̃ appartiennẽt a verite z a foy/aincoys se fault rapporter aux fondemẽs de
iustice q̃ no⁹ baille deux cõmãdemẽs/dõt le pmier est q̃ no⁹ ne nuysons point a aul
truy/le second q̃ on serue ala cõmune vtilite. Et quãt ces deux cõmandemẽs se mu
ent loffice z vertu q̃ en descẽt se mue pareillemẽt z nest pas tousioure vnc. Et peult
bien aduenir q̃ ce que on pmet faire a aultruy soit inutile a celluy a q̃ il est pmis/
ou a celluy qui se pmet. Car cõme no⁹ trouuõs es fables Theseus requist trois
choses a Neptun⁹ q̃ est nõme dieu des eaues/entre lesq̃lles il luy requist q̃ il luy fist
mourir son filz ypolite. Et aps ce q̃ ypolite eust este tire aux cheuaulx/il fut gecte en
leau/z Neptun⁹ le dieu des eaues le suffoca. Theseus en fut aprez moult doulẽt/
et en ploura tresfort. Mais depuis le dieu Neptun⁹ print ypolite/et le porta en vng
isse et ie fist reuiure/et pour celle cause fut il nõme deux foiz hõme. Et pource donc
ques les choses pmises q̃ sont inutiles/a ceulx aq̃ ilz sont pmises ne sõt pas a gar
der/et mesmemẽt quãt ilz nuysent pl⁹ a celluy q̃ promet q̃lz ne facẽt a celluy a qui
ilz sont pmises. Et nest pas cõtre office ne vertu de mettre le plusgrãt bien deuant
le moindre. Cõme se tu as pmis a aulcun destre son aduocat en sa cause. Et apres
celle pmesse ton filz deuiẽt tresgrefuemẽt malade/ celluy a q̃ tu as pmis te viẽt q̃
rir pour plaidoyer sa cause/tu te excuses disãt q̃ tu ny puis aller pource q̃ ton filz est
malade cõbiẽ q̃ celluy a q̃ tuas pmis se plaigne q̃ tu luy faulse ta pmesse ne vault
il pas mieulx q̃ il sen desiste q̃ tu laissasses ton filz/sy fait. Et semblablement on ne
doit põt tenir sa pmesse des choses q̃ on a pmis par cõtrainte/ou p paour/ou par
fraude z deceptiõ/car les pmettãs en sõt deliures ploffice des iuges ou p les loys

¶ De liniure malicieuse et calumnieuse.

ᴏN fait souuẽt des iniures calũpnieuses malicieuses z trop chaul
des qui se fõt par mauuaise interptation de droit. Et dicelles est
tire ce commun prouerbe que on dit souuent.

¶ Sũmũ ius summa iniuria ¶ Souuerain droit/souueraine
iniure. Et en ce gẽre de iniure on peche beaucoup contre la chose
publique. Cõme celluy q̃ fist triesues auecq̃s ses ennemis iusq̃s
a.xxx.iours durãt lesq̃lz iours il ne leur demãdoit aucune chose. Mais quãt se ve
noit lanupt il couroit p ses chãps auecq̃s son armee z õgastoit tout le pays Et lors
ses ennemis luy dirẽt q̃l auoit rompu les trieues et accordz q̃lz auoyẽt fait entre
eulx/il leur respondit q̃ il ne les auoit point rõpues/car il nauoit fait trieues auec/
ques eulx q̃ pour.xxx.iours z dit q̃ les nuitz ny estoyẽt point cõprinses ne contenu
es/car il nen auoit point parle. Et semblablemẽt fut il de Fabi⁹laber qui ainsy que
nous auõs ouydire fut dõne arbitre par les senateurs de rõme aux nolains z nea
politais q̃ auoiẽt debat entreulx pour leurs terres q̃lz tenoyẽt en vne piece z nestoy
ent point diuisees. Et quant Fabi⁹ laber vint sur le lieu pour les diuiser il appella
apart les nolais et leur dit que ilz ne deuoyẽt pas plus demãder q̃ ne leur apparte

noit/ et que sans conuoiter aucune chose de lautruy ilz luy deissent pour vray combi
en ilz deuoyent auoir de terre/ et quilz en deuoyent auant demander moins que
plus. Puis aprez appella les neapolitains apart et leur dit semblablemēt/ par quoy
il les induisoit tellement de parolles quilz ne demanderent pas chescun tant de terre
comme il leur appartenoit. Adonc fabius commēca a mesurer la terre ⁊ leur en bail
la a chescun ce quilz en auoyent demande et en demoura vne piece de reste laquelle il
adiuga ala chose publicque des rommains/ et cela nest pas iuge aincoys cest deceu.
Et pource en tout droit on doit fuyr telle iniure. Mais il ya daucunes offices et ver
tuz que on doit garder côtre celluy de qui on est iniurie. Car se on le veult pugnir de
liniure quil fait/ la pugnition doibt estre faicte par maniere. Et se on se veult vāger
il se fault vanger par maniere. Di prenons que vng homme te ait fait quelque iniu
re il sen repēt/ suffist il assez. Je croy que nannil car ce nest pas pugnition q̃ luy don
ne exemple de ne le faire plus et aussy affin que les aultres ne soyent pas sy prestz a
faire iniure. Et pource pricipallemēt en la chose publicque on doibt garder les droitz
de bataille. Et combiez quil y ayt deux manieres de batailles/lune p iustice/lautre
par force/et que la premiere soit la maniere propre a lomme/ la secõde propre aux be
stes/touteffois se on ne peult auoir vengence de son iniure par iustice on la doit pren
dre par force/et pour celle cause on fait les batailles affin que on viue en paix sans
iniure. Et sy par bataille on obtiēt victoire/on ne doit pas estre cruel côtre ceulx qui
nont pas este trop rebelles en la bataille. Et ainsy le firent les rommains quāt ilz
guerroyent côtre les tustulains/les eques/les vulques/et les hetniques/ car ilz les
prindrent en leurs citez/mais pource quilz nauoyent pas este cruelz ne trop rebelles
ilz les espargnerēt et ne les voulurēt pas destruire. Mais ceulx de carthage ⁊ de mi
mense furent rebelles et cruelz/et pourtant ilz les mirent amort ⁊ ne les espergnerēt
point. Je vouldroye quilz neussent pas ainsi fait aux corintiēs/car ilz ne furent pas
sy cruelz ne sy rebelles/combiem que ie croy q̃ aucuns ensupuēt lopportunite du lieu
qui estoit trop pres de nostre ville de romme/⁊ y pouoit beaucop nuyre/⁊ pourtant el
le fut destruicte. Et cest mon oppinion q̃ on doibt tousiours aider ala paix en laquel
le il nya point despies ne de trahisons. Et combien que la chose publicque q̃ est main
tenant nulle ne fut pas bonne ou quil nen fut point. Touteffoys sy doit on auoir pi
tie de ceulx q̃ sont vaincuz par force/et de ceulx qui les armes delaissees se sont mis
en la misericorde des empereurs et des princes/en ce faisant/iustice a este sy grandement honnouree par les rommains que ceulx q̃lz auoyent receu a misericorde les ci
tez et les nations vaincues par bataille estoyent faiz patrons et seigneurs dicelles
selon la coustume des anciens. Di le droit ⁊ lequite de la bataille est biē notablemēt
escripte ou liure des tõmains appelle le droit des batailles/par lequel liure on peult
entendre que vne bataille nest point iuste se elle nest causee et faicte de chose q̃ ait este
autresfois demandee ⁊ reffusee/ou se elle na este parauant denuncee ou demonstree
Pompilius lempereur auecques grant armee tenoit nagueres vne prouince et en ce
ste armee estoit le filz de chaton qui y batailloit et nestoit que homme de armes. Di
pompilius sen vouloit aller mais il dit que il laisseroit vne legion de ses gēs pour gar
der ceste prouince/et pour gouuerner celle legion laissa le filz de chaton affin que sil

uenoit aulcuns ennemis que il conduisist larmee/ꝗ que il deffendist la prouince/et
Bataillast côtre eulx/ lequel demora tresuolentiers pour la grant amour quil auoit
de Batailler. Bien tost apres ces nouuelles uindrent a son pere Chaton qui pensa
que son filz nestoit point cheualier ne abstraint daulcun sermêt. Et pource Chaton
manda a Pompilius que se il uouloit laisser son filz pour conduire la bataille con
tre les ennemis/ que il lobligeast au serment de cheuallerie/ car aultrement ne des
uoit il pas auoir celle charge. Et en ce têps ilz gardoyêt celle reigle en toutes batail
les/que hôme ne pouoit auoir charge de bataille contre les ennemis/sil nestoit obli
ge au serment de cheuallerie. Et a ce propos Marcus Chato escripuit une lettre a
son filz Marcus pource que il auoit ouy dire que les ꝓsules de romme luy auoyent
Baille la charge des hommes darmes quilz enuoyoiêt en macedonie côtre les perses
en laquelle bataille il fut fait cheuallier. Mais son pere par ses lettres le admône
sta que il se gardast bien de prendre la charge de celle bataille se il nestoit cheuallier
Car il uouloit dire que ung hôme na point de droit de prendre charge de gens pour
faire Bataille contre les ennemis se il nest cheuallier. Et pource sy tu me demandes
qui est nôme ennemy. Je te respons que iay bien memoire ꝗ anciennement on appel
loit ennemy cellup qui en son propre nom Batailloit. Et les anciens rômains appel
loyent cellup ennemy que nous appellons maintenant pelerin/ car cellup qui laisse
son pays pour uenir batailler ꝓtre gês daultre pays ꝗ daultre regiô est maintenât
appelle pelerin. Et sil estoit appelle ennemy/il no⁹ est cleremêt demonstre par lassi
gnatiô du iour/ꝗ luy est assigne pour Batailler. Car quât on assigne iour a aulcun
pour Batailler contre luy/parce no⁹ pouons cleremêt iuger quil est ennemy/ou quât
le prince ou la communaulte le declerêt estre ennemy. Mais pource que cestoit ung
nom trop legier et trop moul que appeller cellup pelerin contre ꝗ on guerreroyt/les
anciens ont laisse ce nom/disans que on se deuoit biê appeller ennemy. Or doncꝗs
quant on ueult Batailler ꝓtre son ennemy/ et acquerir ꝑ Bataille empire ꝗ dñation
sur luy/il fault ꝗ ceste bataille soit faicte et deliberee pour aulcune cause/et sy fault
que la cause soit iuste et raisonnable/comme nous auons na gueres dit cy dessus.
Mais les batailles par lesquelles on ne desire sy nô une gloire de auoir empire et
domination sur ceulx contre qui on ne bataille ne doyuêt pas estre aspres ne cruel
les/car il ya deux manieres de iustes Batailles/lune est quât on Bataille côtre son
ennemy/saultre quant on bataille contre son compediteur/car quât on bataille con
tre son côpediteur/on appete et desire auoir uictoire pour acquerir sur luy honneur/
empire/et domination. Mais quant on bataille côtre son ennemy/ on desire auoir
uictoire sur luy/pour le diffamer et deshonnourer/ou pour luy oster la uie et le faire
mourir. Et ainsy Bataillerent les rommains côtre les celtiberes/ et les cimbriens/
affin ꝗlz puissent auoir uictoire sur eulx/ꝗ ꝗlz les peussêt destruire ꝗ mettre a mort
Car ilz estoyêt leurs ennemys/ꝗ nô pas pour auoir empire ne dñatiôn sur eulx.

⁋ Exemple.

ET comme nous auons de listoire de troye/ que quant les grecz batail
lerent contre les troyens/ ilz ne queroyêt que les destruire et les mettre
a mort/ pource que il les reputoyêt leurs ennemys/et ne desiroyent que

auoir victoire sur eulp/sy non pour les mettre a feu et a sang/comme ilz firent fina
blemēt/ et cest la fin a quoy lon entent côtre son ennemy. Mais en bataillant côtre
son expediteur/la fin a quoy lon entent nest pas pour luy oster la vie commune. Les
rommains bataillerent contre les latins/les affricans/les sadoniens/ et côtre Phi
roue qui estoit affrican/pour auoir domination sur eulp/et nõ pas pour les mettre
a mort. En la bataille que ses rommains auoyent contre les affricans/il fut bail/
le a Regulus qui estoit consul de rôme vne place a garder/affin que luy et ses gens
la deffendissent des ennemys. Mais les affricans qui estoyent moult grant com/
paignie/vindient assegier celle place. Lors quãt Regulus vit quil estoit assiege de
sy grant côpaignie de ses ennemys il fut moust esbahy/et vit bien quil ne luy estoit
pas possible de pouoir resister/et aussy fut il pris prinsonniers luy et ses gens. Pour
quoy quant ilz furēt prinsonniers/les affricans se assemblerent pour scauoir se ilz
les rendroyēt en recouurāt leurs prinsonniers que les rommains auoyēt prins. Et
en fut demande sopinion de Phiroue qui opima tresnotablemēt disant/nous ne de
uons poīt ce dit il demander argēt ne pris pour rēdre les prinsonniers que noꝰ auõs
en captiuite/car nous ne deuons pas varier le droit de bataille et leur sauuer la vie
par or ne par argent/aincops deuõs batailler pour experimenter par vertuz noz en
nemps/et non pour ouyr quelle est nostre fortune ou labeur. Ou pour scauoir se for
tune veult que nous soyons maistres/ou quilz le soyēt. Et aussy nous auons vng
puerbe qui dit que on doit aider a secourir a la liberte des prinsonniers qui ont este
prins par fortune de bataille. Or les rommains que nous auons en nostre puissan
ce/nont pas este prins p fortune de bataille/mais de leur accord et volente. Et pour
tant nous ne leur deuons aider ne secourir. Mais affin quilz sceussent comment
les rommains les voulopent auoir/ilz furent contens de laisser aller Regulus
iusques a romme/pour scauoir la volente des tômains se ilz vouldroyent bien ren
dre les prinsonniers affricans quilz auoyent prins pour rauoir Regulus par mp ce
quil leur promist retourner a vng certainn iour/ce quil leur accorda/et en bailla sa
foy. Et quant il fut a romme/en la cite de romme furent assemblez les côsules/des
quelz il estoit lung ad ce quilz determinassent sy les prinsonniers qui estoyent dete/
nuz en captiuite par les affricans seropent point deliurez et comment/et luy mesme
bailla son opinion et delibera quil ne deuoyent point estre rachaptez/et ainsy fut
il determine par tous les aultres consules. Lors quant les parens de Regulus
sceurent quil auoit este delibere au consule que les prinsonniers ne feussent point
deliurez ne rachaptez/il voulurent retenir Regulus et ne voulopent point quil re/
tournast en la captiuite des affricans/mais il dit quil retourneroit/et quil aymoit
mieulp retourner en la peine et misere de la seruitude que faulcer sa foy quil auoit
promise/car cestoit raison. Pourquoy nous pouõs clerement veoir que en toꝰ temps
noꝰ deuõs tenir et garder la foy que nous pmettõs a noz ennemps quãt elle est rai
sonnable. Or pour le pnt noꝰ noꝰ taisons des offices q on doit garder en batailles
Mais aussy quãt noꝰ noꝰ remēbrõs ont doit aussy biē garder iustice enuers ceulp

de bas estat comme de hault. Et sy tu me demãdes qui sont ceulx de bas estat/ie te
respons que ce sont les seruiteurs/ɤ les mecaniques/ ausquelz ceulx ne leur cõman
dent pas mal qui les font labourer/et les payent de leurs labours iustement et rai=
sonnablement. Mais pource que nous auons parle de iniure/nous trouuõs que in
iure est faicte en deux manieres/ cestassauoir par force/ ou p fraude. Fraude est la
propre nature du regnart/force est la propre nature du leon. Et vne chescune de ces
deux manieres ne sont point conuenables a la nature de lomme.

¶ Totius autem iniusticie nulla capitalior est : ꝙ eorum qui tum cum maxime
id agunt: Et viri boni esse videantur. ¶ Mais fraude est digne de plusgrant hay=
ne que nest force/ car de toute iniustice il ne nest point de sy grãt ne de sy principalle
que sembler estre bon homme/et soubz celle couleur deceuoir aultruy. Et ad ce nous
nous tairons de iustice.

¶ De benignite et liberalite.

P apres ainsy que nous auons deuant propose/il no⁹ fault deter=
miner de benignite et liberalite. Car il nest rien plus conuenable
a la nature de lomme que liberalite ɤ beneficéce. Doncques pour
mieulx entẽdre ꝗ cest/no⁹ deuons entẽdre ɤ scauoir ꝗl en ya troys
pricipalles manieres. La premiere sy est/quil fault premierement
veoir ꝗ la benignite et liberalite ꝗ on fait a aultruy ne nuyse poĩt
a celluy a qui on la fait ne a aultruy. La seconde est/que nous deuons regarder que
la benignite que nous voulons faire a aultruy/ne soit point plusgrande ꝗ noz puis
sances et facultez. Et la tierce est / ꝗ il fault estre liberal en baillant a vng chescun
selon sa dignite/car cest le fondement de iustice auquel ces troys manieres se rapor=
tent. Nous disons premierement quil nous fault veoir que la benignite et liberali=
te que on veult faire a aulcun/ne nuyse poĩt a celluy a qui on la veult faire ne a aul
truy/car celluy nest pas begnin ne liberal qui gratiffie ɤ donne a aultruy ce ꝗl scait
bien qui luy nuyst ɤ semble quil vueille quil luy proffite/ mais doibt estre iugie ma
licieux donneur. Et semblablement celluy qui nuyst a aultruy affin ꝗl donne ɤ soit
liberal a ses amis chet en aussy grant iniustice comme sil conuertissoit a son propre
proffit les choses quil scait bien ꝗ apartiennẽt a aultruy. Mais il en ya plusieurs
qui sont sy couuoiteux dauoir honneur ɤ gloire quil ostent aux aultres ce quilz don
nent a leurs amis/et cuident quilz semblent estre begnins a leurs amis silz les en=
richissent/et ne leur chault par quelle maniere. Mais ceste facon est tant distante
et differente doffice ɤ vertu/quil nest riens quil luy soit plus contraire. Et pource il
fault regarder que nous vsons de celle liberalite qui proffite a noz amis/ et ne nuy
se point a aultruy. Pourtant la translation et dilatation des pecunes que firent Luci
us Scilla/et Gayus Cesar/ quant ilz les osterent a ceulx qui en estoyent vraiz sei
gneurs pour les donner a aultres/ne doibt pas estre appellee liberalle/car il nest ri=
ens liberal sil nest honneste. La seconde maniere de liberalite sy est/ que no⁹ deuons
regarder ꝗ la benignite que nous voulons faire a aultruy/ ne soit pas plusgrande
que noz facultez et puissances. Car ceulx ꝗ veullent estre plus liberaulx ɤ plus be
gnins ꝗ leurs puissances ne se peuent estandre/ pechent premieremẽt en vne chose/

pource quilz sont iniurieux contre leurs prouchains/ car ilz baillent aux estranges
les facultez et richesses/ dont ilz deussent aider leurs amis/ τ quil leur deussent laif
fer par raison et equite. Mais en celle liberalite est souuent vne conuoitise de rauir
et ambler par iniure/ affin que ses richesses τ facultez fruissent a cellup q̃ veult estre
sy liberal pour distribuer τ faire ses largesses. On en voit aussy plusieurs q̃ ne font
pas sy liberaulx de leur nature comme ilz font pour auoir souenge et gloire/ affin
quilz semblent benifiques/ laquelle chose ilz font plus pour se monstrer que de leur
volente. Et telle fainte et simulation est plus conioincte a vanite que a honnestete
ne liberalite. Tiercement nous auons dit τ propose finablement que nous deuons
estre liberaulx en baillant a vng chescun selon sa dignite/ et que en benignite nous
deuons regarder la difference des dignitez. Car auant que nous donnons pour no
stre proffit/ nous deuons considerer les meurs de cellup a qui nous voulons donner
et le couraige quil a enuers nous/ τ la communite τ la societe de sa vie qui est entre
nous deux. Et se nous voyons que toutes ces causes soyēt en sa liberalite que nous
voulons faire/ lors celle liberalite est bonne et no⁹ fera prouffit. Et semblablemēt
se nous voyons quilz ny soyent pas toutes/ touteffoys tāt plus en pa/ et tant plus
feront grandes/ et plus aurōt de poys tant plus no⁹ feront il ꝓffit et vtilite. Mais
pource que on ne vit pas seulement auec les parfaiz τ sages/ mais aussy auecques
ceulx qui combien quilz ne soyent pas vertueux/ touteffoys sy font ilz leur operati
on par vertuz/ et ont par dehors vne semblance de vertuz. Parquoy on doibt enten
dre quon ne doibt homme despriser/ en qui appere aulcune demonstration ou signi
fication de vertuz. Mais on doibt honnourer vng chescun quant il est aourne prin
cipallement de ces troys vertuz. Cestassauoir/ moderance/ attrempance/ et iustice/
dont nous auons ia beaucop parle/ qui sont les troys plus legieres vertuz. Mais
elles touchent plustost vng bon hōme et se doyuent plus cōsiderer en bonnes meurs
Semblablement on voit souuent que vng hōme q̃ nest pas parfait ne saige/ mais
il a vng grant courage et fort/ se applique plustost a bien et est le pl⁹ fructueux. Or
se nous voulōs parler de la begniuolence que nous voulōs faire lung a laultre/ et
se nous la voulons regler selon office τ vertu/ nous deuons premieremēt regarder
que nous donnons a cellup qui nous ayme beaucop/ et ne doibt point auoir vne tel
le begniuolence comme ont les iennes adolescens/ qui donnent et font leurs begni
uolences par vne ardeur damour q̃ les induit/ aicoys la doibt on plustost faire par
vne constance τ stabilite/ aultremēt les merites de celle begniuolence serōt telz/ que
on doit mettre plusgrant cure a ne prandre point ce que on donne en ceste maniere/
mais se doibt on laisser au donneur. Car il nest point de office ou vertu plus neces
saire que de donner par constance. Et se tu prens ce que tu voys que on te dōne par
bonne maniere/ raison te admōneste de rendre plus q̃ on te dōne se tu as la puissan
ce/ car pour retribuer les bienffaiz q̃ on nous fait/ deuons nous point ensupute les
champs et la terre fertile qui est semee/ puis quelle rent plus de grain ou de ce q̃ on
y seme que on ne lup en baille. Et pourtant puis q̃l ya deux gēres de liberalite lung
est donner/ laultre est rendre/ il est en nostre puissance de dōner/ ou de ne dōner pas.
Mais il nest poit licite a vng bon hōme sans iniure de ne rendre point ce q̃ on lup a

donne quant il le peult bien faire. Car se nous esperons que quelcung nous vueil
le donner nous ne doubtons point quil ne faille que nous luy rendrions plus que
il ne nous donnera. Et pourtant doncques deuons nous doubter quil ne faille pas
que nous rendrions a celluy qui no⁹ a desia dōne/certes nany. Mais nous deuons
faire difference aux biensfaiz que nous auons prins quāt nous les voulons retri/
buer/et nest point de doubte que pour vne grant cause que on nous a donnee/nous
ne la doyons encore rendre plusgrande. Et touteffoys nous deuons bien regarder
et auiser premierement de quel courage on nous a dōne/de quelle estudie/et de quel
le beniuolence/car il en ya plusieurs qui font beaucop de choses par vne folie sans
iugement ne maniere/ et communement tous. Mais est esmeu leur courage a ce
faire par vne soudaine impetuosite cōme le vent/lesquelz biensfaiz ne doibuēt point
estre reputez sy grans/comme ceulx qui font faiz par iugement/ par consideration
et constance. Mais quant vng riche homme a vng poure te ont donne chescun vng
tel don lung que laultre/et tu leur veulx retribuer. Se tu me demandes auquel tu
doiz plus retribuer/et en faiz doubte pource quilz font parages en dōs/ie te respons
que tu doiz plus retribuer a celluy qui a le plusgrant besoing/nonobstant que plu/
sieurs font maintenant bien souuent le cōtraire/ car ilz retribuēt plus a celluy qui
est le plus riche a le plus puissant/combien quil nen ait point de besoing. Mais se
nous estions plus begnins a ceulx qui sont les plus conioinct a nous/et que nous
leur dōnissions plus/no⁹ garderions tresbien la societe de la coniunction des hom/
mes. Et pourtant il nous fault monstrer plus cleremēt qui sont les cōmancemens
de nature/de communite/et de societe humaine/ desquelz le premier que on voit en
la societe de luniuersal gente humain/a le lieu de ce cōmancement est raison et orai
son/qui conioinct les hommes entre eulx/en mōstrant/a aprenant/ en cōmancant/
en disceptant par iustice/et en iugeant/et les cōioinct par vne societe naturelle. Et
nous ne differons point plus de la nature des bestes pour aultre chose/ sy non que
nous disons bien quilz ont force comme les cheuaulx/les lyons/et pareillemēt des
aultres. Mais nous ne disons pas quilz apēt iustice/equite/ne bonte/cōme nous
auons/car nous suismes participans de raison et de oraison. Et pourtant est clere/
ment apparant a tous hommes/semblablement la societe par laquelle ilz doyuent
garder entreulx la cōmunite des choses que nature a produites et engendrees a leur
commun vsaige/ affin quilz tiennent et gardent les statuz et ordonnances qui ont
este descriptes par le droit ciuil/et par les loys ainsy q̄lz ont este constituees/lesquel
les choses ainsy gardees entreulx/ilz garderōt les aultres choses ainsy quil est con
tenu ou prouerbe des grecz qui dient.

❡ Amicorum esse debent communia omnia. ❡ Que toutes les choses des amys
doyuēt estre communes entre eulx. Mais se tu me demandes q̄ sont les choses qui
doyuent estre les plus cōmunes aux hommes/ ie te respons q̄ ce sont celles comme
disoit le philosophe Ennyus qui se peuent transporter dune chose en aultre sans do
mination daulcune chose/cōme quant vng homme voit vng aultre errer en chemin
et il luy monstre la voye quil doibt tenir/il luy baille lentendement de celle voye/ et
neantmoins son entendemēt nen appetisse de riens apres q̄l le luy a monstre. Pour

B ij

laquelle cause on peult clerement Veoir que on doibt bailler ꞇ monftrer a Vng hom
me ꞇ fuft il incõgneu ou eftrange toute chofe qui fe peult bailler ou monftrer fans
diminution). Et doncques il me femble que on ne doibt point deffendre a aultre de
prandre de leau dung fleuue courãt/ ou prandre du feu daultruy. Et femblablemēt
on doibt confeiller liberallement a ceulx qui en ont befoing/ lefquelles chofes font
Vtiles et proffitables a ceulx qui les prennent en les prenant/ et ne griefuent point
ceulx qui les baillent en les baillant. Et pourtant on doit toufioure Vfer de ces cho
fes/et en doit ont aider a la commune Vtilite. Mais pource que les coples et facul
tez de chefcun fingulieremēt font petites/ et il ya Vne infime multitude de gens qui
ont befoing de icelles facultez. Et pourtãt ainfy que dit ce philofophe Ennpus/on
doit eftre liberal moyēnemēt/ affin q̃ on ait toufioure puiffance ꞇ faculte de pouoir
eftre liberal a fes amps et a fes compaignons/ mais il ya plufieurs degretz et efpe
ces de la fociete ꞇ compaignie des hommes. Et affin que nous nous departions de
celle infime fociete/nous prandrions le plus prouchain degre qui eft quãt deux hom
mes font yffus dune gēt/dune nation/et dune langue. Par laquelle principallemēt
les hommes fe conioingnent entre eulx/et font encore plus conioinctz quãt ilz font
dune cite/car il ya moult de chofes qui font communes entre les citoyēs/ comme le
marche/fe port/les Voyes/les loys/les droitz/les iugemens/les fuffrages/les cou-
ftumes/et en oultre les familiaritez/ꞇ moult de chofes et de raifons contractees en
tre eulx. Mais encore eft plus eftroicte et plus conioincte falience de la fociete des
prouchains amps/car de celle grant fociete et compaignie de lumain genre que no
auons deffus defcripte/ nous fuifmes toufioure defcenduz en plᵒ petite et plᵒ eftroi
te fociete. Car puis quil eft cõmun par nature et a toutes beftes ayans ame quilz
ayēt Vne affection ꞇ Volente de procreer. La premiere compaignie qui foit en maria
ge ꞇ la plus prouchaine/ceft es enfans. Puis apres ceft que a toute la famille de fa
maifon toutes chofes foyent communes. Et apres fenfupuent les coniunctiõs et fo
cietez des freres. Puis aps des nepueuz et des coufins/ꞇ lors ilz ne peuent toᵒ eftre
ne demourer en Vne maifon. Et pourtant ilz fe demeurēt en daultres maifons qui
font comme les colompnes de la maifon/ dont ilz font pmier yffus. Et celle fociete
eft le commancement dune cite/et eft comme la femence de la chofe publique. Puis
apres fe enfupuent les mariages et les affinites/defquelz Viennent plufieurs prou
chains/laqͤlle lignee ainfy multipliee eft la naiffance des chofes publiques. Mais
par la cõiunction et beniuolence de la parente ꞇ du fang/font Vaincuz et contrains
les hommes par la charite des hommes a eftre liberaulx entre eulx / car ceft Vne
grant fociete que auoit Vngs mefmes mouuemēs/comme noz maioure/ ꞇ Vfer di-
ceulx/et Vngs mefmes fepulcres cõmuns. Mais de toutes focietez il nen eft point
qui foit plus a prifer ne qui foit plus ferme que quant bonnes gens femblables en
meure et en familiarite font conioinctz enfemble/ car fe nous Voyons en Vng aultre quelque Vertuz honnefte/elle nous admonnefte de laymer. Et pource quelle deffault en nous/elle nous fait auoir amitie auecques cellup en qui elle eft/ꞇ combien
que toute Vertuz nous tire a elle/et fait que nous aymõs ceulx efquelz elle deffault
Touteffoys iuftice et liberalite en font la plufgrant caufe.

¶ Nihil enim amabilius est nec copulatius ꝗ moꝝ similitudo bonorum. ¶ Car
il nest rien plus a aymer ne qui soit mieulx assemble ꝗ similitude de bonnes meurs
Et quāt entre plusieurs est vne mesme estude/et vne mesme volente/lung se deles
cte autāt du biē de saultre ꝗme il fait du sien. Et lors est fait ce que dit Pithagoras
en son traictie de amicitia / quāt il dit ꝗ cest belle amitie quant de plusieurs nen est
fait que vng. Et semblablemēt la communite est bien grande ꝗ est causee entre plu
sieurs gens/par les biensfaiz quilz font lung a laultre/ꝗ ꝗlz prennent lung de saul
tre. Car quāt ces biensfaiz sont aggreables a ceulx qui les font/ et a ceulx aqui ilz
sont faiz et quilz sont fermes/ilz les cōtraignent de faire societe entre eulx. Mais
quant tu auras bien enuironne et serche toutes choses par raison et de grāt coura
ge/tu trouueras ꝗ toutes les societez et compaignies/ il nen est point de plus graci
euse ne de plus chere que la societe ꝗ les hommes ont ensemble en la chose publique
Et combien ꝗ la societe des parēs soit bien chere/ꝗ aussy celle des enfans/des prou
chains/ꝗ des familiers/touteffoys vng pays contiēt et embrace toutes les societez
quilz ont ensemble. Et pourtāt donrques vng bon hōme ne doit point faire de diffi
culte de prēdre la mort en gre pour deffendre son pays ꝗ la chose publique/se il veult
aider a luy mesme. Pour laquelle chose est biē detestable la cruaulte de ceulx ꝗ ont
remply le pays de la chose publique de tout mal et de tout peche/ et ont este et sont
occupez a la destruire du tout. Mais se tu veulx distribuer tes vertuz et offices/et
tu vueilles faire comparaison de ceulx a ꝗ tu les doiz distribuer. Tu me demādes
ausquelz tu en doiz plꝰ bailler/ et ie te respons ꝗ tu en doiz plus bailler au prince/ et
apres au pays/et puis aꝑs a tes parens/car a ceulx la tu es naturellement tenu et
obligie de leur biē faire. Puis apres a tes prouchains enfans/ et a toute ta maison
qui apartiēt a toy seulemēt/ et nas point daultre reffuge. En aꝑs a tes voisins qui
commancēt bien ensemble en bōnes meurs/ ausꝗlz est souuenteffoys la fortune cō
mune. Et pourtant tu doiz necessairement aider a la vie de ceulx mesmement que
nous auons dit icy deuant.

¶ Estꝗ ea iocūdissima amicitia quā similitudo moꝝ coniugauit. ¶ Et principal
lement les amys dopuent viure cōmunement/et se cōseiller ꝑ bonnes parolles/ soy
enhorter a bien/et se cōseiller/ et aulcuneffoys se tancer lung laultre. Or doncques
lamitie que la similitude de meurs a cōioincte est tresiopeuse. Mais en distribuāt
toutes ces offices/il fault regarder ꝗlle chose est necessaire a vng chescun/ꝗ se celluy
a qui noꝰ les voulons distribuer les pourroit bien recouurer sans nous ou non. Et
aussy on ne fait pas aulcuneffoys ou tēps de necessite ce que on fait bien en aultre
temps/ꝗ ya des offices ꝗ on doit plustost faire aux vngs ꝗ aux aultres/car on doit
plustost aider son voisin a cuillir ses fruitz ꝗ son frere ou son familier. Mais se ton
frere ou ton familier a vne cōtrouerse en iugemēt contre ton voisin/tu doiz plustost
aider ton frere ou ton familier ꝗ ton voisin. Et pource se tu veulx estre raisonnable
en office ꝗ vertuz/tu doiz cōsiderer toutes les choses ꝗ nous auōs monstrees cy des
sus/ꝗ toutes aultres a elles semblables/et doiz regarder la cōstance et seꝑcerite de
faire en telz cas. Et celle chose cōgneue/tu pourras entēdre cōbien tu doiz estre libe
ral a vng chescun. Mais aussy comme les legistes/ les medicins/ou les orateurs/

ne peuent rien faire qui soit digne de louege silz nont usage et exercite/combien quilz
entendent bien les commandemees et enseignemens de leur science. Semblablemet
combien q̃ tu entendes les comandemens et enseignemes des offices et vertuz que
nous baillons en ce present liure/ touteffoys sy ne te seruent ilz de rien sy tu ne les
faiz/car la grandeur diceulx desire usage et exercite. Et nous auons assez mõstre
pour le present comment hõnestete vient des offices q̃ sont ou droit de societe humai
ne/laquelle vertuz est propice et conuenable a tout homme.

¶ De force.

Puis que au cõmancemẽt de nostre liure nous auons baille quat
tre manieres desquelles loffice de hõnestete descent/nõ deuõs en
tendre q̃ ce qui est fait dung grant courage esleue qui desprise les
choses humaines est tresbel et tresresplendissant. Et pourtãt esse
grant opprobre q̃ grãt vitupere/quant on peult dire a ieunes gẽs
O vous ieunes võ auez vng courage fresle et feminin/et ie voy
que vne pucelle/ou vne femme a vng courage hault et esleue/q̃ võ deussiez auoir
non pas elles. Et pour le prandre au contraire et a louenge/ quãt vng hõme fait ce
que il veult faire de grãt courage fort excellent/cõment le pourrons nõ assez louer
a plaine bouche/certes il nest pas possible. Et ceste grandeur de courage eust Deci
Cesar et ses gens/ Gayus Cesar et les siens. Et aussy Publius Scipio et les siẽs
Et semblablemẽt Marcus Marcellus/ et aultres innumerables rõmains. Car
principallemẽt les rommains ont este excellens en grandeur de courage. Mais se
tu veulx scauoir la gloire et la louege de bataille/elle est declaree parce q̃ nous voy
ons les ymages de ceulx q̃ ont fait les belles batailles ou tẽps passe q̃ sont portrai
ctes toutes armees/lespee ou poing en demonstrance de cheuallerie/ et sont mises es
coings des rues de la cite de rõme/pour faire apparoir a tõ lonneur q̃lz ont acquis
en bataille p la grandeur de leur courage. Di doncq̃s ceste grãdeur de courage que
vng hõme garde en perilz et en bataille/est vicieuse et mauluaise quãt elle est deffail
lant de iustice/et q̃ on ne bataille pas pour le salut commun/mais pour son pffit et
vtilite seulemẽt. Car ce nest pas vertuz/mais cest plustost cruaulte deboutãt toute
humanite. Et pource force est tresbiẽ diffinie p les stopques/quãt ilz dirent q̃ cestoit
vne vertuz q̃ batailloit pour equite. Pource doncq̃s vng hõme q̃ a acquis la gloire
de force/ne la point acquise p trayson et malices. Car il nest rien hõneste q̃ deffaille
de iustice. Et doncq̃s fut biẽ dit ce q̃ dit Platon/quãt il disoit q̃ la science qui deffail
loit de iustice ne doit pas tãt seulement estre plustost appellee chaleur que sapience
Mais aussy le courage q̃ est appfte a batailler et q̃ y va nõ pas pour la commune
vtilite/ mais pour la cupidite et auarice doit plustost auoir le nom de hardiesse q̃ de
force. Et pourtãt les hõmes q̃ sont fors et magnanimes dopuẽt estre bons/ simples
et amps de verite/nõ pas deccupus/car ces vertuz sont la moyẽne louege de iustice.
Mais il est biẽ hayneux et bien perilleux/ quãt on voit legieremẽt q̃ en ceste gran
deur de courage viẽt vne pertinacite et trop grãde cupidite de dñation et de princi
paulte. Car cõme dit Platon quãt les lacedemoniẽs batailleret cõtre les rõmains
toute leur force estoit enflamblee de cupidite de vaincre pour auoir dñation et prin

cipaulte sur les rõmains. Et pourtãt ainsy q̃ vng chescun est excellent en grãdeur
de courage/aussy veult il estre prince q seigneur de to⁹/ ou il ayme mieulx estre seul
Mais il est biẽ difficile a vng hõme de garder equalite qui est vne vertu de iustice
quant il desire auoir dñation par sur to⁹. Et pourtant est il q̃ ceulx qui sont grans
de courage/ne veullent estre point vaincuz par iustice ne p aultre droit publique ou
legitime. Et il ya bien souuent en la chose publique aulcuns q̃ sont larges et habon
donnez/et distribuãt leurs pecunes habondammẽt/affin que par celle cause ilz puis
sent estre grans seigneurs/ q auoir domination par sur les aultres pluftoft par for
ce que estre parages aux aultres par iustice.

¶ Quid difficili⁹: hoc preclari⁹. ¶ Et pource q̃ telle dñation est bien facile a auoir
pourtãt nest elle pas noble/car ce qui est pl⁹ difficile a auoir/est le plus noble.

¶ Nullum eniz est tẽpus quod iusticia vacare debeat. ¶ Et nest point de tẽps qui
doye vacquer ou estre sans iustice. Dõcques ceulx qui font iniure a aultruy/ne doy
uent pas estre appellez fors ne magnanimes/aïcops le doyuẽt pluftoft estre appel/
sez ceulx q̃ deboutent icelle iniure. Mais la vraye et sage magnitude du courage de
lomme iuge pluftoft estre hõnefte en fait ce q̃ nature ensupt q̃ en gloire/et luy suffit
estre prince dung peuple sans auoir la gloire deftre veu pñce. Et cõbien q̃ vne mul
titude du menu peuple loue vng homme/disant quil est grãt homme et q̃l doit bien
auoir domination/touteffoys sy ny doibt on point adiouster de foy.

¶ Etenim qui errore imperite multitudinis pendet: hic in magnis viris non est
habendus. ¶ Car cellup ne doibt poit estre repute grant hõme/ q̃ eft loue dune mul
titude de gẽs ignaires et non congnoissans adce. Dr doncques no⁹ fuifmes legiere
ment boutez a chofes iniuftes par grãt courage q cupidite de gloire/q̃ eft vne maul
uaife vope et lubrique/q a grãt peine en faroit on trouuer q̃ ne desire que auoir gloi
re et louenge des labours et des perilz q̃l a prins/ car ce leur semble estre vng loyer
et vne recõpense de leurs peines. Mais pource q̃ ie tay dit q̃ vng hõme doibt auoir
foit courage et grãt. Sy tu me demãdes comment tu le pourras cõgnoistre/ ie te res
pons q̃ tu le verras en deux chofes principalemẽt. La premiere sy est/ q̃ vng homme
de grãt courage et fort desprise les chofes eftrãges/et aussy il ne se esmerueille point
de chofe q̃ ne foit hõnefte et belle/ et ne demãde ne desire chofe q̃ ne foit belle et hõne
fte/q ne seuffre iamais q̃l foit vaincu p aultre hõme/ ne par perturbation de coura
ge ne de fortune. La secõde maniere sy est/que quãt vng a grãt courage q foit ainsy
que iay dit deffus/il se applique aux plusgrans chofes et aux plus pffitables/qui
font les plus labourieuses et les plus perilleuses a auoir lufage de fa vie / et pour
auoir plusieurs aultres chofes qui appartiennẽt a fa vie. Et a toute la lumiere de
ces deux manieres/cest amplitude. Mais auecques elle est vtilite en fa derreniere
Et la cause et la raison qui fait les grans hõmes en fa premiere maniere/ cest pour
ce que leurs courages font epcellens/ q quilz desprisent les chofes humaines. Et ce
fte cause est iugee en deux chofes/ceftaffauoir quãt ilz iugẽt ce qui est bõ estre hon
nefte/ q quãt lomme eft frãc q deliure de toute perturbation de courage fans y eftre
aulcunemẽt subiect. Car quãt vng hõme repute petites les chofes q̃ plusieurs grãs
reputẽt estre nobles q fermes/ q q̃l les desprise par ferme raison q opinion/ cest signe

dung grant courage fort et robuste. Et quant il porte les fortunes patiemment qui
sont cõtraires aux hommes/car plusieurs ⁊ diuerses choses aduiennent aux hom⸗
mes en leur vie en leur fortune. Mais nonobstant il ne se depart point de lestat de
nature/ne de sa dignite de sapience. Et pourtant cest signe dung courage fort et ro⸗
buste et qui est de grant constance.

¶ Non est aut consentaneũ nature qp qui metu nõ frangitur eum frangi cupidita
te: nec q̃ inuictum se a labore prestiterit vinci voluptate. ¶ Car il nest conuenable
ne consentant a nature que vng homme soit corrumpu par cupidite qui nest point
corrumpable par paour. Et nest point semblablemẽt conuenable a nature que vng
hõme qui nest point vaincu par labeur/soit vaincu par volupte. Pourquoy on doit
fuir toutes ces choses/cestassauoir principalement la cupidite des pecunes.

¶ Nihil enim est tam angusti animi tamqz pui q̃ amare diuitias. ¶ Car il nest
rien qui soit de sy petit courage que aymer les richesses.

¶ Nihil honestius magnificentiusqz q̃ pecuniaz contẽpnere sy non habeas: sed sy
habeas ad beneficentiam liberalitateqz conferre. ¶ Et nest rien sy honneste ne pl⁹
magnifique que despriser les pecunes quãt on nen a point. Et quant on en a/on les
doit distribuer en benificẽce et en liberalite. Et doit on aussy fuir la cupidite de gloi
re ainsy que iay dit dessus/car elle oste a somme toute liberalite. Pourquoy toutes
gens magnanimes la doyuent du tout despriser/⁊ ne doyuẽt point desirer auoir em
pires ne dñations/mais plustost ilz ne les doyuent point prandre. Et aulcunesfoys
quant ilz les ont/les doyuẽt laisser. Et pource doncques nous deuõs fuir toute per
turbation de courage/toute cupidite et paour/toute egritude et volupte/tout cou⸗
roux et ire/affin que nous ayons en nostre courage transquilite et seurte/qui nous
bailleront aulcunesfoys vne constance/ et aulcunesfoys vne dignite. Or il en a eu
plusieurs et a encores qui pour le grãt desir de celle transquilite dont nous parlons
se sont ostez des negoces publiques/⁊ se sõt mis en opsiuete/⁊ mesmemẽt plusieurs
notables philosophes et anciẽs princes/et plusieurs hõmes grans et graues/q̃ nõt
peu tolerer les meurs des princes ne de peuple/et ont vescu les aulcuns aux chãps
qui se sont defectez de leurs choses familieres/⁊ ont eu vng mesme propos cõme les
roys/car ilz nõt eu besoing daulcune chose/⁊ ne obeissoyẽt a aulcun/mais ilz vsoy⸗
ent de leur liberte. Et la pprie maniere diceulx cestoit viure comme ilz vouloyent/
mais pource que celle maniere est cõuenable a la puissance des couuoiteux. Car de
ceulx q̃ laissent les besoignes et affaire publiques/⁊ sen vont demourer aux chãps
a opsiuete/les aulcũs y vont pour espergner et acquerir des richesses/affin quilz en
ayent largement/les aultres y vont pource quilz se veullent contenter du leur et de
peu/et de ces deux manieres de gens/on ne doit point despriser lopinion. Car la vie
des opseux qui sen vont aux champs/est plus legiere et plus seure et moins gra⸗
ue et triste q̃ nest celle de ceulx qui gouuernẽt. Mais la vie de ceulx qui sappliquẽt
a gouuerner la chose publique et les grans choses/est plus fructueuse et plus con⸗
uenable a auoir noblesse et amplitude que tous les aultres. Et pourtant on ne
doibt pas mettre aulcunesfoys a regir et gouuerner la chose publique/ceulx qui
ne la veullent gouuerner pource quilz se sont adonnez a science et a doctrine pour
lexcellence de leur engin/ ne ceulx qui pour imbecilite de maladie/ou pource

quilz empeschez pour aultre grant cause se sont oftez du gouuernemēt de la chose pu
blique/et ont laisse aup aultres la puiffance et la louenge de la gouuerner/et pourtant on leur doit pardonner. Mais ceulp qui ne sont empeschez pour aulcune telle cause comme nous auons dit/ayns disent quilz desprisent les choses que plusieurs aultres appetent/comme les empires/et les maistrises/ ie croy que celle opinion ne leur doibt point estre attribuee a louenge/aincoys pluftost a vice. Et est bi
en difficile de ne pouoir prouuer par fait sopinion de ceulp q̃ desprisent celle gloire/
et la reputent estre riens/et semble mieulp que telz gens craignent les labours/les
tristesses/et les offences/car il leur semble que quāt ilz en seront deboutez/ce leur se
ra vne grant infamie. Car il en ya daulcuns qui aup choses qui leur sont cōtraires
ont bien peu de constance/et desprisent cruellement toute volupte et plaisir/et sont
meuz en douleur/ et desprisent gloire/ et sont acoup rompuz par infamie/mais ilz
nont pas assez de constance en eulp. Et pourtant on doit bailler les maistrises et la
chose publique a gouuerner a ceulp q̃ ont vne naturelle aide de faire les choses q̃lz
veullent faire sans aulcune doubte ou inconstance. Et vne cite ne doibt point estre
aultrement gouuernee/ et la grandeur du courage de lomme nest point aultrement
demonstree. Mais ie ne scay sy ceulp q̃ demandent auoir la chose publique en gou
uernement/dopuent auoir moins de magnificence et de desprisemēt des choses humaines dont nous auons parle dessus/ou de transquilite et seurete de courage/cō-
me les philosophes/ ou silz en deuroyent plus auoir et silz dopuent point estre doub
teup/et viure en crainte et en constance. Lesquelles choses dopuent estre es philoso
phes/car en leur vie il dopuent auoir beaucop de fortunes et les expperimenter/et
auoir besoing de plusieurs choses. Mais quant il aduient aulcune chose contraire
elle ne peult pas tant porter de preiudice es philosophes/cōme en ceulp qui gouuernent la chose publique. Et pourtāt non pas sans cause/les plusgrans mouuemēs
des courages sont esmeuz/et ont de plusgrans choses a faire ceulp qui gouuernent
la chose publique que les philosophes qui toufiours sont a teps. Et pour celle cause par plusforte raison/ ceulp qui gouuernent la chose publique dopuent estre plus
expcellens en grandeur de courage/z dopuēt estre vuides de toutes tristesses. Mais
quant aulcun veult gouuerner la chose publique/il se doibt garder que il ne conside
re pas seulement combien la chose quil veult faire est honneste/mais auffy il doibt
auoir faculte de la faire. Et en cela on doit bien cōsiderer q̃ on ne se desespoire point
follement par paresse ou que ne se fie point trop par cupidite.

¶ In omnibus autem negotiis priusq̃ aggrediare adhibenda est preparatio dili-
gens. ¶ Mais en toutes choses que on veult faire / deuant que on y comman-
ce on doibt mettre diligente preparation. Mais pource que plusieurs cuident que
les choses des batailles sont plusgrandes que celle de la chose publique/touteffoys
celle opinion est faulse clerement. Car il en a este plusieurs gens qui ont quis
les batailles pour vne cupidite de gloire / et cela aduient bien souuent en grans
engins et en grās courages et encore plus quant ilz sont conuenables a la cheuallerie / et conuoiteup de faire batailles / mais se nous voulons iuger vrayement il ya des faiz des citez plus grās et plus nobles q̃ de ceulp des batailles. Car

combien ǧ Themistocles soit bien loue p raison pource quil fut vng hõme bien ex-
pert en fait darmes/ꝗ que son nom soit plus noble que cellup de Solon qui premier
bailla les lops aup atheniens/car ainsp que dit Sallanus ǧ descript la victoire que
Themistocles eust/quant premierement par son conseil furent subiuguez les ario
pagitans/et par la grãt industrie quil auoit en armes/ toutessoys le conseil de So
lon ne doit põt estre iugie moins noble que cellup de Themistocles. Car le conseil
que Themistocles bailla ne proffita que vnessoiz/et cellup de Solon proffita tous
iours aup atheniens/car il leur bailla la lop par laquelle ilz viuent/et par laquelle
les institutions des anciẽs sont gardees. Mais Themistocles ne dit aulcune cho
se qui aidast aup ariopagitans. Et Solon par les lops aida aup ariopagitans ꝗ a
Themistocles/aussp en leur baillant la lop par laquelle il deuopent viure. Et sem
blablement par le conseil de Solon fut constitue le senat de rõme/par le conseil duquel senat fut faicte icelle bataille. Et tellement pourroit on dire de Pausania et de
Lpsander/ car combien que par leurs beaulp faiz quilz firẽt en bataille/les lacedemoniens eussent gaigne grant empire/toutessoys sp se reiglerent ilz par les lops et
disciplines que Ligurgus leur bailla.

Ar ainsp que recite Septus Pompepus en son tiers liure Ligur
gus fut le pmier ǧ bailla les lops aup lacedemoniẽs/ꝗ aprez ǧl
les eust instituees et ǧ les lacedemoniẽs commancerẽt a les gar
der il leur semblerent bien dures. Car par la premiere lop il com
mandoit ǧ le peuple fust tousiours prest a secourir son prince/ et
aussp que le price fust tousiours prest a faire iustice a son peuple.
Par la secõde lop il enchargeoit a tous ǧlz feussent espernables/ car il disoit que le
labour de cheuallerie seroit plus facile et plus aisie quãt on auroit tousiours acoustume continẽce. Par la tierce il commandoit ǧ on ne achetast rien par argẽt/mais
plustost p compẽsation de marchandises ou daultres choses. Par la quarte ǧ on ne
vsast plus dor ne dargent. Pource ǧ il disoit que cestoit la cause de tout mal. Par la
quinte il deuisa ladministration de la chose publique p ordre/ car il bailla aup rops
la puissance des batailles/aup seigneurs les iugemẽs et les aultres sanctions. Et
au senat la garde des lops/ au peuple il pmist la puissance deslire ou continuer les
magistraulp et senateurs. Par la. vi. lop il diuisa les terres esgallemẽt entre to⁹ les
lacedemoniens/affin quilz eussent semblable patrimoine lung cõme laultre/ꝗ que
nul ne fust point plus puissant ǧ laultre. Par la. vii. il cõmanda a to⁹ publiquemẽt
quilz se aidassent lung laultre/affin ǧ les richesses daulcũ ne lup feussent point cau
se de supure. Par la. viii. il ordõna que les ieunes gens neussent point plus dune ro
be lan. Par la. ip. il cõmanda ǧ on mist les ieunes gẽs et enfans en leur ieune aage
aup champs pour auoir labour ꝗ peine et nõ pas cõgnoistre les iugemẽtz/ affin ǧlz
emplopassent leurs premiers ans en peines ꝗ nõ pas en supure. Par la. p. il ordõna
que les filles ꝗ vierges fussent maries sans douaire. Par la. pi. il ordõna que ceulp
qui bouldropent estre mariez ne esseussent point femme par argent. Par la. pii. et
derreniere lop/ il deffendit que on ne fist point grant hõneur aup riches et puissans

mais plustoft aux vieux et anciés et selon le degre de leur aage. Et se sont les.xii.
loys que Ligurgus bailla aux lacedemoniens. Mais quant les lacedemoniens eu
rent gardeˊces loys/vng peu de téps ilz leur semblerét estre bien difficiles. Et pour
ceste cause ilz dirent a Ligurgus quilz ne les vouloyent point garder/mais quant
Ligurgus vit quil les vouloyent laisser/il leur dit que elles estoyét faictes par lau⸗
ctorite de Appollo/mais quil estoit contét daller au temple de Appollo pour scauoir
se il les leur osteroit. Et auant quil partist il leur fist pmettre par serment quilz ne
mueroyent aulcunes choses dicelles loys/iusques ad ce quil fut retourne ce qui luy
promirét. Lors Ligurgus sen alla en lisle de crete/et affin quilz ne muassent icelles
loys/il demoura en icelle isle perpetuellemét. Et commanda q̃ quant il seroit mort
que on gectast ses otz en la mer/affin quilz ne feussent raportez vers les lacedemo⸗
niens/⁊ puis quilz dissent q̃lz atoyent acomply leur sermét et q̃ aprez ilz muassent
les loys que Ligurgus leur auoit baillees. Et par ceste cause ilz furét a les garder.

❡Lacteur.

T a cause dicelles loys ilz curét leur compaignie et leur exercei⸗
te plus fortes ⁊ mieulx appareillees a batailler. Et onc̃qs ne fut
et fusse quant iestoye enfant et que Gayus Marius alla en ba
taille/ou aussy quãt ie cõuersoye en la chose publique/et q̃ Gay⁹
Pompeyus y alla semblablemét/quil ne me semblast que Mar
cus Scaurus/et Quintus Catillus qui demourerent au conseil
de la chose publique ne besoingnassent mieulx que Gneyus Marius/et Gneyus
Pompeyus qui batailloyent.

❡Parua eñ sunt foris arma nisi est consiliũ domi. ❡Car les batailles ⁊ armes
sont bien petites dehors sil nya du cõseil a lostel/et aussy Scipio laffrican qui estoit
vng hõme ⁊ vng empereur singulier ne pffita point plus a la chose publique quãt
il destruit chartaige/que fist en ce téps Publius Nasica qui estoit vng hõme priue
quãt il tua Titus Grachus. Et combié q̃ ce que fist Publius Nasica ne fut pas
fait tant seulement par raison domestique/mais aussy par raison de bataille/car il
fut fait p force p mains violentes/touteffoys il fut fait p cõseil domestique et sans
bataille ne exercice. Mais cela est tresbon que ioup dire aux enuieux et mauluais
que les armes donnent lieu a la chappe.

❡Cedant arma toge cõcedat laurea lingue. ❡Et le heaulme donne lieu a sa lan
gue/cest adire que la science vault mieulx que les armes. Et affin que ie laisse vo⁹
et les aultres quant nous gouuernions la chose publique les armes ne donnerent
ilz pas lieu a la science. Et touteffoys en la chose publique/ny eust oncques point
de plus grief peril ne de plus grant hayne quil y eust en ce temps. Mais par no⸗
stre conseil et nostre diligence incontinent les armes cheurent des mains des plus
hardiz citoyens sans ce quil osassent faire bataille. Et pourtant quelle chose trou⸗
ueras tu iamais en bataille qui soit sy grande ne quelle triumphe prefereras en
elle/ie croy quil nen nest point qui y puisse estre preferee. Et sache mõ filz Marc⁹
quil mest bié licite de me louer enuers toy a q̃ apartiét aps̃ ma mort leritaige de ma
gloire. Et aussy affin q̃ tu ensupues mes faiz. Et certainemét Gney⁹ Pompeyus

qui estoit vng homme habondant en louenges de batailles me dit vnefois en la pre
sence de plusieurs gens qui le peurēt bien ouyr quil emporteroit la tresesme victoi
re dune bataille sil nauoit la louēge du bien fait en la chose publique quāt il obten
droit triumphe et victoire en la bataille. Et pourtant doncques les sciences et forti
tudes domestiques ne sont point moindres que celles des cheualleries, mais y doit
on plus mettre de euure et destudie que a celle des cheualleries. Or doncques celle
parfaicte honnestete que no[us] acquerons par courage hault et magnifique viēt par
les forces du courage et non pas par celles du corps. Mais touteffoys on doit telle
ment exerciter son corps et le tourmenter en telle maniere qil puisse obeyr a raison
et a ēseil en faisant les negoces quon doibt faire et a souffrir labour et peine. Mais
tout ce que nous acquerōs de hōnestete vient de la sollicitude et cogitation du cou
rage, en laquelle chose les aduocatz q seruēt ala chose publique ne sont pas moins
de proffit q ceulx qui bataillent, car par leur conseil bien souuent les batailles sont
refusees, et aulcuneffoys elles sont faictes ou inferees a lencōtre des ennemys com
me la tierce bataille de affrique qui fut faicte par le conseil de Marcus Catho qui
du temps de sa vie fut aduocat, et en ce la valut lauctorite dicelluy q estoit mort.

¶ Qua re expetenda qdcz magis est decernendi ratio q̄ decertādi fortitudo. ¶ Et
pourtāt on doit pl[us] desirer la raison de discerner par science, q celle de batailler p ar
mes. Mais il fault bien garder que no[us] ne bataillons plus pour fuite que pour rai
son de vtilite et proffit.

¶ Bellum autez ita suscipiatur: vt nihil aliud nisi pax quesita videatur. ¶ Et de
uons prandre la bataille en telle maniere que nous ne desirons aultre chose que la
paix.

¶ Fortis vero animi et constantie est non perturbari in rebus asperis: nec tumul
tuante fortuna de gradu deiici. ¶ Or doncques il appartient au fort et cōstant cou
rage de lomme ainsy comme on dit communement quil ne se trouble point es cho
ses aspres, et qui viennent contre sa volente et quil ne soit point mis hors de son gre
par les tumultes et impetuositez de fortune, mais doit on vser de son conseil de son
present courage sans se departir de raison. Et combien que ces vertuz dont no[us] par
lerons cy apres viennēt du courage de lomme, touteffoys aussy viennēt elles dung
grant engin, comme scauoir par pencee les choses a aduenir, et pēcer par auāt q̄lles
aduiennent ce que sen peult ensupr en chescune partie. Cest adire en biē ou en mal,
et que on doit faire quant ce qui doibt aduenir sera aduenu, et ne doibt on laisser
aulcune chose, affin que on nait point occasion de dire comme les aulcuns q disent
ie ne cuidoye pas que ce la deust aduenir. Et pource ces choses sont les euures dung
grant courage et hault, et est la prudence et le cōseil dung homme fiable. Mais ba
tailler folement en bataille et p mains contre son ennemy est vne maniere trop cru
elle et semblable aux bestes.

¶ Sed cum tempus necessitasqz postulat: decertandum manu est et mors seruitu
ti: turpiduniqz anteponenda. ¶ Et non pourtant quāt le temps et la necessite le re
quierent on doibt batailler par maine, et doibt on mieulx aymer la mort que auoir
honte et estre mis en seruitude de ses ennemys. Mais quant on veult prandre ou

deftruire Vne cite/on doit bien confiderer que on ne le face point follement ne cruel/
lement/aincoys eft figne dung grant homme en bataille/ ou apres quât il pugnift
les mauluais et coulpables/et ql garde toufiours a toute aventure grât multitude
de toutes chofes/et retient les chofes hôneftes τ droictes. Car ainfy quil en ya com
me iay dit deffus/qui difent q les faiz des batailles font plufgrâs que ceulx de con
feil et des Villes/auffy en treuue len plufieurs aufquelz il femble que le côfeil peril/
leux et chault/eft plus grant et plus refplendiffant q les cogitations paifibles.Et
pourtant doncques quant on eft en bataille/ on ne fe doibt iamais mettre en peril
de fuite/affin quil ne femble pas aux ennemys que on ait paour/et que on ne puif
fe plus batailler. Mais auffy on doit garder que on ne fe mette point en peril fans
caufe/car on ne peult riens faire plus follement.Et quant on fe veult mettre en pe
ril/on doibt enfuyr la couftume des medecins qui gueriffent legieremêt leurs mala
des. Mais quant ilz voyent que leurs malades font detenuz en maladife trefpe/
rilleufe/ilz font côtrains leur bailler medicines perilleufes et doubteufes. Et fem/
blablement ceft figne dung hôme foul de defirer guerre et tempefte côtraire en têps
de paix. Et auffy ceft figne dung homme fage/quant il aide a la tempefte et guerre
en têps de guerre.Et encore plus quant il y aquiert plus de bien la guerre finie que
de mal quât elle eft doubteufe. Mais le peril des chofes que on fait eft partie a cel/
luy q les fait/et partie a la chofe publique. Car les vngs en mettent aulcuneffoys
les citoyens en peril de leur vie/ par les chofes quilz font aulcuneffoys en peril de
leur gloire et hôneur/et aulcuneffoys en peril de leur beniuolence. Et pourtât donc/
ques nous deuons eftre plus prompe a faire vne chofe par laquelle aultre q nous
ne peult eftre en peril/ que a faire chofe par laquelle la chofe publique fut en dan/
gier.Et deuons eftre plus preftz a batailler pour honneur et gloire/que pour auoir
noftre pffit fingulier. Mais on en treuue beaucoup q ne font pas feulemêt preftz
de perdre leur vaillant pour deffendre leur pays/ mais auffy font contens dy perdre
la vie/ τ ceulx la vouldroyent bien faire le dommaige de leur gloire plufgrant/ pofe
que la chofe publique ne les en requift pas.

❡ Exemple.

Omme nous auons dung capitaine nomme Callicadritas qui
eftoit conducteur des lacedemoniens/ quât ilz allerent batailler
contre les atheniens. Car au commancement ce capitaine befoi/
gna moult noblemêt/mais au derrenier il peruertift τ gafta tout
ce quil auoit fait par auant/car quant fes gens luy confeillerent
quil feift la nef ofter du riuage des atheniens/ et qlz ne bataillaf
fent plus contre eulx/il leur refpondit que quant les atheniês leur aroyent deftruit
leur nauire/ilz en appareilletoyent bien vng aultre fans deshonneur / mais quilz
ne fen pourroyent pas fuir fans deshonneur. Et lors fut la moyenne perdition des
lacedemoniens/et la plufgrande fut quant Cleombratus remply dire batailla fol/
lement contre le roy Epânimunde. Car lors les richeffes des lacedemoniês furent
deftruictes. Mais depuis Quintus Mapim' leur a tout recouuert en bataillant
et plus quilz nauoyêt perdu/dequoy parle le poete Ennius quât il dit.Vng homme

c i

en bataillant nous restitue ce q̃ nous auons perdu. Car Quintus Maxim’estoit
sy constant quil ne mettoit point les faueurs deuant son salut/ ꝗ pourtãt en acquist
apres moult grant gloire. On doit doncques garder q̃ on ne mette poit les faueurs
deuant son salut/ aussy bien es choses des villes et en cõseil/ comme en celles des ba
tailles. Car il en ya plusieurs qui combien quilz sachent bien vne chose ꝗ quilz voy
ent bien quelle soit bonne/ touteffoys par paour denuie il ne losent dire. Et pource il
fault que ceulx q̃ veullent estre au gouuernemẽt de la chose publique gardent deux
commandemẽs que baille Platon. Le premier est/ quilz deffendẽt tellement le ꝓffit
des citoyens que tout ce quilz feront ilz se raportẽt au proffit diceulx citoyens sans
auoir memoire de leur proffit particulier. Laultre sy est/ quilz ayent cure et sollicitu
de de tout le corps de la chose publique/ ꝗ quilz nen deffendent point vne partie pour
laisser laultre/ car cõme la protection de la chose publique est au proffit de ceulx qui
sont commis a la gouuerner/ aussy est la cure et la sollicitude. Mais ceulx qui con
seillent vne partie des citoyens dune cite/ ꝗ desprisent laultre partie mettent la cite
en dangier de deux choses dampnables/ cestassauoir sedition et discorde/ et de la vi
ent que aulcuns du peuple et aulcuns des clers sont bons a vng chescun particulie
rement/ et non pas a tous vniuersalement/ pour ceste cause ont este de grans discor
des en la chose publique contre les atheniẽs/ et en sont aduenues non pas seulemẽt
des seditions/ mais aussy des batailles ciuiles moult pestilencieuses/ lesquelz vi
ces doit fuir vng hõme qui veult auoir dñation en la chose publique/ ꝗ les doit hair
et se doit du tout appliquer au ꝓffit dicelle chose publique/ sans ensuir les richesses
et les puissances. Et la deffendre en telle maniere quil luy cõseille en toutes choses
sans ce quil ait hayne ne enuie a aulcun ꝑ faulx crimes. Et se doit tellemẽt du tout
adioindre a iustice ꝗ a honnestete q̃ en gardant la chose publique/ il ne offende point
ces vertuz/ dont nous venons de parler.

¶ Miserrima est omnino ambitio honorũq; cõtentio. ¶ Mais ambition ꝗ con
tenement de honneur est vne chose du tout maluuaise/ de laquelle Platon parle no
tablement/ et dit aussy que nous deuõs appeller ennemys ceulx qui par armes ba
taillent lung contre laultre/ non pas ceulx qui de leur bon vouloir estriuent ensem
ble/ lequel gouuernera la chose publique. Cõme firent Publius Lafrican/ ꝗ Quin
tus Metellus/ car ilz eurent discention entre eulx sans ce quil y eust aulcune cru
aulte/ et se debatoyent lequel la gouuerneroit. Et pourtant ceulx q̃ estriuent ensem
ble lequel gouuernera la chose publique/ ne doyuẽt pas estre appellez ennemys nõ
plus que les mariniers qui se combatẽt/ lequel gouuernera leur bateau. Mais il
ya plusieurs gens qui dient que on se doibt griefuement courrocer auecques son en
nemy/ ꝗ dient que cest signe dung homme fort et magnanime. Et pourtãt ie deman
de se on les doibt ouyr/ certes nenny.

¶ Nihil em̃ laudabili’ nihil magno et ꝓclaro viro digni’ placabilitate atq; cle
mẽtia. ¶ Car il nest riens plus a louer q̃ vng hõme grant et notable/ et nest riens
pl’ digne que quãt vng hõme est clement ꝗ doulx a appaiser. Mais aux enfans et
au peuple/ et en equalite de droit/ nous deuons garder ces deux vertuz dont nous
auons parle. Cestassauoir facilite et haultesse de courage/ affin que se nous nous

courrouffons aupz chofes qui aduiennent fubitement / ou a ceulpz qui nous prient
follement que nous ne cheons point en tardiuite hapneufe et inutile . Et toutef=
foyz on doibt louer priuete et clemence/et en la chofe publique/on doibt garder cru=
aulte / car fans elle la chofe publique ne peult pas eftre adminiftree . Mais toute
correction et caftigation doibt eftre fans cortoupz ꝗ iniute pour lutilite de cellupz qui
pugnift aulcun/ou qui le chaftie par parolles/aincopz cellupz qui veult corriger aul
trup doibt rapporter fa correction au proffit et vtilite de la chofe publique.Et fembla
blement on doibt garder que la pugnition que on veult faire a aulcun/ ne foit pas
plus grande que le mal quil a fait . Et doibt on auffy garder quant plufieurs font
coulpables dung mefme mal que on nen pugniffe point les vngs pour laiffer les
aultres impugniz. Et principallement en pugniffant aulcun on fe doibt garder de
ire.

❡ Nunꝗ enim iratus qui accedit ad penam: mediocritatez illam tenebit:que eft in
ter nimium et parum: que placet peripateticis. ❡ Car il eft impoffible ꝗ cellupz qui
par ire veult pugnir aulcun puiffe garder le moyen/qui eft entre trop et peu / qui
plaift beaucop aupz paripathetiques.Et pourtant on ne doibt point louer ire/en di=
fant que lomme eft naturellement ireupz. Mais tous la dopuet fuir en la chofe pu=
blique/ꝗ doibt on defirer que ceulpz qui prefident en la chofe publique foyent fembla
bles aupz loyz qui font efmeues par equite a pugnir aulcun/et non pas par ire. Et
es chofes profperes qui viennent a noftre volente/ nous deuons euiter orgueil/ ar
rogance/et ennup. Car comme ceft figne de legierte quat vng homme ne porte pas
attrempeement les chofes qui lup font contraires/femblablement eft il quant il ne
porte pas attrempeement les chofes qui lup font profperes. Et pourtat equalite eft
belle en tout le temps de la vie de lomme . Et auffy lomme doibt toufiours auoir
vng mefme femblant/ et vne mefme chiere/ ainfy que eurent Socrates et Gayus
Lelius. Mais il me femble que le plufgrant qui p fut oncques en facilite et huma=
nite/ ce fut Philippe le rop de macedonie / car en geftes et en gloire il fut furmonte
de fes propres enfans. Et toutes foyz oncques ne mua fa facilite ne hnmanite. Et
pourtant ceulpz ne nous commandent pas mal qui nous admonneftent.

❡ Et quanto fuperiores fumus: tanto nos fubmiffius geramus. ❡ Que de tant
plus que nous fuifmes grant/ de tant plus nous nous portions baffemet. Car les
vngs font grans/et les aultres font petiz.Et certainemet Panetius recite que Sci
pio Laffrican qui eftoit fon auditeur et fon familier/ eftoit acouftume de dire que
quant les cheuaulpz deuenoyent fauuaiges pour la grande frequetation des batail=
les et pour les noyfes et tumultes qui p eftoyent/il les bailloit aupz dompteurs pour
les dompter/affin quil fen feruift plus aifement. Semblablement les hommes qui
font acouftumes dauoir leurs chofes profperes / et de prefider a leur volente/dop=
uent eftre introduitz ou circuite de raifon et de doctrine/affin quilz voyent limbeci=
lite des chofes humaines/et la mutabilite de fortune.Et pource doncques es chofes
profperes on doibt vfer principallement du coufeil de fes amps / et leur doibt on
bailler plufgrant auctorite que aupz aultres. Et lors on fe doibt bien garder que on

nescoute point parler gens qui sont flateurs et aduleurs/ et q̃ on ne se seuffre point
blandir ne louer / car on y est treslegierement deceu. Pource que on cuide bien estre
tel que on doibt estre soue par raison/ et de la viennent plusieurs pechez. Car les hõ
mes sont enflez et orgueilleux des opinions de ceulx qui les blandissent . Et pour/
tant ilz en sont treslaidement mocquez/ et en cheent en tresgrandes erreurs. Mais
ceulx qui president et ont le gouuernement de la chose publique / doyuent faire les
grans choses quilz ont a faire de grant courage tellemẽt que ladministration dicel/
les soit clerement apparent a tous/ et quelle appartienne a plusieurs . Et aussy ie
trouue quil en est plusieurs et a este en la vie oyseuse/ dont nous auõs parle dessus
qui ont eu grant courage et se sont tenuz en leurs habitatiõs/en serchant aulcunes
grans choses/ et sefforcoyent de les scauoir/ou ilz frequentoyent entre les philoso/
phes/ou entre ceulx qui gouuernoyent la chose publique / et se esioyssoyent de leur
chose familiere. Mais non pourtant ilz ne renuncoyẽt pas quil neussent vnesfoys
le gouuernement dicelle/et ne se vouloyent point exempter de ladministration dicel
le quant il en seroit besoing/mais ilz y mettoyẽt plustost leurs amps. Et lors quilz
auoyent bien acquis leur science/et non point par acquest de hõnestete ou hayneux
ilz en estoyẽt plus vtiles a seruir apres en la chose publique. Et apres fault que cel/
luy qui veult estre au gouuernement de la chose publique soit fort augmente en rai
son diligente/et aussy en parcimonie et espergne/et quil nobeisse point plustost a de
lit et a luxure que a liberalite ou beninite. Et celluy qui gardera ces offices et ver/
tuz/ainsy que nous les auons declarees dessus pourra viure magnifiquement grã
dement et courageusement/et se pourra maintenir simplement et loyaulment en la
vraye amitie des hommes.

❡ De attrempance.

Pres que dessus nous auons determine selon nostre entendemẽt
de troys vertuz. Cestassauoir/sapience/iustice/ et force qui sont
troys vertuz/desquelles descent honnestete/finablemẽt nos fault
determiner ainsy que nous auons promis au commancement de
nostre liure de la quarte ꝗ detreniere vertu dont descent honneste
te/en laquelle moderance/ vergongne/ et attrempance sont con/
tenues/comme vng ornement de la vie de somme et vne separation de toutes per/
turbations de courage. En laquelle partie est veue la maniere de toutes choses/ et
en ceste partie est contenue honneur. Mais la force de celle vertu est telle quelle ne
peult estre separee de honnestete/ car ce qui est honnourable est honnestete/et ce qui
est honneste est honnourable. Mais sy tu veulx scauoir quelle difference il ya entre
honnestete et honneur/ tu la peuz plus facilemẽt entendre que ie ne la te sauroye ex
pliquer. Car toute chose qui est honnourable est conuenable/appert lors que honne
stete est mise deuant. Et par ainsy non pas seulement en la vertu de attrempance
dont nous venons de parler appert quelle chose est honnourable/ mais aussy es
aultres troys vertuz dont nous auons parle. Car il appartiẽt a tout homme vser
par rayson et orayson saigement/et faire ce quil fait par consideration/ et regarder
qui est la verite de chescune chose. Et au cõtraire estre deceu/errer/et tresbucher/est

auſſy deſconuenable comme eſtre foul/ou prins de ſa penſee.Et toutes choſes honnourables ſont iuſtes/a les laydes ſont iniuſtes.Et ſemblablement les choſes non
hõnourables . Et ainſy pouons nous dire en la Vertu de force dont nous Venons
de parler.

¶ Quod enim Viriliter aloqz magno ſit:id dignum Viro et decorum Videt: qd contra: id Vt turpe ſic indecorum.¶ Car ce qui eſt fait Virilement a de grant courage/
ſemble a Vng homme preux eſtre et honnourable/ mais ce qui eſt fait au contraire
luy ſemble eſtre layt et infame.Et pourtãt ce que ie dis eſtre hõnourable appartiẽt
a toute honneſtete tellement q̃ on le peult Veoir incontinent/ et nõ point par rayſon
obſcure. Et doncques hõneur eſt choſe conuenable q̃ eſt entendue en toute Vertu/et
peult mieulx eſtre ſeparee de Vertu par cogitation que par effect/comme la Venuſte
et beaute du corps ne peult eſtre ſeparee de Valeur/ car Valeur la precede comme la
cauſe dicelle/ auſſy celle honneur dont noº parlons eſt toute confuſe auecq̃s Vertu/
mais elle eſt diuiſee par pencee et cogitation. Et la diuiſion dicelle honneur eſt dou-
ble/car lune eſt dicte generalle qui eſt en toute honneſtete/ et laultre qui eſt ſubiecte
ala premiere/ceſt celle q̃ appartient a toutes les parties de hõneſtete.Mais la premiere eſt ainſy diffinie/ honneur ceſt ce q̃ eſt conſentãt a lexcellence de ſomme en ce
quelle fait differer la nature dicellup hõme de la nature de toutes les aultres beſtes
Et la ſeconde honneur qui eſt ſubiecte a la premiere eſt ainſy diffinie.Honneur ceſt
ce qui eſt ſy conſentant a la nature de ſomme quelle y fait apparoir moderance et
attrempance auecques Vne eſpece liberalle.

¶ Lacteur.

Ais ſe celles diffinitions te ſemblent eſtre trop obſcures. Sainct
Ambroiſe les diffiniſt plus cleremẽt/car il dit q̃ la generalle hon-
neur/ceſt celle q̃ eſt eſpandue p luniuerſalle honneſtete/a eſt Veue
prez que en tout le corps de ſomme. Et la eſpecialle ceſt celle q̃ appert en aulcune partie. Et ſe tu Veulx exemple de la premiere hõneur q̃ eſt generalle/nas tu pas que dieu fiſt la beaulte de ce mõ-
de. Et ſe tu Veulx regarder p les parties quãt il fiſt la lumiere il diuiſa le iour de la
nupt quant il forma le ciel/la terre/et leau il les ſepara lung de ſaultre/ quant il fiſt
le ſoleil/ la lune/ et les eſtoilles/il approuua toutes ces choſes/pource qlz eſtoyent
honnourables.

¶ Exemple.

T ces choſes ſe peuẽt entendre par lonneur dont parlent les poe-
tes/duql nous parlerõs plus aplain en aultre lieu. Mais nous
diſons q̃ les poetes gardent ce q̃ eſt honnonrable a Vne perſonne
quant ce q̃ eſt fait et dit eſt digne pour rayſon de la perſonne q̃ la
ait ou dit. Cõme ſe Eacus ou Minos q̃ furẽt iuſtes diſoyẽt ql
ne peult chaloir ſe le peuple d quelq̃ pays hayt ſon ſeigneur mais
quil le craigne/ou ſilz diſoyẽt dũg enfant mort Voyes la ſon pere/ces parolles ſerop
ent plus deſhonneſtes pource quilz furẽt iuſtes/ que ſe Atreus q̃ fut Vng mauluais
homme lauoit dicte.Car les parolles q̃ les gens diẽt ne ſont dignes ſy nõ pour rayſon de la perſonne q̃ la proferee. Et pourtãt les poetes pourront iuger par rayſon de

c iii

la perſonne quelle choſe eſt conuenable a ung cheſcun. Mais nature nous a baille
es les perſonnes aornees de plusgrãt excellence et de plus grãt præeminẽce que tou
tes les aultres beſtes apans ame. Pourquoy en une grant aſſemblee de perſonnes
les poetes pourront veoir quelle choſe eſt conuenable ou hõnourable a ung cheſcun
tant aux mauluais comme aux bons. Mais pource que les parties de conſtance/
moderance/attrempance/et de vergõgne nous ſont dõnees par nature/τ que la na
ture dicelles nous enſeigne que nous ne deuõs point deſpriſer/ſauoir cõment nous
nous entendrions enuers les hommes/affin que nous voyons que lonneut q̃ apar
tient a toute honneſtete/en general apartient auſſy a ung cheſcun gẽre de vertu en
eſpecial. Car comme la beaute du corps pour la cõuenable cõpoſitiõ des membres
eſmeut les yeulx et les delecte/pource que toutes les parties ſe conſentent enſemble
par beaute / auſſy lonneur qui relupſt en la vie eſmeut la probation des ditz et des
faiz de ceulx auecques leſquelz on vit par ordre/ conſtance/ τ par moderance de to*
ditz et faiz. Et pourtant enuers les hommes tant bons cõme mauluais on ſe doibt
attribuer une reuerence.

¶ Nam negligere quid de ſe quiſqʒ ſentiat:nõ ſolum arrogãtis eſt: ſed etiam omni
no diſſoluti. ¶ Car ung hõme neſt pas ſeulemẽt arrogant/mais eſt du tout diſſo
lu qui ne retiẽt point de eſtimation de ſup meſmes/et deſpriſe la vertu que ung aul
tre ſcait et voit en ſup. Mais il ya grant differẽce entre vergoigne et iuſtice en tou
te rayſonnable conſideratiõ de auoir. Car les pties de iuſtice ſont ne violer point
aultrup. Et celles de vergoigne ſont ne offendre point les hõmes/et en cela eſt prin
cipallement veue la force d̃ honneut. Et pource doncques ces choſes expoſees/il me
ſemble q̃ on pourra entendre que ceſt que hõneur. Or la premiere voye de loffice qui
vient dicelluy hõneur/induit lomme a la conſeruatiõ et conueniẽce de nature/τ ſe
nous lenſupuons comme noſtre conduicte et meneteſſe/nous ne errerons iamais/
mais enſupurons en prudence ce qui eſt cler et agu par nature/τ en iuſtice ce qui eſt
attribuee a la compaignie des hommes. Et en force ce qui eſt fort τ vehemẽt/ mais
la plusgrant force de honneur eſt en ceſte partie de attrempance de laq̃lle nous tra
ctons. Car on ne doibt pas approuuer ſeulement les mouuemẽs du corps qui ſont
conuenables a nature/ mais pluſtoſt ceulx du courage qui ſont attribuez a nature.
Mais il ya doubles forces de mouuemẽs/d̃ nature/τ du courage. Lune eſt miſe en
la cõcupiſcẽce et en lappetit q̃ rauiſt le courage de lomme dũg couſte τ daultre. Laul
tre en la rayſon q̃ enſeigne et declare a lomme ce q̃l doit faire/et ce q̃l doibt fuir. Et
pourtant la rayſon doibt proceder/et lappetit lup doibt obeir. Car comme dit Salu
ſte toute noſtre force eſt ſituee ou corps et ou courage/ceſtaſſauoir au commande
ment du courage/et au ſeruice du corps.

¶ Lacteur.

Ais en toute nrẽ euure no⁹ ne deuõs point vſer de folie ou negli
gence/ne faire choſe de laq̃lle nous ne puiſſons rendre rayſon biẽ
probable/car ceſt prez q̃ toute la deſcription de office et vertu. Et
pourtant nous deuons faire que noz appetiz obeiſſent a rayſon/
et quilz ne voiſent point deuant elle. Et auſſy quilz ne la laiſſent

point par paresse ou desesperance. Mais quilz soyent tranquilles et sans aulcu/
ne perturbation de courage/ et par cela nous apperra toute constance et moderati/
on. Car les appetiz de lomme qui sesslongnent de rayson/ et qui ne sont pas assez re
tenuz dicelle pource quilz sesioyssent en couuoitant ou en se esloignant/ iceulx sans
doubte passent la maniere et les termes de rayson. Pource quilz laissent et gettent
obeissance/et ne veullent point obeir a rayson/ a laqlle ilz sont subgectz par nature
et par loy. Et pourtant les courages des gês ne sont pas seulement troubles/mais
aussy les corps. Et se no⁹ voulons congnoistre ceulx q̃ sont troubles en leurs coura
ges no⁹ deuons regarder leur face/car quât ilz sont esmeulz parclupure ou p paour
ou quilz se adonnêt a trop grant plaisir. Lors leurs visages sont muez/ leurs voix
sont châgees/leurs mouuemens et leurs facons sont perturbees. Car lesguillon de
ire demaine le cueur q̃ est embrase/ʒ lors le corps tremble/la face rougist/la langue
est empeschee/les yeulx sont aspres/et ne sont point recôgneuz les congneuz. Pour
lesquelles choses no⁹ pouons entendre/affin q̃ nous retournons a la forme de office
et vertu/que no⁹ deuons refraindre noz appetiz et les deuôs appaiser/et sy deuons
auoir sollicitude et diligêce que nous ne facions aulcune chose folemêt/car cest con/
tre iustice/ou a lauenture/car cest côtre prudence/ou sans côsideration/ car cest con/
tre attrempence/ou negligêce/car cest côtre force. Et no⁹ ne sommes point ainsy en
gendrez par nature/ quil semble que nous soyons faiz pour iouer tant en dictz com/
me en faiz. Mais nous suismes plustost faiz pour prendre en nous vne cruaulte et
vne estudie de grans choses et graues. Nonobstant que aulcunessoys on peult bien
vser des yeulx comme on vse de dormir et daultres repos par interualles et apres
que on a vacque a ses pricipalles affaires. Et celle maniere de iouer ne doibt point
estre longue ne sans attrempance/ mais doibt estre belle et courtoyse. Car comme
nous ne donnons pas aux enfans licence de iouer a tous ieux/ mais seulement a
iceulx ieux qui ne sont point esttranges de rayson/ aussy en tous doibt apparoir be
aulte et honneur. Dres il ya deux manieres de ieux. Lung est en liberal/dissolu/ vi
cieux/et cruel. Laultre est bel/ courtoys/ ingenieux/ et doulx. Et a ceste derreniere
maniere de ieu se sont rapportez les liures de Plaut⁹/ʒ ceulx de Socrates/ʒ moult
daultres beaulx ditz de plusieurs aultres philosophes q̃ ont este courtoysemêt diz/
comme le liure du vieulx Chaton qui est appelle les appositions. Et pourtant la di
stinction du beau ieu et du layt/est bien aysee et bien facile a congnoistre. Car lung
est fait en temps conuenable et de bon courage/ʒ est digne pour rayson de la person
ne qui le fait. Laultre nest pas liberal/ et est fait quant on adiouste vne cruaulte de
parolles a la turpidite des choses. Et ainsy on doibt retenir vne maniere de iouer/
affin quon ne despende pas tout le sien/ et que on ne soit point sy esleue par volupte
que on ne chee en honte et deshonneur. Mais la plaisance des champs nous admô
neste souuent de iouer. Et finablement lestudier q̃ nous prenons a chacer. Et aussy
les honnestes exêples des ieux. Mais il apartient aux hômes auoir tousiours en
iouant pmpte memoire en leur entendemêt/côbien q̃ la nature des hômes est pl⁹ no
ble et pl⁹ grâde q̃ celle des bestes q̃ ne se adônêt sy nô a leur volupte ʒ plaisir/ʒ sy at
tribuêt de toute ipetuosite. Mais la pêcer de lôme en plant ʒ en pêsant se enquiert

tousiours ou fait aulcune chose/ et est conduite par delectation de veoir et de ouyr.
Et pourtant sil est aulcun qui soit vng peu trop prompt a ses voluptez et plaisirs
il se doibt garder quil ne soit point de la maniere des bestes. Car il ya daulcuns hõ=
mes qui ne sont pas hommes reallement mais seulement par nom/ pource quilz ne
considerent pas ce que dit est. Et ainsy que dit Saluste au commancement de son
liure de la bataille iugurtine ↄ catillinaire tous les hommes qui sestudient a auoir
preeminence par sur tous les aultres bestes se doyuent efforcer de tout leur pouoir
quilz ne tiennent point leur vie en silence/ comme les bestes que nature a faictes en
clines et obeissans a leur volupte. Mais quilz facent ou songent tousiours aulcu
ne chose/ et non point pour leur volupte et plaisir.

⸿ Sed sy quis est paulo erectior:quamuis voluptate capiatur: occultat et dissimu
lat appetitum voluptatis propter verecundiam. ⸿ Et doncques sil est aulcun qui
soit vng peu trop adonne a plaisir et qui soit prins de chescune volupte/ touteffoys
sy doit il mucer et dissimuler par honte lappetit dicelle volupte. Parquoy on peult
entendre que volupte du corps nest pas assez digne pour la preeminence de la natu
re de lomme et que on la doit despriser ↄ regetter. Mais sil ya aulcun qui soit adon=
ne a volupte/ touteffoys sy se doit il estudier diligemment a nen vser point que par
maniere/ et doibt raporter sa vie et se labour de son corps a valeur et a force /et non
pas a volupte et playsir. Et ainsy se nous voulons considerer quelle excellance et
dignite est en la nature de lomme/ nous entendrons bien facilement que cest vne
chose infame et desshõneste/ que viure luxurieusement ↄ delicieusement en viandes
et nobles vestemens . Et entendrions aussy que cest vne chose honneste que viure
chastement /continamment/ et sobrement. Mais nous deuons entendre que nous
suismes induitz par nature et gouuernez principallemẽt comme de deux personne
Lune est rayson qui est commune a tous les hommes/ pource que nous suismes to⁹
participans dicelle/ et que par sa preeminence nous suismes apparens par sur tou=
tes les aultres bestes/ ↄ dicelle rayson est tiree toute honnestete et tout honneur. Et
par ycelle est trouuee la rayson de trouuer les offices ↄ vertuz. Laultre est attribuee
a vng chescun homme particulierement/ comme nous voyons que es corps de tou=
tes bestes il ya de grandes dissimilitudes/ car les vns sont legieres a courir/ les aul
tres sont fors a lucter. Et semblablement es formes et beautez/ nous voyons que
les aulcũs qui ont le visaige reuerend/ ont en eulx dignite/ les aultres ont beaulte
Et semblablement es courages nous voyons plusieurs diuersitez/ car nous auõs
veu que Lucius Crassus/ et Lucius Philippus auoyent moult de beau parler en
eulx. Mais encores en auoyẽt plus Gayus Cesar qui estoit filz de Lucius Cesar
et plus de industrie/ et en ce mesme temps no⁹ vismes Marcus Scaurus/ ↄ Mar
cus Drusus qui nestoit que vng adolescent/ qui auoyent vne singuliere cruaulte.
Semblablement no⁹ auõs veu Gay⁹ Leli⁹ qui estoit moult ioyeux. Mais son fa
milier Scipio estoit plain de grãt ambition/ ↄ estoit triste en sa vie. Pareillemẽt des
grecz no⁹ auõs veu Socrates q̃ estoit doulx et courtoys et plain de doulx langage.
Mais il estoit grãt dissimuleur en poles/ car il disoit tout le ↄtraire de ce q̃l pẽsoit.
Et au ↄtraire Pithagoras ↄ Periclis nauoyẽt poit d̃ ioyeusete en eulx/ ↄ sy acquirẽt

grant auctorite . Et auſſy des affricans nous viſmes Hannibal qui eſtoit moult
chault. Et pareillement de noz conducteurs/nous trouuaſmes Quintus Maxi/
mus qui eſtoit de telle condition que il celoit voulentiers ce quil ſcauoit/et nauoit
gueres de langage/aincoys eſtoit grãt diſſimuleur ⁊ eſpieux. Et pricipallemẽt il eſ
pioit a ſcauoir le cõſeil de ſes ennemys/de laquelle maniere de diſſimuler/les grecz
dirent que Themiſtocles/⁊ Phereus/⁊ Jazon eſtoyent les principaulx. En apres
Solon fut vng homme malicieux et chault en ſes faiz. Car aulcuneſſoys affin ql
fuſt plus aſſeure de ſa vie quant il ſe veoit en dangier de mort/il faiſoit du foul/ou
auſſy pour faire le proffit daultres qui ſont bien differens de meurs a ceulx dont
nous auons parle/car ilz ſont ſimples et ouuers/et leur ſemble que on ne doibt ri/
ens faire ſeleement/et que on ne doibt point eſpier aultruy/et telz gens honnourent
verite/et ſont ennemys de fraude. Et auſſy il en ya daultres que quelque choſe qlz
facent ilz feront le plaiſir a cheſcun/affin quilz puiſſent auoir ce quilz demandent/
comme Lucius Scilla/et Marcus Craſſus/en laquelle maniere Lyſander qui
eſtoit lacedemonien peult bien eſtre compris/⁊ auecques ce il eſtoit treſmalicieulx
et treſpatient/⁊ luy eſtoit contraire Callicradidas qui fut preuoſt des nauires aps
Lyſander. Et ſemblablement en parolles nous auons trouue de grans diſſimilitu
des entre pluſicurs/car Catullus le pere et auſſy ſon filz/eſtoyent plains de tel lan
gage qui ſembloit que de pluſieurs nẽ fut que vng/qui eſt vne notable choſe . Et
ſemblablement eſtoit il de Quintus Mutius qui eſtoit vng grant manteur. Et
auſſy iay ouy dire aux anciens que auſſy eſtoit Publius Scipio Naſica. Et au cõ
traire ſon pere qui vangea les efforcemens qui neurent point deffect que fiſt Tibe
rius Grachus/il nauoit point de comite de langage . Et pource zenocrates ꝙ eſtoit
le plus cruel des philoſophes fut grant hõme et noble pource quil neſtoit point com
mun en langage. Il ya innumerables aultres diſſimilitudes de nature et de meurs
qui ne ſont pas a blaſmer. Mais vng cheſcun doibt tellement tenir ſa propre natu
re quant elle neſt point vicieuſe quil ne puiſſe plus aiſemẽt retenir lonneur ꝙ nous
querons et dont nous parlons en ceſte partie/car on doibt tellement faire que on
ne eſtriue aulcunement contre la nature qui eſt vniuerſalle a tous/mais en la gar
dant on doibt enſuyure ſa ꝓpre nature. Et poſe quil y ait daultres choſes plus gra/
ues et meilleurs en la nature vniuerſalle/touteſſoys ſy doibt on a meſurer les rei/
gles de ſa nature.

Neque enim nature attinet repugnare: nec quicꝙ ſequi quod aſſequi nequeas.
Car il ne appartient a vng homme de repugner a ſa nature / ou faire choſe a/
quoy il ne puiſſe aduenir / dequoy eſt plus clerement apparent que ceſt de lonneur
dont nous parlons pource quil neſt point licite a vng homme de faire choſe a quoy
ſa nature ſoit repugnante ⁊ contraire. Et ſil eſt aulcune choſe qui ſoit honnourable
il neſt rien finablemẽt ꝙ le ſoit plus ꝙ equalite de toute la vie/⁊ auſſy de toutes ſes
choſes ꝙ on fait/laꝙlle equalite tu ne pourras garder ſy tu veulx enſuyure la natu/
re des aultres et laiſſer la tienne. Car ainſy ꝙ noꝰ deuons vſer du langage ꝙ noꝰ eſt
le plꝰ cõgneu/affin ꝙ noꝰ ne ſoyõs poit mocquez/cõme ceulx ꝙ veullent vſer du lan/
gage grec ⁊ ne le ſcuẽt ꝓnũcer. Semblablemẽt en tout ce ꝙ nous faiſons ⁊ en toute

noftre Vie/nous ne deuons point faire de difference de nature. Et celle difference de
nature a fy trefgrant force que aulcuneffoys les Vngz fe font mourir/ et les aul
tres non/combien quilz foyent en Vne mefme caufe. Car nous auõs Veu que quãt
Cefar Voulut eftre empereur de romme / les rommains ne Vouloyent pas quil fut
leur empereur pource quil eftoit trop ieune. Et pourtant quant il Vit que les rom
mains ne Vouloyent pas quil fuft leur empereur / il print a romme des ieunes gẽs
les plus mauluais quil peuft trouuer/⁊ en alla querir daultres en afftique. Et lois
quil Vit quil euft grant compaignie/il Vint deuant romme a toute fon armee et en
tra dedans/ et maulgre que les rommains en euffent il fut leur empereur. Mais
Marcus Catho qui eftoit homme dune auctorite incredible/laquelle il auoit enfoi
cie de conftance perpetuelle/et tellement quil demouroit toufiours ou confeil et pro
pos quil auoit piis ne peuft Veoir que Vng tyrãt ainfy ieune cõme eftoit Cefar fuft
Empereur de fy grant empire/et ayma mieulp fe tuer que Veoir la face de celluy ty
rãt. Et touteffoys ceulp q̃ Cefar auoit efte querir en afftique ne fe tuerẽt pas/com
bien quilz fuffent en Vne mefme caufe comme Marcus Catho . Et filz fe fuffent
tuez/il leur euft efte par auenture impute a Vice/pource q̃ leur Vie eftoit inconftan
te/et leurs meurs eftoyent trop legieres. Mais quans grans maulp fouffrit Vli
pes en celle longue erreur quant il feruoit fes deup femmes Circes ⁊ Calipfie/ et
fe monftroit a tous doulp en langage. Et pareillement il fouffrit en fon hoftel les
ytes et les menaces de fes feruiteurs et chambrieres / affin quil Venift plus aife
ment ad ce puil defiroit. Et femblablemẽt Aiap ne defira il pas millefoys la mort/
difant quil aymoit mieulp mourir par fup / que Vng aultre le tuaft . Et pourtant
ceulp qui fe Veullent gouuerner par nature / doyuent confiderer quil fault quilz fe
gouuernent felon leur nature/ et la doyuent moderer a bien fans epperimenter la
nature daulttup/car la chofe eft principallement propre a Vng chefcun/ qui eft pro
prement a fup. Et pource nous deuõs congnoiftre noftre engin pour eftre hardiz ius
ges de noz Vices et de noz bonnes meurs / affin que les ftoiques ne femblent pas
plus auoir de prudence que nous/car de leur nature ilz fe eftudient a Veoir des fa
bles/⁊ ne prennent pas les meilleurs/ mais celles qui leur feront les plus propices
efquelles ilz aprennent/ et Voyent aulcuneffoys des chofes q̃ Vng fage ne Voit pas
en fa Vie.

¶ Ergo hyftrio Videbit in cena:quod non Videbit Vir fapiens in Vita.¶ Et pour
ce doncques le prouerbe eft Vray qui dit que Vng foul Voit aulcuneffoys a Vng dif
ner telle chofe que Vng fage homme ne Verra pas en toute fa Vie. Et pourtãt nous
labourons plus es chofes aufquelles nous fuifmes plus conuenables/ et y mettõs
plus noftre eftudie. Mais pource que aulcuneffoys neceffite nous contraint a fai
te des chofes qui ne font point felon noftre nature ou noftre entendement/ nous de
uons mettre toute noftre cure noftre pencee et diligence q̃ fe nous ne le pouons faire
hõneftemẽt/aumoins no⁹ ne les facõs pas inhõneftemẽt/et ne deuõs point tãt eftu
dier a faire les bõnes meurs q̃ nauõs pas ome a euiter les Vices. Mais aup deup
perfonnes dont no⁹ auõs parle deffus/ par lefq̃lles les hõmes font principallemẽt

gouuernez nous adiousterons la tierce qui sapelle aduenture ou temps / car nous
suismes gouuernez par auêture ꝗ par temps / corme les royaulmes / les empires /
les noblesses / les honneurs / les richesses / et les aides / par lesquelles nous noꝰ gou
uernons ne viennent que par auenture / ꝗ selon ce que le temps nous est propice. Et
semblablement nous suismes gouuernez par leurs contraires / lesquelz sont pareil
lement situez en temps. La quatte personne et la detteniere par laquelle nous suis
mes gouuernez / cest celle que nous nous attribuôs de nostre volente et arbitre / car
quelque personne que nous vueillons estre il vient de nostre volente / comme nous
voyôs les aulcûs veullent estre philosophes / les aultres veullent estudier en droit
ciuil / et les aultres se veullent appliquer a rethorique et a eloquence / et lung veult
preceder les aultres en lune de ces vertuz. Mais ceulx a ꝗ leurs peres ou maiours
ont baille aulcune gloire ou scieuce / ilz estudient le plus souuêt a estre excellens en
ycelle science / comme Quintus Mutius qui estoit filz de Publius. pource que son
pere luy bailla la science de droit ciuil / il y estudia tant ꝗl y fut tresexcellent. Et sem
blablement Scipio Laffrican qui estoit filz de Paulus / pource que son pere voulut
quil estudiast en la science de cheuallerie / il y estudia sy fort quil y fut moult bien ex
pert. Mais bien souuent aulcuns des enfans adioustent quelque science quilz pre
nêt de leur volente auecques celle que leur pere leur baillent / côme Scipio Laffri
can / dont nous auons parle auecques la science de cheuallerie que son pere luy bail
la / il print de sa volente eloquence / et fut moult bien eloquent en son temps. Sem
blablement Thimotheus qui estoit filz de Collon a la faueur de son pere / il print
la science de cheuallerie / et fist tant quil nen sauoit moins que sondit pere. Toutes
foys sy voulut il estudier pour auoir doctrine et engin / et aussy en son temps il fut
bien ingenieux et bien endoctrine. Mais bien souuent les enfans laissent la scien
ce que leurs maiours ont ensuye / et quilz leur ont baillee pour ensuyure celle quilz
prennent de leur volente. Et labourent de tout leur pouoir en icelle / côme ceulx qui
laissent les sciences obscures que leurs maieurs ont ensuye / comme medicine pour.
prendre vne aultre grant science / comme celle de droit ciuil. Et pourtant quât nous
acquerons de ces choses dessus dictes nous deuons de toute nostre pencee et coura
ge regarder quelle chose est conuenable. Mais premierement nous deuons delibe
rer quieulx nous voulons estre en meurs et profession / ꝗ de quelle maniere de vie /
laquelle deliberation est plus difficile que toutes les aultres / car quât vng enfant
est en adolescence / et quil a encores engin imbecille. Lors il doibt deliberer de pran
dre la maniere de sa vie en la science quil ayme le plus / et doibt premierement
aduiser par certaine maniere quelle facon de viure il pourra bien auoir. Car cest
le prinpal que vng homme doyue tenir en celle deliberation. Car ainsy que nous
recite zenofon lors que Hercules estoit en laage de puberte / il estoit fort prodigue
de sa vie. Mais quant il vit ou temps de adolescence que le temps que nature
donne a lomme pour eslire quelle voye il veult tenir / il se mist en vng lieu fort so
litaire / et penca tresfort en luy quelle voye il esliroit / car il sentoit bien en son en
tendement ꝗl y auoit deux voyes / lune de volupte / et laultre de vertuz / et pourtant
il songea laquelle il luy valoit mieulx tenir. Et pource ꝗl vit bien ꝗl valoit mieulx

tenir la voye de vertu que celle de volupte / il se delibera ala voye de vertu / mais
il peult par auenture ainsy aduenir a Hercules / pource quil estoit filz de Jupiter et
engendre de luy. Et pourtãt Jupiter luy donna celle preeminẽce. Mais il nest pas
ainsy de nous / car nous ensuyuons ceulx q̃ nous voulons / et nous contraignons
a prendre leurs estudies ⁊ leurs institutions. Mais bien souuent nous nous adon
nons aux commandemens de noz peres / et par cela nous prenons leurs meurs et
leurs coustumes / les aultres ne sy adonnent pas / mais regardent en vne multitu=
de de gens / lesquelz ont les plus belles meurs / et prennent dung chescun ce qui leur
semble estre bel / touteffoys les aulcuns ont ensuy la droite voye par felicite et con=
stellation quilz auoyẽt / ou par conte de nature / ou par la discipline de leurs parẽs /
comme Platon qui par la discipline de son pere voulut estre philosophe. Mais de
ceulx qui ont eu excellence et grandeur dengin / ou qui ont eu erudition et doctrine /
ou qui ont eu tous les deux ensemble / il nen a gueres este qui ayent eu espace de de
libberer quelle maniere de vie ilz ensuyuent / par laq̃lle deliberation vng chescun doit
eslire sa maniere de viure selon sa ppre nature / car comme en toutes les choses qui
sont faictes selon nostre propice nature / nous regardons quelle chose est cõuenable
ainsy que nous auons dit dessus. Semblablement en eslisant la maniere de nostre
vie / nous deuons mettre plus grant cure et sollicitude que nous eslisons maniere /
par laquelle nous puissons auoir constance en nous et en toute nostre vie sans va
rier aulcunement en office et vertuz. Mais pour venir a la raison de constance na
ture ya la plus grãt force / puis apres fortune. Car selon nature on eslit vne manie
re de viure / ⁊ selon fortune vng aultre / mais non pas sy principalement selon fortu
ne que selon nature. Comme se vng homme est riche / il eslit vne aultre maniere de
viure que se il estoit poure. Et pourtant en eslisant la maniere de nostre vie / il nous
fault prendre la raison de chescune dicelles tant de nature que de fortune / mais prin
cipalement de nature / car nature est beaucop plus ferme ⁊ plus constante que nest
fortune / car fortune est mortelle et caducque / et nature non / aincoys est immortelle /
et par ainsy fortune ne peult pas batailler contre nature.

¶ Qui igit ad nature sue non viciose genᵒ consiliũ vite omne cõtulerit: is constan
tiam teneat. ¶ Et pourtant qui veult bailler tout le conseil de vie a la maniere de
sa nature qui nest point vicieuse il doit tenir constance. Car cest ce que luy est princi
pallement conuenable / sy non que par aduẽture il entendist bien quil eust erre en es
lisant la maniere de sa vie / se dauẽture on erre on doit faire mutation de ses meurs
et de ses institutiõs. Et se le temps nous est propice ⁊ conuenable / nous ferõs plus
facilement celle mutation et plus proffitablement / mais se le temps ne noᵒ est pas
conuenable / noᵒ deuons faire celle mutation de grans sens ⁊ non pas a coup / mais
de petit en petit / comme quant vng hõme a amitie auecques vng aultre / ⁊ que celle
amitie ne luy plaist pas pource quelle nest pas bien approuuee / les sages dient quil
est plus conuenable de la laisser par sens ⁊ peu a peu q̃ de la laisser soudaincmẽt et
sans consideration. Mais quãt nous voulons muer lestat de nostre vie / nous de=
uons bien regarder que noᵒ le facons par bon conseil. Et pource que nous auõs dit
vng peu deuãt que nous deuõs ensuyure noz maiours / touteffoys ien treuue deux

epceptions. La premiere sy est que nous ne les deuôs point ensuyure en vices. La se
conde est que se nostre nature ne peult pas souffrir que nous les puissons ensuyure
en aulcunes choses/ côme que nous ne puissons pas deffendre nostre cause/ ou que
nous ne puissons pas tenir nostre peuple en subiection et en craite/ou que nous ne
puissons mener batailles/ touteffoys sy deuons nous faire ce qui est en nostre puis
sance. Comme iustice/foy/liberalite/moderance/ et attrempance/ affin que ce qui
deffault en nous soit aulcunement recouuert.

❡ Exemple.

Onobstant que Dycipsa qui estoit roy des numides ne fist pas
ainsy/car il auoit deux enfans legitimes et ung bastard q̃ estoit
nomme Jugurtha/ mais il ne se attendit pas a ses deux enfans
legitimes de gouuerner le royaulme apres sa mort/ pource q̃lz ne
le suiuoyent pas en meurs/ τ quil veoit bien quilz nestoyent pas
cheualliereux/ et le royaulme des numides auoit des ennemys.
Et pourtãt le roy Dicipsa scauoit bien quil ne suffiroit pas que apres sa mort ses
deux enfans eussent iustice/foy/et liberalite/moderance/ et attrempance pour gou
uerner le peuple/mais failloit quilz eussent force τ cheuallerie pour le deffendre. Et
pour ceste cause le roy Dicipsa adopta son filz bastard Jugurtha q̃ lensuyuoit biẽ
en meurs/ et voulut que apres sa mort il succedast egallement auecques ses freres
ou royaulme des numides/affin q̃l deffendist le royaulme des ennemys pource quil
estoit fort et victorieux. Mais Jugurtha apres la mort de son pere print et occupa
tout le royaulme/τ en frustra ses freres lesq̃lz neussent pas este frustrez silz eussent
ensuy les meurs de leur pere/et quilz eussent este fors τ victorieux côme estoit Di
cipsa leur pere/car aultrement il neust pas adopte Jugurtha/ et par ainsy Jugur
tha ne les eust pas frustrez.

❡ Lacteur.

T par ainsy nous voyons comme les enfans dopuẽt ensuyure
leur pere en bonnes meurs. Mais les peres apres leur mort lais
sent a leurs enfans ung moult bel heritaige q̃ est le plº noble que
tout le demourãt de tout leur patrimoyne/cestassauoir la gloire
de leurs vertuz/τ des choses q̃lz ont faictes côtraire laq̃lle gloire
est vice. Et semblablemẽt faire chose q̃ nest pas licite sont iputez
a grant deshonneur. Et pource que a ung hôme en diuers aages ne sont pas baille
es vnes mesmes vertuz. Car il ya des vertuz qui se attribuent aux ieunes/les aul
tres aux vielz/et pourtant fault il tracter aulcune chose de ceste distinction. Et pre
mierement il apartient aux ieunes hônourer les plus anciẽs/et diceulx anciens ay
mer les bons τ ceulx q̃ sont approuuez. Et semblablemẽt il fault q̃ les ieunes vsent
du conseil et auctorite des vielz/ car la iustice du ieune aage des ieunes gens/ doibt
estre regie et gouuernee par la prudence des vielz. Et principallemẽt laage des ieu
nes gens doibt estre gardee de supure/et doibt estre epercitee en labour et en patien
ce de courage et de corps/ affin que leur industrie ayt vigueur es vertuz des batail
les et aussy es vertuz ciuiles/τ quant les ieunes veullent lascher leurs courages et

les adonner a ioyeusete/ilz doyuent bien garder quilz ne laissent point attrempan/
ce/et quilz ayent tousiours memoire de honte ⁊ vergoigne/laquelle chose ilz feront
plus aysement/sy en leurs ioyeusetez ilz appellent vng homme viel ⁊ ancien/mais
on ne doibt point bailler aux vielz de labour de corps/aincoys leur doit on plustost
exercitations de leur courage en les embesoignant en braues euures/affin q̃lz ay/
dent leurs amys/⁊ la ieunesse des ieunes en sa chose publique principallement par
leur conseil et prudence.

⸿Nihil autẽ magis cauendũ est senectuti: q̃ ne languori desidiez ce dedat.⸿Et
aussy il nest rien que vng viel homme doyue plus garder que de se adonner a luxu/
re et a paresse.Et cõbien que luxure soit isame en tout laage de lomme/toutessoys
sy est elle puante et abhominable principallement en vieil homme.

⸿Luxuria vero cuz omni etati turpis:tum senectuti fedissima est. ⸿Car se vng
homme vueil est sy luxurieux q̃l napt aulcune attrẽpance en luy il fait deux maulx
Lũg pource que il luy est infame ⁊ deshõneur pource quil est vieil.Laultre car il fait
lattrempance des ieunes estre sans honte et vergoigne.Mais pource q̃ nous auõs
monstre quelles vertuz doyuẽt auoir les ieunes et les vielz/il nous fault aussy mõ
strer quelles offices ⁊ vertuz doyuẽt garder les magistraux/les priuez/les citoyẽs/
et les pelerins.Et pourtant les propres offices ⁊ vertuz que doyuent garder les ma
gistraux/ce sont quilz doyuent supporter les citoyens/⁊ les doyuent soustenir en di/
gnite et hõneur/ilz doyuẽt garder les loys ⁊ escripre les droiz/⁊ auoir memoire des
choses commises a leur foy.Mais il fault que les priuez qui nont aulcune dignite
viuent par egal et pareil droit auecques les citoyens/et quilz ne soyent point souß
mis a eulx/ne aussy esleue plus hault que eulx/⁊ doyuent vouloir en la chose pußli
que toutes choses paysibles et honnestes. Car vng tel homme doit estre entendu et
dit son citoyen.Mais les pelerins qui demeurẽt en la ville ⁊ sont destrange pays/
et aussy ceulx q̃ habitent aux champs ne doyuẽt aulcune chose faire que leurs nego
ces sans eulx enquerir daulcune chose/et ne doyuent point estre curieux en la chose
publique qui leur est estrange. Et ainsy on pourra trouuer prez q̃ toutes les offices
en enquerant quelles choses sont aptes et conuenables aux personnes/aux tẽps/
et aux aages.

⸿Nihil est autez q̃ tam deceat:q̃ in omni re gerenda consilioqz capiendo seruare
constantiam.⸿Mais il nest rien qui soit sy conuenable que garder cõstance en tou
tes les choses que on veult faire/et semblablement en prenãt conseil.Et pource que
lonneur dont nous parlons est en tous faiz et ditz/et finablement ou mouuement
et en lestat du corps/car il est mys en trops vertuz/cestassauoir en beaute/ordre/et
mouuement cõuenable a ce que on fait. Et combien q̃l soit biẽ difficile a en tractez/
toutessoys sy sera il bien facile a entendre apres que nous en aurõs tracte.Ores en
ces trops vertuz dont nous venons de parler/nous deuõs mettre nostre cure et sol
licitude que nous soyons bien approuuez de ceulx auecques lesquelz nous viuons/
et aussy de ceulx sur lesquelz nous viuons. Et pourtant nous fault il vng peu par
ler de ces choses/et pour les entendre plus clerement il est assauoir que au comman
cement de la formation de nostre corps dame nature eust vne grande rayson en elle

quant elle nous esleua le Bisage contre hault. Et laultre figure en laqlle est lespece
de honnestete/ comme ses piez et ses aultres membres. Mais les parties qui sont
donnees au corps pour les necessitez de nature/ elle les a mucez ⁊ couuertes/ pource
que leur forme est deshonneste et nest pas belle a regarder. Et pourtant la honte et
Bergoigne des hommes a ensuiuy la diligente fabrique de nature/ car tous hõmes
qui sont sains en leur pencee ne Beulent point Beoir celles parties du corps que na
ture a mucees/ mais quant il en ont necessite ilz en besongnent occultemẽt et secre/
tement. Dr les Bsages dicelles parties sont necessaires/ mais nonobstant nous ne
appellons point icelles parties ne leurs Bsages par leurs noms/ car ce seroit infa/
mie et deshonneur/ mais faire les Bsages dicelles secretemẽt nest point infamie ne
deshonneur. Et quant lusage dicelles est fait magnifestement il nest point honne/
ste pour cause de la dissolution/ et aussy nest pas de parler dicelles. Et pourtant ne
doyuent point estre ouyz les ciniques/ ne les stoiques qui ensupuẽt la nature des ci
niques/ et nous reprenent et mocquent pource quilz disent que nous appellons par
parolles celles pties Bicieuses qui ne sont pas infames delles mesmes/ mais nous
appellons bien par leurs noms celles qui sont infames. Car ilz dient que embler/
frauder aultruy/ et adulterer est layt et infame de luy mesmes/ mais on les peut bi
en nommez sans infamie. Et semblablement auoir cõpaignie a sa femme pour con
cepuoir lignee est honneste/ mais cest infamie de le nommer par son nom. Et pareil
lement peust on disputer contre honte et Bergõgne de plusieurs aultres choses sem
blables. Mais nous deuons ensuyr dame nature en fuyant tout ce qui est abhomi
nable pour lapprobation des yeulx ⁊ des oreilles. Et noz stations/ noz alleures/ nre
touchier/ nostre Bisaige/ et noz yeulx/ et se mouuement de noz mains doyuent tenir
et garder lonneur q̃ nature leur a baille/ en quoy on doit principallemẽt cuider deux
choses. La premiere est que on ne face aulcune chose de courage mousl/ ou fraisle/ et
femenin. La seconde que on ne face aulcune chose rudement ou rustiquement/ et ne
deuons point croire que telles choses sont conuenables aux orateurs ⁊ aux fabula
teurs puis q̃lz nous sont dissolues. Mais les sceniques ont encore sy grãt Bergon/
gne de lancienne loy que ilz ont de coustume que on ne doit point aller a la table/ ne
aussy reciter des fables qui parlent aulcunement de la coniunction naturelle sans
estre lye par le bas/ car ilz dient q̃ se dauenture leur nature se leuoit et quelle leuast
leurs robes/ ilz seroyent honteux et infames/ ainsy que nous auons de coustume.
Quant les peres Beullent aller a la table/ leurs ieunes enfans ne lauẽt poit leurs
mains auecques eulx/ ne semblablemẽt les gendres auecqs les seigneurs. Et pour
tant on doibt principallemẽt retenir celle maniere de Bergongne par nature qui est
nostre maistresse et nostre conductrice. Mais pource quil ya deux manieres de be/
aute/ en lune est Benustete/ ⁊ en laultre dignite/ nous deuons dire que Benustete ap
partient aux femmes/ ⁊ dignite aux hommes. Et pourtant tout ornement qui nest
point digne a la forme de lomme doibt estre oste. Et semblablemẽt tout Bice qui est
en facons et en alleure/ comme les hystrions q̃ sestudient a Beoir les fables/ ilz ont
des facons bien honnestes. Car quant ilz Beulent exprimer les manieres des fem/
mes deshõnourees ilz se Bestẽt de robes a femmes/ laqlle chose nest point honneste.

d ii

Et semblablement pouons nous dire de ceulx/ que quant ilz vont,il semble que ce
soyent pucelles. Et en chescune de ces deux manieres ce qui est simple et droit/ est a
louer. Mais la dignite du visaige de chescun homme doibt estre gardee p lexercice
du corps. Et apres vng homme doibt auoir nettete en luy qui ne soit point hayneu=
se ne trop exquise/ mais doit seulemēt faire ql ne soit point nest a la maniere cham
pestre/ou par negligence inhumaine.

¶ In quo sicut in plerisqz rebus mediocritas optima est. ¶ Et semblablement po
uons nous dire des habilemens/ esquelz comme en plusieurs aultres choses/ tout
homme doit tenir mediocrite. On doibt aussy garder que en allant on ne soit point
trop tardif par laschete de courage/ affin q on ne semble pas estre trop pempeux/
et aussy quoy ne soit pas trop hatif/car quant on se haste trop les aspirations sont
esmeues/le visaige est mue/ et la bouche est tournee/ parquoy il appert que lomme
qui est ainsy hatif na point de cōstance en luy. Mais on doibt fort labourer que les
mouuemēs du courage ne se departent point de nature/ laquelle chose nous ferons
bien se noᵘ nous voulons garder de tumber en perturbation ꝛ en desesperation. Et
aussy se noᵘ auōs le courage entendāt a garder hōneur. Mais il ya doubles mou=
uemens de courages/ les vngtz sont de la cogitation/ les aultres sont de lappetit/
la cogitation se tourne principallemēt a enquerir verite. Et lappetit qui ensuypt de
la cogitation contraint lomme a faire ce que la cogitation a pence. Et pourtāt lom
me doibt auoir sollicitude que il pence toustours a bonnes choses/et que son appetit
soit toustours prest de obeir a raypson. Mais pource que la force de loraypson des hō=
mes est bien grande/nous deuons sauoir quil en est deux manieres. La premiere fy
est parler simplement. La seconde est quāt en parlant on content auoir aulcune cho
se qui est dicte contention/ꝛ doibt estre baillee aux iugemens pour iuger aux assem
blees pour deliberer/ et au senat pour demonstrer/ et doibt estre ainsy destituee. Et
la maniere que nous appellons parler/et en confabulations et disputatiōs/en par
lant auecques les familiers/et de la biennent les conuy. Ores tous les comman=
demens des retoriciens sont de la maniere de contention/ ꝛ nen ya point qui soint de
la maniere de parler/ combien que ie ne scay pas bien se il en peut point estre/ car il
en ya qui sen dient maistres/ et en monstrent. Mais il nen ya point par deca qui y
estudient/et men raporte a la compaignie des retoriciens/ combien que toutes cho=
ses qui sont commandemens de parolles ou de sentence se rapportent. Mais puis
que nous auons la voix qui est iuge de loraypson/nous deuons ensupure en la voix
deux choses. La premiere est quelle soit sonesue/et ces deux manieres viennent de
nature. Mais exercitation fait la voix plus clere quelle ne seroit par nature. Et
aussy ensupure ceulx qui parlent estroictement et legierement fait la voix estre sou
esue. Nauons nous pas que Catulus le pere et Catulus le filz auoyēt sy tresbeau
langage/que quant ilz auoyēt plaidoye/ il ne sembloit pas qlz vsassent de iugemēt
exquis de science/combien quilz fussent grans clers. Et semblablement estoyēt plu
sieurs aultres. Mais les catulus vsoyent moult bien de langage latin/ car le son
de leur voix estoit doulx/ꝛ leur lettre nestoit poit trop expresse ne trop fouslee/affin
quelle ne fut obscure ou sans effect/ꝛ leur voix estoit sans cōtention ꝛ nestoit point

longue ne caſſee. Semblablement la parolle de Lutius Craſſus eſtoit plus fructu
euſe que celle de Catullus/τ neſtoit pas moins doulce. Mais la facon de bien par
ler qui eſtoit es catulles neſt point moindre. Ceſar qui fut frere du pere a Catullus
ſurmonta tous les aultres en ſapience τ en courtoyſie/ car en celle indinaire manie
re de parler il vainquit toutes les fins aquoy les aultres pretendoyent. Et pourtãt
en ces choſes on doibt labourer qui veult ſauoir quelle choſe eſt hõnourable en tou
tes choſes/ pource doncques le langage doibt eſtre ioyeulx et doulx/ τ ne doibt point
eſtre orgueilleux. Duquel langage les diſciples de Socrates ſont volentiers excel
lens/ car ilz ſont plains de beau parler/ et quant quelcung veult parler il ne doibt
point debouter les aultres de parler iuſques a ce quil ſoit venu en ſa poſſeſſion et en
ſon tour. Mais en parler τ en toutes aultres choſes on doibt aulcuneſſoys vſer de
ordre et parler lung apres laultre/ et doibt on veoir premierement de quelles choſes
on veult parler/ affin ſe on parle de choſe cruelles que on adiouſte cruaulte a ſa pa
rolle/ et ſe on parle de choſes ioyeuſes que on vſe de beau parler. Et premierement
quant aulcun parle il doibt bien pouruoir par auant que par ſes parolles il ne mõ
ſtre point auoir aulcun vice en ſes meurs/ laquelle choſe aduient lors que on parle
daulcun abſent pour cauſe de meſdire de luy/ ou par deriſion/ ou cruellement/ ou en
diſant aulcun mal ou vitupere de luy. Mais on parle bien ſouuent des negoces do
meſtiques/ ou de la choſe publique/ ou des ſciêces/ eſtudes/ et doctrines. Et pourtãt
on ſe doibt aduiſer que ſe en parlant on erre aulcunement en ſes detractions/ dont
nous venous de parler que on raporte touſiours ſa parolle a ces troys choſes/ dont
on parle communement ainſy que les parolles ſy pourront adonner en temps et en
lieu. Et ſemblablemẽt on ne doibt pas touſiours parler dune meſme choſe en tous
temps/ car on ny prendroit point de delectation. Semblablemẽt quant aulcun veult
parler il doit bien eſtre aduerti de mettre delectation en ſa parolle/ affin que comme
il a eu rayſon de commancer/ auſſy ait il maniere de finir. Mais ainſy que en tou
te la vie on commande iuſtement q̃ on ſuye les perturbations et les trop grãs mou
uemens du courage qui ne obeiſſent pas a rayſon. Semblablemẽt en ſa parolle ne
doit poit auoir de mouuemẽs/ affin q̃l ny ayt point de ire/ de cupidite/ et de pareſſe/
ou de tardiuete/ et quil ny appere point de tel vice/ et doibt on conſiderer grãdemẽt
que on monſtre ſemblant de honnourer ceulx auecques leſquelz on confere en parol
le et de les aymer/ et ſe on voit ſon amy qui face aulcun mal/ il eſt aulcuneſſoys ne
ceſſaire que on le repreigne. En laquelle reprehention on doit vſer de grande manie
re de voix τ de aſpre grauite de parolles/ en monſtrant que on ne le reprent pas par
courroux/ mais pour oſter τ corriger ſon mal. Et a ceſte maniere de corriger nous ne
deuons venir que le plus tart que nous pourrons/ et nous nous deuons contrain
dre a y venir quant il en eſt neceſſite. Mais touteſſoys nous ne deuons point corri
ger aultruy ſil nen eſt grant beſoing/ τ quil ny ait plus daultre medicine. Et quant
nous voulons remonſtrer a aulcun nous deuons getter toute ire/ auecques la quel
le on ne peut faire aulcune choſe droictement/ ne par conſideration.

¶ Jſta procul abſit cum qua nihil recte fieri: nihil conſiderare agi poteſt. ¶ Mais
d iij

en la plus grant partie de sa correction/ on doibt vser de castigation clemente en y
ioignant grauite/et y doibt on adiouster cruaulte/ et debouter ire et couroup. Et sy
tu me demandes pour cause de qui est adioustee au langage ceste cruaulte quãt on
corrige son amy ie te dy que elle y est adioustee pour cause de cellup que on veult cor
riger/ affin que on monstre que on le fait pour son vtilite. Mais quant nous noys
sons auecques noz ennemys/ꝙ ilz noꝰ dient iniures/ou aultres choses qui ne nous
sont pas aggreaples/touteffoys sy deuons nous retenir grauite et debouter toute
ire/affin que nous ne dions chose qui ne soit honneste.

¶ Que ꝗm cũ aliqua perturbatione fiũt: neꝗ ea constanter fieri possunt: nec ab
his qui adsunt approbari. ¶ Car les choses qui se font par perturbation ne peu
ent estre faictes par constance/et ne sont point approuuees de ceulp ꝗ sont presens.
Semblablement il est bien deshonneste de se vanter/ et principallement des choses
faulces. Car ceulp qui oyent celles vanteries sen mocquent/ comme recite Teren
ce en sa seconde comedie de Trason le cheuallier glorieup/ car il auoit de coustu
me de se vanter/ et principallement de choses faulses. Mais pource que nous par
lons de plusieurs matieres diuerses il nous fault tout poursupure/ et pour ce faire
nous voulons monstrer quelle maison doibt auoir vng homme honnourable ou
vng prince/ꝗ de quelle fin ne de quel vsage/auquel vsage on doibt atttibuer la ma
niere de ediffier/et y doibt on adiouster proffit/dignite/et diligence/car de tant plus
que vng homme est grant et constitue en grant dignite/ de tant plus doibt il faire
plusgrande maison. Gayus Octauius ediffia ou palays de romme vne tresgrãde
maison et tresnoble plaine de grãt dignite/ en laꝗlle il recepuoit les pelerins et tou
tes gẽs de biẽ/ et vng peu apres il faillit eslire vng cõsul a rõme/ꝗ le peuple lesleust
pour estre consul pour cause de la grant dignite qui estoit en sa maison/ et fut le pre
mier de sa lignee qui fut fait cõsul. Or apres sa mort son filz Scaurus luy succeda
et fut siẽne la maison que son pere auoit ediffiee. Et pour ceste cause le peuple disoit
que puis que le filz succedoit en celle maison que cestoit rayson ꝗl eust loffice de son
pere/pource estoit a presumer ꝗl ensupuroit son pere en meurs et en dignite. Mais
quant Scaurus vit que la maison que son pere auoit ediffice estoit a lup/il dit quil
ny receuroit ia hoste pource quil heopt les hosteliers/et en fist vng porche. Et pour ce
ste cause qnant il cuida estre esleu consul/comme auoit este son pere il en fut debou
te. Car son pere estoit le premier qui auoit apporte en sa maison la dignite destre cõ
sul/et le filz y apporta meschansete et diffamie/pourtant ne fut il point esleu consul/
car la dignite dung homme doibt estre ornee dune belle maison/ꝗ ne doibt pas estre
toute quise en la maison/mais aussy ou seigneur. Semblablement lomme ne doibt
pas estre dit honneste pour sa maison/mais la maison doibt estre dicte hõneste pour
lomme. Et comme on ne doibt pas faire les choses que on fait seulement pour soy
mesmes mais aussy pour les aultres. Pareillemẽt vng noble hõme quant il veult
auoir vne maison il la doibt prendre sy grande quil y puisse receuoir des hostes lar
gement et loger grant multitude de toutes gens/et doibt aussy tousiours auoit cu
re ꝗ sollicitude de amplir sa maison des biẽs sans faire iniure a aultrup/ aultremẽt
sil auoit belle maison et grande et bien emplie de biens/et quil ny voullit personne

receuoir/ et quil ny euſt en icelle que ſollicitude ce ſeroit grant honte et grant diffa=
mie/ et principallement quant il y auroit eu par auant ung meilleur ſeigneur/ car
ceſt une choſe bien mauluaiſe quant ceulx qui ont veu une maiſon ſoubz ung meil
leur ſeigneur peuent dire.

¶ Odioſum eſt enim cum a pretereuntibus dicitur. O domus antiqua ÿ diſpa=
ri domino dominaris:quod quidem his temporibus in multis licet dicere. ¶ O an=
cienne maiſon helas que tu es gouuernee par ung ſeigneur qui neſt pas ſemblable
a celluy qui te ſouloit gouuerner/ laquelle parolle peut bien eſtre dicte de pluſieurs
en ce temps preſent. Mais auſſy tu doys principallement garder ſe tu ediffies que
tu ne deſires point faire ung ediffice ſumpteux et magnifique oultre ta faculte et
puiſſance/ car nous en voyons tous les iours moult de mauluaiſes exemples pour
ce quil en ya pluſieurs qui ſe eſtudient quant ilz ediffient a enſuir les ediffices des
princes/laquelle choſe leurs facultez ne peuent pas endurer/comme ſe ung ſimple
homme en ediffiant vouloit enſupr la puiſſance de Lutius Luculus qui eſtoit ung
grant et puiſſant homme/il ne pourroit pas. Et ſemblablemēt il en eſt daultres qui
quant ilz ediffient aux champs ilz veulent faire auſſy grans τ auſſy magnifiques
ediffices comme ilz feroyent a la ville/qui ne ſe doibt pas faire. Et pourtāt en tou=
tes ces choſes on doibt adiouſter maniere et tenir mediocrite/ et celle mediocrite ſe
doibt raporter a tout luſage et le labourage de la vie en ceſte maniere. Car en tou=
te leuure que on veult prandre on doibt conſiderer troys choſes. La premiere ſy eſt
que lappetit obeiſſe a rayſon/ car il neſt rien plus proffitable a garder office et ver=
tu. La ſeconde ſy eſt/ que on regarde combien grande eſt la choſe quon veult faire/
affin quon ne prēne pas trop grāt charge ne trop petite. La tierce ſy eſt/que on doit
faire que ce qui appartient a iuſtice et a dignite ſoit moderee. Or doncques en tou=
tes ces troys conſiderations il eſt treſbon et treſhonnourable de tenir maniere/et ne
paſſer point oultre cōme nous auons dit deſſus. Mais de ces troys manieres dōt
nous venons de parler il nen ya point de plus noble que faire,obeir lappetit a ray=
ſon qui eſt la premiere maniere.En apres il nous fault determiner de lordre des cho
ſes/et de lopportunite du temps/en ceſte partie eſt contenue modeſte maniere/τ con
ſeruation de ordre.Et affin que nous ſachons que ceſt modeſtie/les ſtoyques la dif=
finient ainſy.Modeſtie ceſt ſcience de colloquer en leur lieu les choſes que on veult
faire ou dire. Et pourtant il ſemble que ordre et collocation puiſſent bien eſtre conte
nues ſoubz celle diffinition. Car les ſtoyques diffinient ainſy ordre diſans que ceſt
la compoſition de mettre les choſes en leurs lieux aptez et attribuez.Mais ilz diēt
que ſe lieu delaction ceſt lopportunite du temps/ et le temps opportune delectation
eſt appelle occaſion . Mais pource que auſcun pourroit dire que celle diffinition
eſt la diffinition de prudence/pource que nous auons dit que modeſtie eſt ſcience/
et opportunite des temps y donnez a faire ce que on veult faire / et que pourtant
que ceſt la diffinition de prudence dōt nous auōs determine. Au cōmancemēt quel=
cūg cuidaſt ῆ noº en vouſſiſſons encore determiner Je te reſpōs ῆ prēſentemēt ie veuil
determiner o moderāce/attrēpāce/τ des aultres vertuz a elles ſemblabes. Car iay
determine de prudēce et de ces vertuz en leur lieu. Mais il nous fault maintenant

parler des vertuz qui appartiennent a vergongne/ et a lopprobation de ceulx auec
ques lesquelz nous viuons/desquelz nous auons desia parle beaucop.Et pourtant
aux choses que nous voulons faire/ nous deuons adiouster telle ordre que comme
en lorayson constante/toutes choses dopuent estre aptes et conuenables entre elles
Semblablement dopuent ilz estre en nostre vie/ car cest vne chose layde et fort vici
euse quãt on parle dune chose cruelle a vng conuy/et quelcung parle dune chose qui
est doulce et delicatiue. Pource doncques Pericles fist bien quant il reprint Sopho
cles son compaignon/ car ilz tenoyent vne preuoste ensemble/ et auoyent conuenu
de la tenir communement entre eulx deux. Mais lors que Sophocles estoit en sie
ge il vit passer vng tresbel enfant/ et se print adire/ ha que vela vng moult bel en
fant. Et pourtant que Pericles vit que Sophocles estoit en siege/ et que ce nestoit
pas temps ne lieu ouquel il deust laisser la iudicatoire pour dire ces parolles/ il le
reprint disant.

¶ Pretorem decet non solum manus:sed oculos abstinentes habere.¶ O Sopho
cles il ne appartient pas a vng iuge seulement auoir les mains abstinentes/ mais
aussy fault il quil ait les yeulx abstinens. Et se Sophocles eust dit ces parolles en
vne cõpaignie de gẽs darmes il ne deuoit pas estre reprins/car le lieu ꝗ le temps ne
le deffendroyent pas.Or doncques il ya sy grant difference du lieu et du temps que
quant aulcun a quelque chose a faire il doit tousiours pẽser en lieu/ en son chemin/
ou en faisant aultre chose ꝗl ne soit point reprins. Car sil est avng conuy ou on par
le de choses cruelles/et il parle de choses doulces il fera inhumainement/car le tẽps
ne sy adonne pas. Et ainsy les choses qui sont fort differãtes de humanite/ comme
chanter au marche/ ou aux funerailles/ ou faire quelque aultre grãt puersite sont
fort apparentes/ car il est bien cler a veoir quil ya faulte de entendement en cellup
qui les fait.Mais on se doibt diligemment garder de faire les choses qui semblent
estre petites en mal/et qui ne peuent pas estre entendues de plusieurs/car on est fa
cilement reprins. Comme quant aulcun ioue dung instrument deuant vng aultre
qui sy congnoist bien/et quil fait vne petite faulte/ cellup deuãt qui il ioue se reprãt
pource quil entent bien quil ioue mal. Et pourtant en viuant on doit tant faire que
en sa vie il ny ait aulcune chose differante de tant que la concordãce des choses que
les hommes font est plus grande et meilleur que celle des sons des instrumens.Et
comme les oreilles de ceulx qui escoutent iouer de vng instrument entendent bien
vne petite faulte. Semblablement se nous nous voulons asprement et diligente
ment aduiser de noz vices/nous congnoistrons bien souuent les grans maulx par
les petiz. Et sy nous voulons facilemẽt iuger quãt aulcun a fait quelque chose sil
a bien fait ou mal/ou sil a fait aulcune chose cõtre vertu/noꝰ deuons regarder le re
gard de ses yeulx ꝗ la maniere ꝗl tiendra. Car sil a biẽ fait il regardera plainemẽt/
ou il sera ioyeulx/ou il rira/ou plera. Et sil a mal fait/ou fait quelꝗ chose ꝗ soit cõ
tre vertu il baissera sa veue/ ou il sera triste/ ou il se taira/ ou il criera. Par les si
gnes ꝗ aultres a eulx semblables noꝰ pourrõs facilemẽt iuger en ꝗsse maniere il noꝰ
peut estre proffitable incontinẽt quãt vng aultre fait biẽ ou mal/ affin sil fait aul
cune chose ꝗ ne soit pas hõnourable ꝗ nous noꝰgardõs de faire pareillemẽt.Car ie

ne scay pas comment il se peut faire/mais nous voyõs mieulp le vice en vng aul
tre que nous ne ferions en nous mesmes. Et pourtant quant les maistres veullent
corriger leurs disciples daulcũ vice/eulp mesmes font icellup vice pour cause de les
chastier/et affin que les disciples voyẽt mieulp le vice en leur maistre quil ne ferop
ent pas en eulp mesmes. Et par ceste maniere les maistres corrigẽt plus facilemẽt
leurs disciples. Mais ce nest pas chose estrange quant on veult eslire quelque cho
se/et on a aulcune doubte de soy enquerir des sages et de ceulp qui sont visitez/et de
chescune maniere de vertuz qui leur ensemble/car la plusgrant partie des gens est
voulentiers tiree a la partie a laquelle elle encline parnature / esquelles choses on
ne doibt pas seulement voir ce que vng chescun parle/mais on doibt entendre ce
quil entend/et scauoir pour quelle cause il entend ainsi. Car ainsi que les paintres
et les graiz poetes qui ont fait quelque euure veulent bien q̃ tout le monde le voye/
affin que sil ya aulcune chose qui soit reprinse de plusieurs quilz la corrigent et sen
quierẽt en eulp mesmes/et aussy aup aultres sil ya aulcune faulte. Semblablemẽt
par le iugement des aultres nous deuons corriger plusieurs aultres choses qui ne
sont pas a faire. Mais des choses qui sont fortes par coustume ou par institutiõ
ciuiles il nen fault muer aulcune chose/car ce sont commandemens. Et ne doibt
pas vng hõme estre plus de sy grant erreur quil en vueille muer aulcune chose. Cõ
me sy Socrates/ou Aristipus ont fait ou dit aulcune chose q̃ soit contre les meurs
et constitutions cyuiles/chescun doibt presumer quil doit estre ainsi quilz lon fait/
car ilz ont eu la licence de ce faire par leurs grans et diuins biens de science.

¶ Exemple.

Semblablement pouons nous dire de Pythagoras et de Platon.
Car Pythagoras bailla a ses disciples des enseignemens sy no
tables qui disoyent que cestoit mal fait de disputer aulcunement
en lencontre/ɿ aussy quant ilz disputoyent de quelque matiere/et
ilz alleguoyẽt vng des enseignemens de Pythagoras/ quant on
leur nyoit pour le prouuer ilz ne disoyent aultre chose/ sy non que
Pythagoras lauoit dit/ ainsy pareillemẽt Platon fut sy eloquent que apres sa naiſ
sance qui fut lan apres que la terre trembla/ɿ estoit le quart an du roy dayre. Quãt
il dormoit les mouches faisoyent le miel en sa bouche qui estoit signe de moult doulƷ
ce eloquence/de laquelle il fut sy remply que ses ditz ont este reputez grans/ et nont
pas este gueres corrigez. Il nest doncques pas licite avng homme de corriger les in
stitutions qui ont este faictes par gens sy sages et sy eloquens.

¶ Lacteur.

ET pourtant la raysoƞ des ciniqs doit estre gettee ɿ absolye/car ilz
dient q̃ telles institutiõs on peut biẽ muer. Et leur raysoƞ est con
traire a vergongne/sans laq̃lle no⁹ ne pouõs aulcune chose faire
droictemẽt ne hõnestemẽt. Mais no⁹ deuõs biẽ garder et hõr ou
rer ceulp q̃ viuẽt cleremẽt en grãdes choses ɿ hõnestes/ɿ q̃ senten
dent biẽ en la chose publique/ɿ ont biẽ desseruy ɿ desseruent tous
les iours auoir honneur et dominatioƞ/ en epercent bien leurs dignitez. Et aussy

nous deuons honnourer les vielles gēs et ceulx qui ont seigneurie. Et deuōs faire
difference entre les citoyens et les pelerins qui sont venuz desstrange pays demou/
rer ou nostre. Car nous deuōs interroguer les pelerins sy sont venuz demourer en
nostre pays pour le bien publique / ou pour leur proffit pticulier. Et en somme affin
que ie ne parle point de tous particulierement nous deuons garder / deffendre / et hō
nourer la cōpaignie et societe de tout le signaige humain. Mais il no⁹ fault veoir
lesquelz des artifices et acquestz des hommes dopuent estre dis liberaulx ou maul/
uais. Et premierement les acquestz q̃ viennēt en la hayne des hommes sont maul
uais τ reprouuez / comme ceulx qui viennent des vsches et de vsure. Et semblable
ment les acquestz de tous les mercenaires qui vendent leur euure / et non pas leur
art ne sont pas liberaulx. Car icelluy acquest leur est vne saluation de seruitude / et
aussy les acquestz de ceulx qui achetent des marchans / affin quilz reuendent incon
tinent plus cher ce quilz ont achete sont infames / car ilz ne proffitēt en aultre chose
sy non a mentir.

¶ Nec vero quicq̃ est turpius vanitate. ¶ Mais il nest riens plus layt que acou
stumer a mentir. Et tous les tauerniers cōuersent en vng art qui est ort τ infame /
car il nest ou monde rien plus esstrange que la tauerne. Et ainsy que dit Terence
tous ceulx qui expercent les mestiers qui administrent la volupte des hommes ne
sont point a approuuer / comme les cupstniers / les bouchiers / les rotisseup / et les pes
cheurs. Et aussy nous y pouons bien adiouster ceulx qui vendent les oignemens
et les saulces / et tout le ieu de dez. Mais les ars ou il ya grant prudence / ou celles
ou il nya pas moyenne vtilite sont honnestes a ceulx qui sy appliquent / cōme estre
medecin / charpentier / ou expercer la doctrine des choses hōnestes. Et aussy la mar/
chandise qui est petite doit estre reputee orde et infame / car elle nest point sans men
tir et periurer. Mais quant elle est grande et habondāt / et quelle porte moult de cho
ses par tout pays / et se depart sans menterie et sans patiure / elle nest point a vitu/
perer. Et aussy elle doibt bien estre louee quant elle est bien saoule et contēte de son
acquest / apres ce que elle a este portee de lamer au port / τ du port par le pays. Mais
de toutes les choses desquelles on veult acquerir aulcun bien / il nest rien meilleur /
plus fertile / ne plus doulx que le labourage des chāps / et nest riens plus digne que
vng homme franc et liberal / duquel labourage nous auons parle en nostre liure de
viellesse en la personne du grant Chaton.

¶ Exemple.

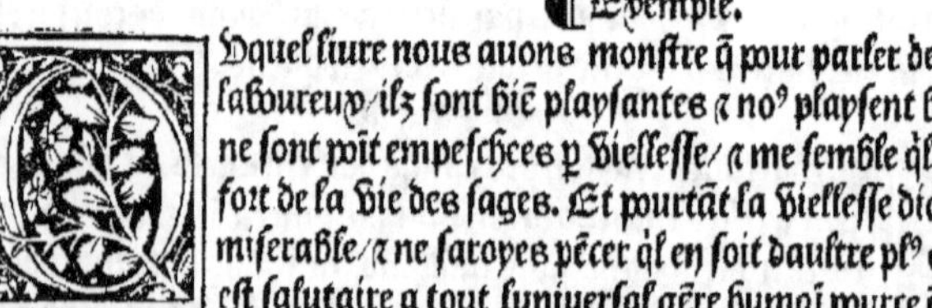

Duquel liure nous auons monstre q̃ pour parler des voluptez des
laboureup / ilz sont biē playsantes τ no⁹ playsent beaucop / car ilz
ne sont poit empeschees p viellesse / τ me semble q̃lz se approuchēt
fort de la vie des sages. Et pourtāt la viellesse diceulp nest point
miserable / τ ne satoyes pēcer q̃l en soit daulstre pl⁹ eureuse / car elle
est salutaire a tout luniuersal gēre humaī pource q̃ elle appartiēt
a la delectatiō des hōmes τ a la saturite et copie de toutes choses / a la vie τ au ser/
uice de dieup. Et pourtāt elle doit biē estre dicte hōnourable / car le bon laboureur en
rapporte tousioure sa caue plaine de vins / son grenier plai de ble / τ son celier plain

dupſſe/τ auſſy la Biſſe en eſt toute riche/ car en eſſe par les laboureuτ il ya Habonda
ce de poiceauτ/ de cheureauτ/ daigneauτ/ de geſines/et de ſapt/et de fromages/ et
de miel. Certes il neſt rien par Bſage plus fertile ne par eſpece plº orne. Et ſe tu ſen
tens bien il neſt riens qui ſemble plus beau que leſtude de labourage/ car ainſy que
nous recite pſidore le labourage ceſt par qui les fromans τ les aultres Biures nous
ſont acquis/ et ſy eſt appelle labourage pourtant quilz Biennent par le labour des
champs et des gens. Et anciennement toutes les richeſſes des anciens neſtoit que
en deuτ choſes/ceſtaſſauoir en paſturage et en labourage. Et pourtant tu Bops cle
rement qui neſt rien plus Honourable/plus digne/ne plus proffitable que le labou
rage des champs.

❡ De la compoſition de deuτ choſes honneſtes pour ſauoir ſe lune eſt plus hon
neſte que laultre.

Il me ſemble que iap aſſez eτpoſe deſſus comme les Bertuτ Bien
nent des parties de honneſtete. Et pource quil peut aduenir ſou
uent debat des choſes qui ſont honneſtes/ et de la compoſition di
celles pour ſauoir leſquelles ſont les plus honneſtes. Lequel ſieu
a eſte delaiſſe de ce philoſophe Panetius/car puis que toute hon
neſtete Bient des quattre pties deſquelles/lune eſt cognition par
prudēce. La ſecōde eſt communite par iuſtice. La tierce magnanimite par force. La
quarte moderance par attrempance/il eſt neceſſite quilz ſoyēt comparees en enque
rant des offices τ Bertuτ. Et premierement nous diſons que les Bertuτ qui ſont de
iuſtice ſont plus conuenables a nature que celles qui ſont de prudēce. Et cela peut
eſtre conferme par ceſt argument. Car ſil aduient que Bng ſage homme ſoit enrichi
de ſa Bie de la multitude et affluence de toutes choſes/ combien quil conſidere bien
en lup toutes choſes qui ſont dignes de congnoiſſance/τ qui apartiennent a ſapien
ce. Mais ce nonobſtant il eſt en opſiuete/ et ne eτplique aulcunement ſa ſapience/
et eſt ſy ſolitaire quil ne Beult Beoir perſonne/ touteſſoys ſa ſapience ne lup ſert de
riens puis que il ne la eτplique point par iuſtice. Ores il ya differance entre ſapien
ce qui eſt la princeſſe de toutes Bertuτ q̃ les grecz appellent ſophie/τ prudēce que les
grecz appellent froneze/ car prudēce ceſt ſcience de fuir ou deſirer les choſes. Mais
ſapience qui eſt appellee princeſſe/eſt ſcience des choſes diuines et humaines/ en la
quelle eſt cōtenue la cōmunite de dieuτ et des hōmes enſemble. Et ſy celle Bertu de
ſapiēce eſt ſy treſgrande cōme elle eſt a la Berite/touteſſoys il eſt neceſſite ace quelle
ſoit encores pluſgrande q̃lle ſoit cōduite p iuſtice. Car ſapiēce q̃ eſt la cōgnoiſſance
et cōtēplation de nature ſeroit auſtremēt manchote/et naroit qung bras ſil ne ſen
enſupuoit aulcū effect. Dr iuſtice eſt Beue pricipallemēt en gardāt les pffitτ des hō
mes/τ pourtāt elle appartiēt a la compaignie de tout le ſignage humain. Et pource
doncqs elle doit eſtre miſe deuāt ſapiēce/et Bng cheſcun le peut clerement Boir et en
tendre. Car pourquop ie te demāde q̃ eſt cellup ſy couuoiteuτ de regarder et cōgnoi
ſtre la nature des choſes q̃ ne gettera τ lairra incōtinēt toutes ces cōgnoiſſances et
cōtēplatiō Boire τ Bouſſiſt il nōbrer toutes les eſtoilles du ciel/ou meſurer la grā
deur de tout le mōde quāt il regardera et cōtemplera p ſapiēce les choſes dignes de

cõgnoissance et il viendra vng peril et dangier a son pays/auql il est tenu par rays
son de aider et secourir ie ne cuide pas ql en soit poit. Et aussy quãt son amp ou son
parent seroit en dangier/et il vouldroit contêpler et faire ce que dit est/il ne aideroit
en riens a son parent ne a son amp ausquelz il est tenu a aider par rayson/ pour les
quelles causes il est cler a entendre que les estudes et vertuz de iustice doyuêt estre
mises deuant celles de sapience. Mais on pourroit dire q les philosophes sont don
ques a reprendre/car toute leur estude et leur vie cest adõnee a la cognition des cho
ses/qui est sapience. Et pourtant ilz ont mys les vertuz de sapience deuant celle de
iustice. Et a cela ie te respons que pourtant ilz ne se sont point departiz de augmen
ter les vtilitez et proffitz des hommes qui est iustice/car en leur vie ilz ont instruit
et enseigne en meurs et en science plusieurs disciples/affin quilz fussent meilleurs
citoyens et plus proffitables a leurs negoces/ et aussy a la chose publique/ comme
Lisias Pithagoreus enseigna Thebane ꝗ Epaminunde qui estoyent ses disciples
Et semblablement Platon qui enseigna Seracusius et Dion qui estoyent aussy
ses disciples/ et moult daultres philosophes qui enseignerêt plusieurs aultres disci
ples. Et nous mesmes tout ce que nous auõs proffite a la chose publique/ se nous
y auons aulcune chose proffite/nous lauons apporte des docteurs qui nous ont in
struitz.Car nous suismes venuz en la chose publique tous ornez de la science quilz
nous ont baillee.Mais non pas seulement vifz et presens ilz enseignent et instrui
ent ceulx qui ont vouloir de sauoir/ aincops apres leur mort ilz les enseignent par
les liures quilz ont faiz.Car ceulx qui estudiêt aux loys et aux meurs/ne se depar
tent point de faire les vtilitez des hommes/car leurs estudes se attribuent a la disci
pline de la chose publique/et conuertissent leur opsiuete en noz negoces.Et sembla
blement ceulx mesmes qui se adonnent a doctrine/a estude/et a sapience conuertis
sent principallement leur sapience/ leur prudence/ et leur intelligence a lutilite des
hõmes.Et pour ceste cause bien parler et prudentement est meilleur que pêcer ague
ment sans aulcune eloquence/laqlle cogitation ne ꝓffite que a luy mesmes/ mais
eloquêce ꝓffite a ceulx auecques lesquelz on communique en parolle. Et cõme les
mouches a miel ne se assemblent pas pour cause de faire daultres petites mouches
Mais quãt ilz sont assemblez p leur nature/ilz engendiêt. Semblablement les hõ
mes quãt ilz sont ensembles par nature ilz se baillent lung a laultre sagesse de fai
re leurs negoces et de se assembler ensemble. Et pourtant se celle vertu qui est ver
tu pour deffendre les hommes/et pour garder la cõpaignie de lingnage humain qui
est nõmee iustice/ne touche la cognition des choses qui est la vertu de sapience.Cel
le sapiêce est vague et de nul effect.Et aussy la grandeur du courage de lomme que
nous disons estre force/nest aultre chose que vne fierte ꝗ cruaulte quant la commu
nite et coniunction humaine qui est iustice en est ostee. Et doncques comme iustice
est plusgrande vertu que sapiêce/ aussy est elle que force..Et pourtant il sensuyt que
la compaignie des hommes ꝗ la communite diceulx que nous appellons iustice/est
plusgrande que lestude de magnanimite que nous disons estre force/ne que celle de
congnoissance que nous appellons sapience.

❡ Exemple.

Tace pꝓs dit Galenſis eꝰ ſon ſiure de quattre vertuz q̃ quãt
iuſtice ſeroit oſtee des ropaulmes/les repaulmes ne ſeropẽt aul
tre choſe q̃ grans larrecins. Et ace propos ſaint Auguſtiꝰ recite
en ſon ſiure de la cite de dieu ou quart liure/τ ou quart chapitre
quil eſtoit vng homme nomme Dyonides qui eſtoit des pirates

de lamer qui auoit vne petite nauire ſur lamer/et eſtoit ſy grant
larron quil infeſtoit toute lamer des ſarrecins quil faiſoit. Et pour les grans com=
plaintes q̃ furent faictes de lup au rop Aliꝝandre le rop le fiſt prandre. Et lois que
Aliꝝandre le vit il lup demanda pourquop infeſte tu ainſp lamer des ſarrecins que
tu faiz dit Aliꝝãdre.Et adõc Dyonides lup reſpondit ceſt pource q̃ moꝰ mal eſt im
pugny.Mais pourquoy diſt il/infeſtes tu ainſy tout le monde par toꝰ grant larre=
cin/ il ne te ſuffiſt pas deſtre rop de deuꝝ ou de trops ropaulmes ſp tu ne le eſtopes
de tout le mõde. Et pource que ie amble ſur lamer/o vne petite nauire ie ſuis appel
le larron.Mais top qui embles auecq̃s vne grãt nef tu es appelle empereur.Pour
ce que ie ſuis prins tout ſeul ie ſuis larron.Mais ſe tout le mõde me vouloit obeir
comme a top ie ſerope empereur comme top/τ npa difference quant a la cauſe/ſp nõ
que cellup qui eſt prins tout ſeul eſt larron.Mais cellup qui delaiſſe iuſtice eſt enco
re plus larron. Lois quant Aliꝝandre oupt la conſtance de Dyonides il dit quil eſ=
faperoit ſil ſe vouloit amender/et lup voulut muer ſa fortune/car il le fiſt cheualier
Et pourtant appert que iuſtice eſt vne vertu qui doit eſtre gardee deuãt toutes aul
tres/aultrement les ropaulmes ne ſeropent que larrecins.

T nonobſtant que aulcuns ont voulu dire que nous ne pourri=
ons auoir ne faire lung ſans laultre ce que noſtre nature deſire
pour ſa neceſſite/et que pour ceſte cauſe la ſociete et cõmunite des
hommes a eſte faicte il neſt pas vrap/car ſp toutes les choſes qui
nous ſont neceſſaires en noſtre vie et eꝰ noſtre ornement/ nous

veniſſent par diuine pourueãce/comme oꝰ dit ſans y mettre aul=
cune choſe de noſtre euure/il fauldroit que tout hõme ſp appliquaſt de treſbon engiꝰ
a congnoiſſance et ſcience toutes negoces delaiſſees/et quil ne vaquaſt point a iu=
ſtice ne a la ſociete des hommes qui ne ſe peut faire. Car vng homme ne demande
point ſolitude./ aincops demande compaignie pour enſeigner aulcuneſſops et aul
cuneſſops pour aprẽdre/aulcuneſſops il vouldroit oupr quelque choſe/aulcuneſſops
dire quelque choſe.Et pourtant toutes vertuz de iuſtice qui vault a deffendre la cõ=
iunctioꝰ et la ſociete des hommes doit eſtre miſe deuant la vertu de ſapience qui eſt
contenue eꝰ congnoiſſance et ſcience. Mais oꝰ me pourroit demander ſe la vertu
de iuſtice qui eſt principallement conuenable a nature doit touſiours eſtre miſe de=
uant moderatioꝰ τ modeſtie/aquop ie te reſpons que nenny.Car il pa des choſes ſp
ordes et ſp vicieuſes que vng ſage homme ne les doit point faire pour cauſe de gar=
der la choſe publique/comme faire vng bourdeau en vne ville/ ou vng lieu a iouer
auꝝ dez/et pluſieurs aultres que Poſſidonius declare pluſaplaiꝰ/ mais ilz ſont ſp
horribles et ſp cruelles quilz ſont laides a nõmer ſeulement. Et pourtant vng ſage

homme ne les doit point prendre pour cause de la chose publique/ ne semblablement
la chose publique ne les doit point vouloir auoir pour elle. Mais cest vng grant bi
en pour la chose publique quant il ne peut pas aduenir temps ouquel il faille que ce
soit linterest dicelle que vng homme sage face telles choses pourquoy il est bien cler
et apparent q̃ en eslisant toutes offices ꝗ vertuz/la vertu de iustice est la plus excel
lente/car vne chose faicte par consideration est faicte par congnoissance et par pru
dence. Et pourtant il sensuit que faire ses choses par consideration est mieulx fait
que pencer en soy mesmes prudentement sans explication/et ces choses nous suffi
sent iusques icy. Car ce tracte nous est cleremẽt apparent/lequel veu il ne nous se
ra point difficile de sauoir en enquerant des offices et vertuz/laquelle doit estre mi
se deuant. Mais en iustice il ya des manieres de vertuz qui dopuent estre mise lune
deuant laultre. Car nous deuons premierement distribuer noz liberalitez a dieu
immortel. Secondement a nostre pays. Tiercement a noz parens. Et en apres de
degre en degre nous deuons distribuer aux aultres/lesquelles briefuemẽt veues tu
pourras entendre que les hommes ne dopuent pas seulement doubter se vne chose
est honneste ou laide. Mais deux choses honnestes mises lune auecques laultre en
doubte bien laquelle est la plus honneste/lequel tracte auoit este delaisse du philoso
phe Panetius en tractent des offices et vertuz/ainsy que nous auõs dit dessus. Et
ce que dit est nous suffist de ce premier liure. Mais il fault maintenant proceder
aux aultres liures.

nous auons escript par lettres les choses qui nestoyêt pas assez cõgneues auxno
stres/et touteffoys ilz estoyent dignes de grant congnoissance. Car quelle chose esse
apres dieu que on doit plus desirer que sapience/quelle chose est plus noble meil
leur ne plus digne pour les hommes/certainement ceulx qui la desirent sont nõmez
philosophes/car elle doit estre mise deuant tous aultres biens.

⌐ Exemple.

Et a ce propos nous auons que cõme les ennemis eussent prins
le pays de priene tous ceulx du pays amasserent leurs biẽs pour
en emporter le meilleur/et dirent a vng tressage philosophe nõme
Byans q̃ demouroit ou pays quil prenist aussy ses biẽs pour les
emporter/ausquelz il respondit q̃ sy feroit il. Et quant les aultres
partirent pour eulx en aller il se partit comme eulx et laissa tous
ses biens/lors ilz luy demanderêt pourquoy il laissoit ses biens. Et il leur respondit
quil ne les laissoit pas/mais les emportoit tous auecques luy/car il disoit q̃ sa sciẽ
ce estoit ses biens/et ne reputoit point les biens de fortune estre biens. Semblable
ment no⁹ raconte Seneque en son liure de la constance des sages que quant Deme
trius print la ville de megarre il fist prendre to⁹ les biens qui y estoyent/et entre les
aultres vng philosophe nõme Scipio pdit tout son vaillant et ses enfans. Et aps
on luy demanda sil auoit rien perdu/a quoy il respondit que nenny/et touteffoys il
auoit perdu tous ses biens. Mais il disoit que les biẽs quil auoit perduz nestoyêt
pas vraiz biens/mais estoyent biens dauenture/z que les vraiz biens luy estoyent
demourez/cestoit sapience ou philosophie. Et pourtant philosophie ou sapience doit
estre mise deuant tous aultres biens.

⌐ Lacteur.

Et philosophie nest aultre chose se tu la veulx interpter que lestu
de de sapience. Mais sapience ainsy comme elle est diffinie p les
anciens philosophes/cest la science des choses diuines et des cau
ses humaines esquelles est cõtenue icelle philosophie. Et certaine
ment ie nentens point quelle chose cest que vng homme qui vitu
pere lestude de philosophie cuide que on le doit louer/car se aulcũ
quiert la delectation de son courage ou le repos de ses sollicitudes/lesquelles choses
peuent estre baillez aux estudes de ceulx qui senquierent tousiours daulcunes cho
ses pour bien z eureusement viure/ou sil quiert la raysõ des vertuz ou de constan
ce/cest par la science de philosophie par laquelle il pourra auoir vertuz z constance/
ou il ne les trouuera point par aultre science. Et pourtant on ne doit pas dire que sy
grande science comme celle de philosophie soit sans art quant les plus petites scien
ces ne sont pas sans art. Mais il ya bien peu de gens qui parlent par consideratiõ
on et q̃ trauaillent aux grans sciences. Et sil ya aulcune construction de vertuz ou
la trouueras tu sy tu ne vois la science de philosophie/certes il ne te seroit pas possi
ble. Et sy tu veulx veoir plusaplain de philosophie nous en auons plusgrandemẽt
parle ou premier liure ou chapitre de sapiẽce/car comme ie tay ia dit philosophie et
sapience sont tout vng. Mais en ce temps nous auons eu assez a faire a desclater

pourquoy cest q̃ quant nous auons este priuez des offices de la chose publique nous
nous suismes principallemēt adonnez a la science de philosophie/ ꝗ ya eu plusieurs
sages gens ꝗ bien enseignez q̃ nous ont dit quil sembloit que nous ne faisions pas
bien constantemēt pource q̃ nous auons n̄re liberal arbitre tellement q̃ on ne nous
peut riens cōmander/ et nous auōs acoustume destre empeschez en grās negoces/
et de no⁹ meslez des affaires de la chose publique. Et toutessoys maintenant nous
nous empeschons a escripre les cōmandemens des offices et vertuz. Et pour ceste
cause ilz veulent dire q̃ nous ne suismes pas constās en ce faisant. Mais no⁹ voul
drions q̃lz cōgneussent biē n̄re opposition ou opinion/car no⁹ ne suismes point ceulx
qui ont le courage vague par erreur/ ꝗ q̃ nont auscune chose certaine q̃lz ensuyuent
Et pour leur mōstrer q̃ nous ne suismes point inconstans/ ie demande quelle seroit
la pencee ou la vie dung hōme quant on ne luy osteroit pas seulement la rayson de
disputer/ mais aussy celle de viure q̃ se acquiert par les offices dont nous parlons.
Et cōme les auscuns dient q̃l est des choses certaines et daultres incertaines. Sem
blablement en discordant a eulx nous disons q̃l est des choses prouuables/et daul
tres non prouuables. Et pourtant q̃ est cellup q̃ mempeschera de determiner des cho
ses q̃ me semblent estre prouuables ꝗ de les ensuyure de reprouuer/ aussy les choses
qui ne sont pas prouuables/comme fuir arrogance et folie qui sont contraires a sa
piece/ze croy quil ny a riens q̃ men puisse empescher. Dr les choses sont prouuables
quant ilz peuent estre disputees de chescun coste. Mais nous auons assez diligem
ment parle de ceste matiere en noz achademiques comme il me semble. Et pourtant
mon filz Cicero combien q̃ tu estudies en lanciēne ꝗ noble philosophie soubz le bon
philosophe Cratipus/ et que ce petit liure que ie tenuoye ait este prins de ceste philo
sophie/ toutessoys sy le tay ie voulu enuoyer/ affin que tu y estudies aulcunessoys.
Mais il nous fault retourner a nostre propos.

¶ De vtilite.

Dis doncques q̃ nous auons monstre en nostre premier liure les
rayfons de ensuyure les offices et vertuz/ desquelles les deux ap
partiennēt a hōneur et hōnestete pour sauoir quelle chose est hon
neste ou non/ les aultres deux appartiennēt au proffit de la vie/
aux copies/aux richesses/et aux facultez dicelles pour sauoir q̃l
le chose est proffitable ou non. Et la quinte appartiēt a la manie
re de eslire quāt vtilite et hōnestete bataillent ensemble/pour sauoir quelle chose est
vtile ou hōneste. Et puis quāt nous auōs acheue de parler de hōnestete ou premier
liure/laquelle ie desire beaucoup estre congneue de toy mon filz Cicero/il no⁹ fault
parler en cest liure de vtilite et proffit. Dr anciēnemēt et par le tēps que toutes cho
ses estoyent communes il nestoit point besoing de parler de vtilite/ car ce qui estoit
honneste estoit vtile. Mais depuis q̃ les choses ont este appropriiez a vng chescun/
et que les puissances et dominations sont venues/ les hōmes ont tant fait de mali
ces q̃ peu a peu ilz ont fait differer hōnestete et vtilite/ ꝗ ont fait q̃ telle chose est hon
neste qui nest pas vtile/ et telle est vtile qui nest pas honneste/ laquelle chose a este
la plusgrande mauuastie qui ait peu estre en la vie des hōmes. Dr les philosophes

ont diuise par grande auctorite ces gentes qui estoyent obscurs a congnoistre. Car
ilz les ont diuisez cleremēt quant la chose est deshōneste ou inutile. Sainemēt quāt
la chose est vtile elle est honneste/car ilz dient que toute chose qui est iuste elle est vti
le/τ toute chose qui est hōneste elle est iuste. Et pourtant toute chose qui est honneste
elle est vtile. Mais ceulx qui y aduisent tant soit peu sesmetrueissent souuent q̄ les
mauluais hommes τ chaleureux iugent de malice q̄ cest sapience/desquelz lerreur
doit estre ostee/et doit on mettre toute son opinion a celle esperance que qui vouldra
acquerir aulcune chose il lacquerra par honnestete/conseil/et par iustes faiz/et non
pas par fraude et malice.

C De la diuision des choses vtiles/ et de linuention dicelles.

Es choses qui appartiennent a garder la vie de lomme se peuēt
diuiser en plusieurs manieres/ car les vnes dicelles choses sont
sans ame/comme lor/largent/ τ les aultres choses qui viennent
de terre/et aussy leurs semblables. Et les aultres ont ame/cōme
les bestes qui ont leurs impetuositez et leurs appetiz des choses.
Et celles qui ont ame se peuent encore diuiser. Car les aulcuns
sont expertes de rayson/et les aultres sont vsans de rayson. Ceulx qui sont expertes de rayson se sont les bestes irraysonnables/cōme les cheuaulx/les beufs/et les
mouches a miel/τ les aultres bestes/lesquelles p leur euure sont aulcune chose qui
est bonne a lusage et a la vie de lomme. Mais de celles qui vsent de rayson il en est
deux manieres. Lune est de dieu. Laultre est des hommes. Or pitie et santite appay
sera les dieux. Mais apres eulx les hommes peuent estre principallemēt proffitables aux hommes. Et encore celle derreniere diuision peut estre diuisee pource quil
en ya daulcunes qui nuysent aux aultres. Mais pource que les dieux ne nuysent
point eulx exceptez/ les hommes nuysent beaucop les vngz aux aultres. Et pour
retourner a la premiere diuision en laquelle nous auons dit que des choses qui appartiennent a garder la vie des hommes/ les vnes sont sans ame/ et les aultres
ont ame/il nous est apparāt que plusieurs des choses qui sont sans ame sont faictes par leuure des hommes tellemēt que elles ne nous proffiteroyēt point se les hō
mes ny vouloyent leurs mains et leur art/et ne sarions vser dicelles sans ladminis-
stration des hommes. Car la guerison de maladie/les nauigations des eaux/se la
bourage des champs/la maniere de cuillir les blez/les fruitz/et les aultres choses/
et la maniere de les garder ne vauldroit riens sans leuure des hommes. Et quant
nous auons trop grant habondance de biens ilz ne seroyent point portez aux aultres pays sans leuure des hōmes. Ou quant nous en auōs faulte nous nen pourrions auoir de ceulx qui en ont habondāce sy ce nestoit leuure des hommes/par sem
blable rayson les pierres qui sont necessaires a lusage des hommes ne seropēt point
arrachees de terre/ne le fer/lacier/lor/ne largent q̄ sont du tout cachez en terre ne
seropent point trouuez sans leuure et le labour des hōmes. Mais dont eussent peu
estre donnees aux hōmes au cōmancemēt les maisons par lesquelles la force des
chaleurs est deboutee/ et les empeschemens des froitz sont abatuz. Ou silz nous
eussent este donnez au commancement par diuine pouruoiance/et que puis apres ilz

fuſſent tumbes par force de tempeſte/ou par ſe mouuemēt de ſa terre ou par vieſſeſ
ſe/comment euſſent ilz eſte reſeuez ſe la cōmune vie des hōmes neuſt apprins a ſes
faire et ediffier. Semblaßlemēt dont fuſſēt ſes voies des caues/ ſes deſcēdues des
fluues/ſes arroſemēs des prez/ ſes roches cōtraitee aux fluuee/ſes portez qui ſont
faiz par ſa main des hōmes ne commēt ſes euſſions peu auoir ſans ſeruire des ho/
mes. Et pourtant p ces choſes τ pluſieurs aultres/il nous eſt cſer a veoir quel fruit
quelſes vtilitez nous puös auoir des choſes qui ſont ſans ame. Et ſy eſt cſer q̄ no⁹
ne pourrions auoir aulcuŋ fruit ſans ſa maiŋ τ cuure des hōmes. Et pareiſſement
quelz fruiz euſſions no⁹ peu auoir des beſtes irrayſonnables ſy ſes hōmes ny euſ/
ſent mys ſeur aide. Car qui fut ce q̄ fut commancemēt de trouuer quel fruit feroit
vne cheſcune beſte. Certainemēt ce furent ſes hōmes tellement q̄ eŋ ce tēps preſent
ſans ſeruire des hōmes nous ne pourrions peſtre ſes cheuaulp/ne ſes donter/ne ſes
deffendre de maladie/ne prendre aulcuŋ fruit diceulp. Semblaßlement par ſes hom
mes ſes choſes q̄ nuyſent ſont tuees/τ ceſſes qui peuent pffiter ſont prinſes. Pour/
quoy raconterap ie ſa multitude des ars et ſcience ſans ſeſquelles ſa vie des hōmes
ſeroit nulſe. Qui aideroit aup malades a quoy prēdroyēt plaiſir ſes vaillās hōmes
quelle ſeroit noſtre vie ou nr̄e ſabourage ſe no⁹ nauions tant de ars τ ſciēces/eſquel
ſes choſes ſa vie des hōmes differe de tout de ſa vie et du ſabourage des aultres be/
ſtes. Mais ſes citez qui ont eſte ſa cauſe pourquoy futent conſtituez ſes ſoys et ſes
meurs/et pourquoy ſe droit fut eſcript τ ſa diſcipline baiſſee neuſſent peu eſtre ediffi
ees ne frequētees ſans ſa cōpaignie des hōmes/ ſeſquelles choſes ſa priuete de noz
courages et nr̄e vergongne ont enſuyuie/ et tellement q̄ noſtre vie eŋ a eſte mieulp
garnie pource q̄ eŋ donnant/eŋ prennant/et eŋ permuant noz facultez et pffitz ſes
vngz auecq̄s ſes aultres no⁹ nauons eu beſoing daulcune choſe/ nous traictōs pl⁹
de ceſte matiere q̄l neŋ eſt neceſſite/car elle eſt aſſez clere. Et ie te demande q̄ ceſt a q̄
ce q̄ ſe philoſophe Panetius dit ne ſoit tout cler τ euidāt/ceſtaſſauoir q̄ vng homme
qui veult eſtre grāt gouuerneut de bataiſſe ou grāt price eŋ ſoŋ hoſtel ne peut eper/
cer grās choſes ne ſalutaires ſans ſeſtude des hommes. Et pour ſe prouuer il baiſſe
pour teſmoings Themiſtocles/Pericles/Cirr⁹/Ageſilaus/ et Aliyādre. Et dit q̄
ſans ſaide des hōmes ilz neuſſent ſceu faire ſy grās faiz comme ilz ont fait. Mais
eŋ vne choſe eŋ ſaq̄lle il ny a point de doubte/il no⁹ baiſſe des teſmoings qui ny ſont
point neceſſaires. Et ainſy cōme p ſe fait et cōſentemēt des hōmes no⁹ acquerons
grandes vtilitez. Semblaßlemēt il neſt ſy deteſtable peſtilence q̄ ne viēne aup hom
mes p ſes faiz et cōſentemēs des hōmes. Et pour ſe mōſtrer no⁹ auös ſe grāt liure
du peripatetiq̄ Diarche q̄ pſe de ſa mort des hōmes/τ dit q̄l eŋ eſt beaucop mort p
ſe deluge des eaulp/ car il ne demoura q̄ Noe τ ceulp q̄ eſtoyēt eŋ ſoŋ arche/auſſy eŋ
eſt il mort grande multitude p peſtilence. Et pareiſſemēt il recite q̄ aulcunes manie
res de gens ſont mors p ſimpetuoſite des beſtes. Puys aps il cōpare cōbiē il eŋ eſt
plus mort p ſimpetuoſite des hommes/ceſtaſſauoir par bataiſſes/ſeditions/ et par
aultres peſtilences. Et pourtant puis quil neſt point de doubte que ſes hommes
proffitent τ nuyſent beaucop ſes vngz aup aultres/ il fault quilz ayent ceſſe vertu
propre eŋeulp quilz conſeiſſent ſeurs courages ſung auecques ſaultre/ et quilz ſes

adioingnent a leurs vsages. Semblablement tout ce qui est fait proffitablemēt es
choses qui sont sans ame/et aussy en leuure des bestes est baille a lart ꝓ a leuure de
la vie des hommes. Mais les estudes des hommes sont esmeues par la vertu ꝓ sa
pience des sages gens destre promptz par volunte/ ꝓ appareillez par labour a laug
mētation de leurs choses. Car puis que toute vertu est trouuee en trops choses. La
premiere sy est en regardant quelle chose est vraye et nette en chescune chose/et quel/
le chose est conuenable a vng chescun et ꝗl sen peut ensupt/et dont viennent toutes
choses/et qui est la cause dune chescune chose/car cest la vertu de sapience. La secon
de est de refraindre les mouuemens de noz courages quant ilz sont troubles/ et de
auoir tousiours lappetit obeissant a rayson/car cest la vertu de attrempance. La ti/
erce est de vser moderement et scientement auecques ceulx que nous auons abeson
gner/ affin que par leur estude nous puissons auoir ce ꝗ nature desire. Et sil nous
fait aulcun dommaige les debouter. Et nous vanger de ceulx qui se sont efforcez de
nous nupre/et les pugnir de telle peine que equite et humanite pourront souffrir/et
non point aultrement pource que on seroit cōtre la vertu de iustice/ de laquelle chose
les grans philosophes anciens se sont voulu tousiours garder.

❡ Exemple.

T pour monstrer que nous ne nous deuons point vanger sy nō
par equite et humanite nous recite Valere ꝗ le roy Pirrhus estoit
fort ennemy des rommains. Et pourtāt vng nōme Thimotare
qui estoit des gēs dicelluy roy Pirrhus/ dit aux rōmains que qui
vouldroit il le empoysonneroit bien par venin/laquelle chose fut
rapprtee au senat. Et lors le senat enuopa deux senateurs deuers
le roy Pirrhus pour luy dire que il se donnast garde de luy/ et que de ses gens se vou/
loyent empoysonner. Et nonobstāt quil leur eust fait plusieurs iniures/ touteffoys
il apmerent mieulx le pugnir par guerre selon iustice et humanite que le faire mou/
rir par venin.

❡ Lacteur.

T pource que nous auōs dit dessus ꝗl nous fault auoir celle fa
culte de pouoir tirer a nous les estudes des hōmes nous monstre
rons tantost apres par quelles raysons nous la pourrons auoir.
Mais pour p venir il nō fault vng peu auāt parler de la muta
bilite de fortune. Et pourtant qui est celluy ꝗ ignore sa grāde mu/
tabilite et la differance qui est en chescune des parties de fortune
tant aux choses prosperes cōme aux choses contraires/ ie croy quil nest homme qui
en soit ingnorant. Car quant nous vsons de son bon vent nous paruenons bien fa
cilement a la fin que nous desirons. Et quant elle ressouffle de son mauluais vent
nous suismes tourmentez en plusieurs manieres. Et celle fortune viēt par le sens
des hommes. Mais les aultres auentures qui ne viennent par les hommes ne
aduiennent pas sy souuent comme celles qui viennent sans les hommes. Et pre/
mierement celles qui viennent des choses qui nont point de ame/ cōme les oraiges
de temps/les tempestes/ les nauffrages qui aduiennent lors que les nauires rom/
pent sur la mer/les ruynes/et les auentures ꝗ aduiennent par le feu. Secondement

les auentures qui aduiennēt par les bestes irraysonnables/ comme les coupz/ les
morsures/ les impetuositez. Et pourtant comme iay dit ces aduentures nauiennēt
pas souuent. Mais les fortunes q̄ aduiennent par les hōmes aduiennent plussou
uent/ comme les homicides/ les destructions des exercites et compaignies/ comme
na pas long temps est aduenu de trops ou de quattre empereurs/ et nagueres de ce
grant et singulier homme Pompee. Semblablemēt pour lenuie dune multitude ad
uiennēt souuentesfoys plusieurs fortunes. Car p icelle enuie les plusgrans gens et
les meilleurs citoyens sont deboutez/ tourmentez/ et mis eɳ fuyte. Et au contraire
viennent les honneurs/ les empires/ ꝗ les victoires. Et combien que toutes ces cho
ses viennēt de fortune/ touteffoys sy ne peuēt il aduenir a bien ne eɳ mal sans leu
ure et lestude des hommes. Et pourtant ceste chose congneue/ il nous fault mōstrer
par quelle maniere nous pourrons attraire et esmouuoit a noz vtilitez les estudes
des hommes. Et se nous suismes trop longs temps a se monstrer/ celle longueur se
ra nostre demonstrance estre plus vtile/ et par auenture elle semblera estre briefue.
Et pourtant toutes les choses que les hommes baillent aux hommes pour les fai
re plusgrans et plus honnestes/ ou ilz les baillent pour faire begniuolence quāt ilz
ayment aulcun pour aulcune cause/ ou ilz le font pour cause de honneur quāt ilz cō
gnoisseut que vng hōme est vertueux/ ou que il est digne de grāt bien/ ou ilz le font
pource quilz ont fiance que cellup quilz veulent augmenter eɳ honneur ou proffit
les conseillera bien eɳ leurs affaires/ ou ilz le font pource que cellup aqui veulent
faire cest honneur est grāt et puissant hōme/ et ont paout que ses richesses lup puis
sent nupre/ ou au contraire ilz le font pource quilz satendent eɳ auoir quelque plus
grande remuneratioɳ. Comme quant les roys ou aulcuns des populaires font aul
cunesfoys des dons ou des largesses/ ꝗ par ceste maniere ilz satendent eɳ estre plus
grandemēt recompancez. Ou finablement ilz le font pource quilz sont induitz a ce
faire par pecune que leur baille cellup a qui ilz baillent celle hōneur/ laquelle cause
est tresorde ꝗ tresuille tānt a ceulx ꝗ prennent largent cōme a ceulx ꝗ le baillent.
℣ Male eɱ se res habet: cū quod virtute effici debet: id tentatur pecunia. ℣ Car
la chose va bien mal quant vng homme a par pecune ce quil doit auoir par vertuz
Mais pource que ceste aide est aulcunesfoys necessaire/ nous mōsterons cōme on
en doit vser apres que noˀ aurons parle des choses qui sont plus propres a ceste ver
tu. Et aussy les hōmes se font subgietz ala puissance des hommes/ et se mettent eɳ
leur dominatioɳ pour plusieurs causes. Car ou ilz sont esmeuz de ce faire p begni
uolence/ ou par la grandeur des bienfaiz q̄lz se attendent a auoir/ ou pour la gran
deur de la dignite quilz veulent auoir/ ou pource quilz esperent auoir grant proffit
de ce quilz veulent auoir de ceulx eɳ la puissance desquelz ilz se mettent par paour
quilz ont destre contrains a obeyr a daultres/ ou pource que oɳ leur a promis faire
de grans largesses/ ou finablemet ilz se y mettent pour gaigner argent/ comme
nous voyons souuent eɳ nostre chose publique/ mais de toutes choses il nest riens
plus conuenable a garder ou a les auoir q̄ se faire aymer. Et nest rien qui les face
plustost estranger que se faire craindre. Car comme dit le poete Ennyus les hōmes
hayent cellup quilz craignent/ et vouldroyent que cellup quilz hayent fust mort. Dɪ

se tu me demandes se les richesses seruēt point aux hōmes pour faire cesser les hay/
nes quon a alencontre deulx/ie te respons q̃ nenny. Et se tu en as doubte par auant
la mort de ce Tyrant Julius Cesar tu le puis bien auoir congneu en sa mort/ car
pource q̃l contraignit par armes la cite de rōme pour estre empereur/ et se fist beau/
cop craindre/ pour ceste cause il fut tue en senat/ ꝛ ne le peurent secourir ses richesses
combien quil en eust grant habondance. Et non pas seulement sa mort nous decla/
re/ combien la hayne des hommes vault a faire mourir les hōmes. Mais aussy la
mort de tous les aultres tyrans/ car ilz sont tousiours en crainte de la mort auecq̃s
la crainte quilz ont de la diuine vengance.

¶ Exemple.

T ace ꝓpos nous recite Macrobe en son premier liure/ ꝛ aussy
Valence en son petit abrege des quattre vertuz que Denis le ty
rant auoit vng biē son amy nōme Democles lequel louoyt tant
fort les grandes richesses/ la maieste/ la domination/ et la grant
habondance de toutes choses/ la magnificence des maisons roy/
aulx que auoit icellup Denis/ et tellement q̃l disoit que oncques
nauoit este roy ne prince sy eureulx quil estoit. Auquel Denis respondit. Veulx tu dit
il experimenter ma fortune. Et lors Democles lup respondit quil en estoit content.
Et pource faire Denis commāda que on appareillast vng beau lit tout aourne de
drap dor/ ꝛ vne table la plus belle et la mieulx garnie q̃ se pourroit faire. Et deuant
celle table Denis fist venir les plus ieunes enfans quon peust trouuer qui estoyēt
tous prestz a seruir Democles. Et quant toutes ces delices furent faictes et appre
stees/ il estoit aduis a Democles quil estoit biē eureulx. Et Denis commanda que
on lup apportast vng beau grant couteau le mieulx tranchant ꝛ le mieulx agu qui
se pourroit faire. Et quant il eust ce couteau/ il fist seoir Democles dedās vne belle
chaire/ et fist prēdre ce couteau au dessus dicelle chaire tout au droit dicellup Demo
cles/ ꝛ ne tenoit le couteau que a vng petit fillet/ tellemēt q̃ Democles ne se pouoit
temuer en celle chaire que le couteau ne cheust sur lup. Quāt Democles vist ce cou
teau pendu au dessus de lup/ il ne se ousoit tourner pour regarder les enfans q̃ estoy
ent tous prestz a le seruir/ et ne osoit aller a la table qui estoit sy bien garnie/ ne au
lit q̃ estoit sy sumptueusement aourne de paour q̃ se il se demenoit le couteau cheust
sur lup et le tuast. Lors Denis lup dist/ ma gloire et ma vie que tu disoyes estre sy
eureuse sont tousiours ainsy. Et quāt Democles vist quil estoit en sy grāt dangier
il pria a Denis quil le desturast de ce lieu. Et par ceste maniere Denis monstra a
Democles q̃ cellup nauoit riens eureulx qui estoit tousiours en telle crainte/ mais
retournons a nostre propos.   ¶ Lacteur.

Dus auons doncques veu commēt on ne se doit pas faire crain
dre en vne cite/ car crainte est mauluais gardien de longue vie/
et au contraire begniuolence est bon gardien pour garder la vie
perpetuellement. Mais ceulx qui veulent corriger en vne em/
pire/ ceulx qui sont prins par force doyuent auoir cruaulte en
eulx quant ilz ne les peuent aultrement tenir/ comme doyuent

auoit les maiſtres en leurs ſeruiteurs. Ozes quāt en vne franche cite hōme ſe gou
uerne tellement quil ſe fait craindze il ne peut rien faire plus folement. Car cōbien
quil ait ſuppedite les loys diceſſe cite par ſes richeſſes/ et quil ait mys ſa liberte en
crainte/ touteſſoys ſil luy en viendza il mal ſe plus ſouuent par lune des deux ma/
nieres/ ceſtaſſauoir par iugemens ſecretz/ et conſpirations que feront ceulx de la
ville cōtre luy pour ſe mettre a mozt/ ou par pzomeſſes de honneur/ ou de argēt que
on fera a aulcun pour ſe faire mourir. Car quāt vne cite a aultreffoys eſte en liber
te/ et que elle a perdue celle liberte/il ne luy chault q̄ elle face pour ſa rauoir. Car les
moiſures de ſa liberte qui ont eſtez delaiſſees par vng peu de temps ſont plus aſ/
pres que celles de ſa liberte qui a touſiours eſte retenue. Oz doncques nous deuōs
pzendze ce qui eſt grandement apparent/ τ qui ne vault pas ſeulemēt a auoir ſante
mais auſſy il vault a auoir richeſſes τ puiſſances. Ceſtaſſauoir que nous laiſſons
toutes craintes/ et q̄ nous retenons charite/ et par ceſte maniere nous aurons bien
facilement ce que nous vouldzōs auoir es choſes pziuees/ et auſſy en la choſe publi
que. Car il eſt neceſſite que ceulx qui ſe veulent faire craindze craignēt ceulx de qui
ilz veulent eſtre crains. Et pourtāt pourquoy appellons nous Denis ſe tyrant ſou
uerain quant il ſe voulut tant faire craindze quil noſoit faire rezre ſa barbe a aul/
tre que a vne petite fille quil auoit pource quil ſauoit biē que ſon peuple euſt voulu
quil euſt eſte mozt. Et il craignoit que en luy faiſant ſa barbe on luy coupaſt la goz/
ge du raſouer/ et pour cela il ſe faiſoit rezre par ſa fille. Et quāt il vit que ſa fille de/
uint grande il penſa que pour enuie de ſa ſucceſſion ou auſtrement elle luy pourroit
auſſy biē coupper la gozge comme vng aultre. Et pour ceſte cauſe il ne voulut pas
que elle luy fiſt plus ſa barbe. Et a leure quil veoit quil ſauoit trop grāde il pzenoit
vng charbon de feu tout ardāt et la bzuloit. Semblablemēt Alizandze Phereus ne
veſquiſt il pas en mauluais courage/ car cōme nous liſons nonobſtāt quil aymaſt
beaucop ſa femme Thebes/ touteſfoys pource quil ſeſtoit fait beaucop craindze a
elle quāt il alloit coucher apzes ce quil auoit ſouppe il auoit vng eſtrangier q̄ eſtoit
ſon ſeruiteur a qui il faiſoit pozter deuant luy vng grant glayue tout nuz/affin que
on ne luy fiſt aulcune choſe/ τ commandoit a ſes ſeruiteurs quilz regardaſſent aux
veſtemens de ſa femme Thebes pour veoir ſy elle y auoit cache couteaulx/ ou aul
tres ferremens pour le tuer. O meſchant quil eſtoit cuidoit il que les eſtranges qui
ne luy eſtoyent riens luy fuſſent plus loyaulx que ſa pzopze femme.
¶ Iſtud eſt notandum volentibus habere officia. ¶ Et pourtant quil auoit ſuſpi/
tion ſur elle que elle fut concubine elle le deceuſt/ car finablemēt elle le tua. Et pour/
ce doncques il neſt point de ſy grant force de empire ou domination qui puiſſe durer
longuement/ quant celluy qui eſt en celle domination ou empire ſe fait craindze.
¶ Nulla vo vlla vis imperii etiā tāta eſt q̄ pmie metu poſſit eſſe diuturna. ¶ Et
ſe tu ne le veulx croire/ tu as Phaleris q̄ en ſera teſmoing. Car ſa treſgrāde cruaul
te fuſt publiee deuant toutes gēs/ τ auſſy ne fut il pas tue p eſpies ſecretement com
me Alizandze Phereus de qui nous auōs parle deſſus/ ne auſſy de peu de gens/cō/
me Iuliue Ceſar. Mais pource quil eſtoit ſy cruel/ τ quil ſe faiſoit tant craindze il
fut tue par ſimpetuoſite dune grande multitude de gens. Semblablemēt les macc/

doniens ne laisserent ilz pas Demetrius q̃ estoit leur roy pour sa grant tyrannie q̃
estoit en luy/et prindrent Pithus pour leur roy pource quil estoit doulx et amyable.
Pareillemẽt les lacedemoniẽs ne furẽt ilz pas delaissez de leurs cõpaignõs pource
quilz se Voulopent faire craindre et quilz leurs cõmandoyent iniustement/et aymerent mieulx pres que tous les compaignons estre oyseux et eulx oster du lieu de cel
le misere que y demourer toustours en crainte. Je recite plus Volentiers en celles cho
ses les maulx des estrangiers que ceulx de nostre Ville de rõme. Mais touteffoys
tandis que lempereur du peuple rommain fut tenu par les biẽffaiz de ceulx qui le
tenoyent/les batailles nestoyent point faictes par iniures. Mais estoyent faictes
pour deffendre les compaignons ou pour deffendre lempire/et les yssues dicelles ba
tailles estoyent doulces quãt nous deffendrons noz cõpaignons/ ou ilz estoyent ne
cessaires quãt nous deffendriõs nostre empire. Or le senat estoit tout le port et le res
fuge des roys/des peuples/et des nations/ et noz magistraux et empereurs se estu
dioyent a apprendre grãt louẽge en Vne chose principalemẽt. Cestassauoir a deffen
dre par equite et y soy leurs compaignons et leurs prouinces/ et tellement que celle
deffence pouoit mieulx estre nõmee layde de tout le monde que lempire. Ores deuãt
la Victoire de Lutius Scilla celle coustume et discipline commansoit fort a faillir.
Mais apres sa Victoire nous la perdismes du tout/ car les citoyẽs de romme prin
drent sy grant cruaulte en eulx qui ne sembloit pas que les compaignõs de Scilla
leurs fissent iniquemẽt les maulx q̃lz leur faisoyẽt en la guerre que Scilla et Ma
rius qui estoyent conducteurs des citoyens de rõme eurent ensemble. Et quãt Scil
la peust auoir Victoire contre Marius il print les biens des meilleurs hommes et
des plus riches citoyens/et les fist subhaster et Vendre. Et fut bien sy hardy de dire
quil Vendoit sa prope. Et pourtant de la cause de celle bataille qui estoit hõneste sen
suyuist Victoire q̃ fut tresdeshonneste. Et apres Cesar lensuyuit en Vne cause maul
uaise/et en Vne Victoire qui fut encore plusorde/ car il ne subhasta pas seulemẽt les
biens de tous les citoyens/ mais il mist en misere et seruitude toutes les prouinces
et les regions/ car il leur fist payer tribut. Et pource les estranges nations furent
trauaillez en demonstrance que lempire estoit perdu. Nous Vismes porter la cite de
marsille en triumphe sans laide de laquelle noz empereurs ne peurẽt iamais auoir
triumphe es batailles qui furẽt faictes de la les mons. Je racompteroye plusieurs
aultres choses deshonnestes et mauluaises en noz compaignõs/mais soubz le sou
leil ne fut oncques chose sy indigne. Et pourtant sy nous suismes maintenant tout
mentez cest a bon droit/car se nous ne eussiõs laisse les meffaiz de plusieurs impu
gniz/iamais sy grande domination ne fut Venue a Cesar par lequel leritaige de la
cupidite de la chose familiere qui estoit en peu de gens est Venue en plusieurs maul
uais et desloyaulx. Mais la semẽce a la cause des batailles ciuilles ne fauldra ia
mais tandis que les hommes desloyaulx auront remenbrãce/et Vouldront exercer
telle tyrannie cõme fist Luti⁹ Scilla et aussy son cousin Cesar.xxx Vi.ans apres ne
fut pas content sil ne exercoit encore pl⁹ mauluaise tyrannie. Et pource no⁹ deuons
entendre que depuis que on Vouldra prẽdre telle fin/iamais les batailles ciuilles ne
deffauldront. Et pour ces causes les murs de la cite de romme sont de bout qui sont

f i

demourez tant seulemēt/et craignent tous les iours les derreniers maulx. Mais
nous auons perdu la chose publique/z suismes escheuz en ces pestilences. Et ce ses
pestilences sont aduenues au peuple rommain pource quil commādoit iniustemēt/
les aultres ne doyuent ilz pas pencer que leur en peut aduenir pareillement quant
ilz commanderont semblablement/certes sy font. Mais il nous fault retourner a
nostre propos/cestassauoir quant nous aymōs mieulx estre crains que estre aymez
et tenuz chiers. Et pourtant quil est bien apparent que la force de begniuolence est
bien grande/et celle de crainte est bien petite/il nous fault declarer par quelles choses nous pourrons facilement acquerir la charite q̃ nous voulons auoir auecques
soy et honneur. Mais nous nen auons pas tous besoing pareillement. Car pour
instituer la vie dung chescun/ il fault considerer sil est besoing destre ayme de plu-
sieurs/ ou sil suffit estre ayme de pou de gens. Et pourtant nous deuons tenir pour
tout certain que la premiere et la plus necessaire chose qui soit sy est/ que no° deuōs
auoir des amys qui nous ayment/ ausquelz nous ayons familiarite feable/ et q̃lz
se esmerueillent de noz vertuz. Et cest vne chose qui ne differe point entre les grans
gens et les moyens/ mais est aussy bien besoing aux moyens comme aux grans.
Et par auenture les citoyens nont pas tous besoing egallement de hōneur/de gloi-
re/z de begniuolence. Mais sil en ya aulcun qui soit fort habondant il en doit aider
aux aultres aulcunessoys pour acquerir amitie et aultres choses . Et qui vouldra
veoir de amitie nous en auons assez parle en vng liure que nous auōs fait qui est
intitule de amicitia / ouquel nous en auons tracte bien clerement . Et pourtant il
nous fault parler de gloire pource que elle aide beaucop a auoir les grās choses. Et
pource la grande z perfaicte gloire est en troys choses/dont la premiere est quāt vne
multitude nous ayme. La seconde est quant elle a fiance en nous. La tierce est quāt
elle sesmerueille de noz vertuz/et nous repute dignes dauoir honneur. Et pourtant
il nous fault simplement monstrer z briefuement que par les choses y lesquelles la
gloire se acquiert en aulcūs pticulieremēt/aussy fait elle en vne multitude . Mais
il ya vne aultre entree pour auoir gloire en vne multitude qui est que nous facions
tant que nous soyōs plaisans aux courages de tous. Mais il nous fault premierement veoir des troys cōmandemens de begniuolence dont nous auons parle des
sus/laquelle begniuolence est acquise. Premierement par bienssaiz. Et secondemēt
par la volente de bien faire/ combien que on ne ait pas la puissance. Mais nous
suismes bien tost esmeuz a bien faire a aulcun quāt no° sauons q̃l a bonne renommee et opinion destre liberal/benifique/iuste/z loyal/z quil a toutes les vertuz qui
appartiēnent a la priuete z facilite de bonnes meurs. Et aussy ce q̃ no° disons estre
beau z honneste pource quil nous plaist de luy mesmes/il esmeut noz courages par
sa nature et par son espece/ et resplendit entre toutes les aultres vertuz. Pourtant
est il que no° suismes cōtrains par celle mesme nature a aymer ceulx esquelz nous
cuidons que ces vertuz soyent/z ces causes daymer sont bien grandes/nonobstant
quil en est bien daultres plus legieres . Mais se nous voulons auoir foy nous la
pourrons auoir par deux choses/cestassauoir se nous voulons ioindre a la vertu.
Car nous auons foy a ceulx que no° pensons qui entendent plus que nous et que

nous cuidons qui regardent les choses a aduenir. Et quant il vient vne doubte ilz
sauent bien deliberer de prendre les choses et le conseil selon le temps. Et pource les
hommes eptiment celle prudence estre vraye et vtile. Mais nous auons tellement
foy aux iustes et loyaulx/cest a dire aux bons hommes quant nous voyons ql nya
point en eulx de suspection de fraude ne de iniure. Et pourtant nous pensons que
nous leurs pouons seurement bailler entre leurs mains le gouuernement de nostre
salut/de noz fortunes/et de noz enfans. Dres de ces vertuz/cestassauoir iustice/et
sapience/iustice est meilleur pour faire foy dont nous parlons presentemēt/ car elle
a assez de auctorite sans prudence/ mais prudēce ne vault riens a faire foy sans iu
stice. Car de tant plus que vng homme est malicieux et chault/de tant plus est il re
pute enuieux et suspect/pource que on na point dopinion quil soit loyal.

¶ Exemple.

T pourtant iustice conioincte a prudence aura tant de force quel
le vauldra pour faire foy. Et a ce propos nous recite helynandus
en son liure des faiz des rommains que vng iour comme sempe‑
reur Trayam montoit a cheual pour aller en la bataille/ il vint
a luy vne vefue qui le print par le pie / et luy dist. Ha sire ne ten
va pas sans me faire iustice de la grant iniure que on me vient
de faire/ car on ma tue mon filz qui estoit bon et innocent. A laquelle lempereur
Trayam respondit. Mamie ie ten fairez iustice/mais que ie soye retourne. Ha dist
elle sire et se tu ne retournes point. Mon successeur dist il te satisfera. Et adonc
elle luy dist/et que te proffitera se ton successeur me fait iustice/ a laquelle chose il se
ra tenu et tu me demeures debteur pourtant que tu ne la me veulx pas faire/et sy p
es tenu. Tu scais bien que cest perfaicte fraude de ne vouloir rendre ce que on doit
Se ton successeur me fait iustice il fera ce ql deura faire/ car il fera tenu de faire iu‑
stice en son empire a ceulx a qui on fait iniure. Mais la iustice de laultruy ne te de‑
liurera point pourtant. Et lors que lempereur Trayam ouyt les parolles de la vef
ue il en fut tresfort esmeu/et incontinent descendit de son cheual/et fist venir deuant
luy ceulx qui auoyent tue le filz de la vefue/ et voulut q̃ la cause fust presentement
decidee deuant luy/ et fist faire satisfation condigne a la vefue par ceulx qui auoy‑
ent tue son filz. Et adonc quant lempereur conquist la grande iustice que Trayam
auoit faicte ilz firent faire son ymaige/ et fut mise en plain iugement a la veue de
tous pour monstrer comme lempereur estoit descendu dessus son cheual pour faire
iustice a la vefue. Et pour ceste cause le peuple eust sy grant foy en Trayam que
il fut crie en plain senat ql nauoit iamais este vng aultre meilleur que lempereur
Trayam.

¶ Lacteur.

Vstice doncques auecques prudence a sy grant force quelle vault
pour faire foy/et iustice sans prudence p peut beaucop. Mais pru
dence sans iustice ny fait riens. Mais on pourroit reprendre les
philosophes/ et moy semblablement pource que nous auons sou‑
uent dispute que qui a vne vertu il les a toutes/ car sune ne peut

f ij

estre sans les aultres. Et pourtant il sembleroit que nous fuissions maintenât con
traires a noz ditz. Et pour monstrer qui no⁹ fuismes ie separere maintenât la Ver
tu de iustice en deux manieres tellement que ie monstrecap comment ung homme
qui ne sera pas sage pourra bien estre iuste. Or lune partie de iustice est que la Ver
te est mise en la disputation de subtilite. Et par ceste maniere ung homme saroit bi
en estre iuste sans estre sage. Et laultre est quant nous attribuons nostre langage
a la commune opinion des gês/ ʒ en ceste derreniere ung homme peut bien estre iu
ste/ combien quil ne soit pas sage/ comme quant nous oupons que le commun peu
ple dist que aulcun est fort/ ou bon/ ou prudent. Et nous disons semblablemêt en ce
disant/ cest iustement dit/ mais ce nest pas sagemêt dit/ car il ne vient pas de nostre
sagesse. Mais quant nous parlons des parolles du peuple/ no⁹ deuons parler par
motz populaires et vsitez/ ainsp que sist le philosophe Panetius. Or il nous sault
venir a nostre propos/ car nous auons dit dessus ʒ de troys manicres qui sont pour
acquerir gloire. La derreniere sp est/ que nous deuôs estre louez pour noz vertuz. Et
deuons faire tant que les hommes nous iugent estre dignes de grant honneur. Et
pourtant communement les gens louent ceulp qui en conseillant a aultrup se adui
sent de grans choses qui sont oultre lopinion de ceulp a qui ilz donnêt conseil. Sem
blablement ceulp sont tresfort louez qui quant ilz sont interroguez daulcunes cho
ses/ ilz en respondent bien sans ce quilz eussent pence par auant que on les deust in
terroguer/ et telles gens sont fort receup et epaulcez de grans louenges pource que
on voit quilz en ont des vertuz epcellantes et singulieres. Mais les hommes des
prisent ceulp esquelz ilz vopent quil npa point de vertuz de courage ne de force/ non
obstant quilz ne desprisent pas ceulp desquelz ilz ont mauluaise eptimation/ car ilz
ne desprisent pas ceulp qui sont deslopaulp/ mal parlans/ et frauduleup/ ʒ ʒ sont in
struitz a faire iniure/ mais ilz ont mauluaise eptimation deulp. Et pourtât ainsp ʒ
tap dit deuant/ ceulp qui ne proffitent ne a eulp mesmes ne aup aultres sont despri
sez. Car en eulp ny a labour/ industrie/ ne sollicitude. Or dôcques on soue fort ceulp
qui precedent les aultres en vertuz/ et nont point de deshôneur/ ʒ resistent facilemêt
aup voluptez/ ausquelles les aultres ne peuent pas facilement resister/ car volup
tez les doulces dames destournent la plus grant partie du courage de lomme ver
tueup tellement que lors ʒ ceulp qui ont apris a auoir leur voluptez/ ont de la dou
leur ung peu oultre maniere/ ilz sont tous espouentez. Et pareillement la vie et la
mort/ les richesses et les pouretes esmouuent merueilleusemêt les hômes. Et ceulp
sont tressages qui les desprisent en chescune partie dicelles par hault ʒ grant coura
ge/ et qui se conuertissent et appliquêt du tout aup choses amples et hônestes. Qui
esse dôcques qui ne sesmerueillera de la resplendisseur ʒ beaute des vertuz. Et pour
tant ceulp ʒ desprisent ces voluptez et appreuuêt les vertuz sont grandemêt louez
de toutes gens/ et principallement quât ilz ont iustice en eulp/ car les hommes sont
nômez bons par la vertu de iustice. Esse doit doncques estre merueilleusemêt louee
de toutes gens/ et non pas iniuriee. Et ung homme ne peut estre iuste qui craint la
mort/ la douleur/ lepil/ et la pourete/ ou qui met deuant equite les choses qui leur
sont contraires/ comme vie/ iope/ et richesse. Semblablement les hommes louent

beaucop celluy qui nest point trouble par pecune tellement quant ilz voyẽt que vng
homme est parfait en celle vertu/ilz se reputent digne de grant louenge.
¶ Exemple.

Ta ce propos nous recite Begece ou quart liure de son liure de
cheuallerie que pource que les eppiracles auoyent certains affai
res au senat de romme/ilz y enuoyerent vng legat lequel quant
il fut a romme vint a vng des consules nomme Fabritius qui
estoit vng moult sage philosophe. Et affin que fabritius luy fa/
uorisast en ce quil auoit a faire/il luy offrit vne grant somme dor
et dargent/laquelle somme Fabritius reffusa/et dit quil aymoit mieulx auoir au/
ctorite et puissance de commander a ceulx qui auoyent cest argent/que se prendre et
ne leur pouoir commander. Et pourtant il ne vouloit point aulcunement estre trou
ble par pecune. Or doncques ces troys commandemẽs de begniuolence/dont nous
auons parle dessus qui sont pour acquerir gloire descendent de iustice et de begniuo
lence/lesquelles vertuz commandent que on proffite a plusieurs. Et pour ceste cau/
se ilz ont fait foy et admiration pource que vng homme qui est iuste desprise et ne ti
ent compte des choses par lesquelles plusieurs enflamblez de cupidite sont rauiz et
deceuz. Mais cest mon opinion que toute la rayson ꝗ instruction de la vie des hom
mes desire auoir des aides. Et premierement elle desire auoir des familiers auecꝗs
lesquelz elle puisse cõferer ses parolles/laquelle chose luy seroit bien difficile a trou
uer se elle ne pourroit deuant luy la face ꝗ la maniere dung bon homme. Et aussy iu
stice est pareillement necessaire a vng homme solitaire et a ceulx qui veulent deme
ner leur vie aux champs/et encore plus pource que silz ne lauoyẽt ilz seroyent repu/
tes iniustes.

¶ Nullis presidiis septi: multis afficiẽtur iniuriis. ¶ Car ceulx qui ne sont point
ournez des vertuz sont toutmentez de plusieurs iniures. Et semblablement iustice
est necessaire a ceulx qui vendent/qui achaptent/qui prestent/et ꝗ louent/et a ceulx
qui se appliquent a contracter plusieurs negoces pour conduire leurs affaires. Et
aussy la vertu de iustice a sy grant force que ceulx qui viuent en mal fait et en pe/
chie ne pourroyẽt viure sans aulcune perturbe dicelle. Car celluy qui emble ou oste
aulcune chose a lung des larrõs qui emblent ensemble ne cõmet pas larrecin. Car
on dit communement qui nest pas larron qui a larron emble. Mais celluy qui est
larron sur la mer sil ne depart egallement le larrecin a ses compaignons ilz le peu/
uent tuer/ou le dopuẽt laisser. Et aussy il ya des loys des larrons/ausꝗlles ilz obeis
sent et les gardẽt. Car pour lesgalle portion du larrecin que Bargulus Illirius qui
estoit larron faisoit a ses compaignons il acquist grandes richesses/ainsy que reci/
te le philosophe Theopompus. Et pareillement vng aultre larron nomme Viriat
le Liritam en acquist encore de plus grandes richesses/ et tellemẽt que pour la gran
de iustice quil tenoit a ses gens en leur departant egallemẽt ses larrecins quilz fai/
soyent il eust tant de compaignons auecques luy que les exercites ꝗ les empereurs
de rõme nosoyent faire bataille contre luy/ et failloit quilz luy feissent lieu. Mais

f iii

le preuost Gayus Lelius fiſt tant par cautelles et par parolles quil abaiſſa la cru
aulte de Viriat le Liritam/ et le print pource quil eſtoit chief de tous les aultres lar
rons qui eſtoyent en ſa compaignie. Et par ce moyen il fiſt plus facilement guerre
contre les aultres pour les auoir. Et pourtãt que la force de iuſtice eſt ſy grãde quel
le conſerme et augmente les richeſſes des larrons/ quelle force deuõs nous doncqs
pencer quelle ayt entre les loys et les iugemens et les inſtitutions de la choſe publi
que. Et me ſemble que pour la cauſe de vſer de iuſtice les loys ont eſte cõſtituees bi
en moriginees/ non pas ſeulement ou pays de medie/ mais auſſy enuers tous les
plus grans/ comme recite le philoſophe Erodotus. Car quant vne multitude eſtoit
en paix/ et que ceulx qui auoyent les pluſgrans richeſſes le vouloyẽt fouler et guer
royer/ celle multitude alloyt a reffuge a vng homme qui eſtoit excellent en vertu/ le
quel faiſoit les grans parages auecques les petiz par pareil droit en deffendant les
moindres p lequite de iuſtice qui neſtoit pas encore conſtituee. Et pourtant il y euſt
vne meſme cauſe de faire et inſtituer les loys/ comme les roys. Car le droit a eſte
baille egal a tous/ aultrement ce ne ſeroit pas droit. Et lors que les gens voyoyent
quilz auoyent droit par vng bon hõme ilz eſtoyẽt contens de luy. Mais pource quil
nauenoit pas touſiours que on trouuaſt vng bon hõme les loys ont eſte trouuees/
deſquelles le dit parle par vne meſme voix/ ɋ tant aux pouures que aux riches. Et
les loys ſont faictes affin que p la paour dicelles ſoit reffrainte la hardieſſe humai
ne/ et affin que les bons ſoyent ſeurement entre les mauluais/ et que les mauluais
laiſſent leur faculte de nuyre pour crainte dencourir la peine et le tourment que les
loys impoſent a ceulx ɋ nuyſent a aultruy. Et pour ces cauſes les loys doyuẽt eſtre
honneſtes/ iuſtes/ et poſſibles ſelon la nature et couſtume du pays/ et doyuent eſtre
conuenables au lieu/ et au temps/ vtiles et magnifeſtee/ affin quelles ne contien
nent point de caption par leur obſcurte/ et ne ſont point eſcriptes pour le pffit priue
ou particulier/ mais pour la commune vtilite de toutes gens.

❡Lacteur.

L eſt doncques tout apparent que les hommes eſtoyent acouſtu
mez de eſlire ceulx pour leurs empereurs ou roys/ deſɋlz ilz auoy
ent opinion quilz fuſſent grans iuſticiers. Et lors quilz auoyent
eſleu pour leur empereur ou pour leur roy vng grant iuſticier ilz
leur eſtoit aduis quil neſtoit riens quilz ne peuſſent bien auoir.
Et pourtant par toute rayſon iuſtice doit eſtre honnouree et gar
dee puis quelle reluiſt delle meſmes/ car aultrement iuſtice ne ſeroit point pour laug
mentation de honneur et de gloire. Mais ainſy que nous nauons pas ſeulement
rayſon en nous de acquerir pecune/ mais auſſy nous auons rayſon de la mettre
en lieu quelle nous puiſſe perpetuellement adminiſtrer noz deſpens non pas ſeule
ment neceſſaires/ mais auſſy liberaulx. Semblablement nous deuons querir ɋ col
loquer noſtre gloire par rayſon/ combien que Socrates diſoit que la voye la plus
prouchaine et la plus proffitable pour gloire ceſtoit quant vng homme faiſoit tant
quil eſtoit tel quil vouloit eſtre. Et ſil eſt aulcun ɋ cuide quil puiſſe acquerir gloire

non pas seulement p̃ semblance et demonstrance vaine et par parolle fainte/mais
aussy par visaige faint il erre grandement.
¶ Vera gloria radices agit:atq; etiam propagatur: ficta omnia celeriter tanq̃ flo
sculi decidunt. Nec simulatum potest quicquã esse diuturnuz. ¶ Car la vraye gloi
re fait de grandes racines et se estent grandement. Mais toutes choses faintes de
cheent legierement comme fleurs/ tellement que vne chose fainte ne peut durer lon
guement/il en ya plusieurs tesmoings q̃ se nous ont cleremẽt monstre. Mais pour
cause de briefuete nous serons contés dung exemple Tiberius Gracus qui estoit
filz de Publius sera tousiours loue tant que la memoire des choses rommaines de
mourra pource quil eust vraye gloire/ et tandis q̃ ses filz seront en vie ilz ne seront
point reputez bons. Et quãt ilz seront mors ilz aront le nõ destre mors par bon droit
Car ilz ont mys toute leur gloire a faintise . Et pourtant qui vouldra acquerir la
vraye gloire de iustice il fault quil vse des offices τ vertuz de iustice. Et se tu veulx
sauoir qui sont celles vertuz no⁹ sauons assez declare en nostre premier liure ou cha
pitre de iustice. Mais pour parler plus legieremẽt nous no⁹ deuons monstrer estre
telz que nous suismes. Et combien quil y ait beaucop affaire a vng chescun a estre
tel quil veult estre. Toutesfoys nous en donnerons aulcuns enseignemens/ car se
vng ieune enfant estãt en son ieune aage a cause de auoir honneur et nom/lequl il a
prins par son pere ce que ie croy qui test aduenu Mon filz Cicero/ ou il a pris par
aultre auenture/ou p̃ fortune. Lors il est regarde de toutes gens/et enquiert on fort
de luy quil fait et comment il vist. Et quant on voit quil se gouuerne hõnestement
tout ce q̃l dit et fait ne pourroit estre obscur/aincoys est bien dit et bien fait. Mais
ceulx desquelz le premier aage cest tourne en lignorance des hommes par leur hu
milite et obscurite tandis quilz sont ieunes ilz doyuent mettre leur esperãce a auoir
grans choses/et se y doyuent appliquer par droite estude/ laquelle ilz seront par pl⁹
ferme courage parce q̃ on na pas seulement enuie sur telz ieunes gens/ mais aussy
on leur porte faueur. Et pourtant la premiere maniere q̃ soit en vng adolescent pour
acquerir gloire sy est quant il la peut acquerir par batailles esquelles plusieurs de
noz anciens ont acquis grant gloire en leur ieune aage/ car pres que tousiours on
faisoit batailles. Mais ton aage mon filz Cicero est venue en celle bataille/ de la
quelle lune partie a fait beaucop de maulx et de pechez/ cest celle de Julius Cesar
Et laultre partie a eu bien peu de felicitez/cest celle de Pompee/ en laquelle batail
le quãt Pompee te cõmist pour gouuerner vne des ailles de lexercite tu acq̃s grant
louẽge du grãt hõme Põpee τ de toute la cõpaignie tant en cheuauchãt τ en gettãt
dars/cõme en seuffrãt toutes choses p̃ labeur de cheuallerie τ ta louẽge sut abatue
pareillemẽt quãt la chose publique/τ nõ pas seulemẽt la tiẽne/mais celle de toute sa
lignce. Or retournõs a nr̃e matiere/pourtant doncq̃s ainsy que aux aultres choses
les euures du courage sont beaucop plusgrãdes q̃ celles du corps. Semblablement
les choses q̃ sont faictes p̃ courage/ p̃ rayson/et p̃ engin sont plus gracieuses/et ne
sont pas de sy grãt peine q̃ celles q̃ sont faictes p̃ les forces du corps Dres la p̃mie
re cõmendation q̃ soit en vng ieune enfant viẽt de modestie. Puis ap̃s dauoir pitie
de ses parẽs et aider a ses amys p̃ begniuolence. Mais on iuge pl⁹ facilemẽt q̃ les

ieunes adolescens doiuent venir a grãt bien quãt ilz frequentẽt souuent auecques
nobles et sages gens qui conseillent bien en la chose publique. Et quãt ilz ont long
temps frequente auecques telles gens/ilz baillent opinion au peuple qui sont sem/
blables a ceulx auecques lesquelz ilz ont este/et quilz ont esleuz pour ensuyure. Cõ
me Publius Rutuli⁹ q̃ fut fort approuue en sa ieunesse/pource quil demoura en la
maison de Publius Munitius qui estoit moult sage homme. Et pourtant le peu/
ple auoit ceste opinion que Publius Rutilius estoit bien sage et bien instruit en la
science de droit. Mais quant Lutius Crassus estoit adolescent/il ne print point sa
louenge daultruy/aincoys la print de luy mesmes/car il parla sy tresbien en plain
iugement/et publiquement que quant il eust seulement songie en son hostel ce quil
dit en iugement/q il eust este sceu il en eust acquis tresgrant louenge. Et semblable
ment fist Demosthenes. Or pource quil ya deux manieres de parolles/cõme nous
auons dit en nostre premier liure/car lune est en parler sans pretendre a auoir aul/
cune chose/q est appeller eloquence.Laultre est en parler pour pretendre a auoir aul
cune chose/et est appellee contention. Ores il nest point de doubte que cõtention ne
ayt plus de force q plus de puissance a auoir gloire que eloquence.Mais il seroit bi
en difficile a dire/combien la compaignie et la facilite de eloquence esmeut grande
ment les courages des hommes a donner gloire/car nous auons veu les eppstoles
des troys sages hommes/cestassauoir leppystole que Philippe enuoya a son filz Ali
xandre.Et celle que Antipater enuoya a Cassandre. Et pareillement celle que An
tigon enuoya a Philippe par lesquelles il cõmandoit que les hommes attiroyent a
begniuolence les courages des aultres par begnine eloquence . Mais lorayson de
contention qui est faicte en iugement deuant vne multitude de gens donne grant
gloire a celluy qui la fait/car cest tresgrande admiration dung hõme que parle grã
dement et saigement/ Voire sy grande que ceulx qui souuent ainsy sagement parler
cuide quil entent et scait plus que les aultres . Or quant en parlant en iugement
vng homme a grauite en luy meslee auecques attrempance/ il ne peut riens faire
qui luy tourne a sy grant hõneur/q encore plus sil est vng ieune adolescent.Et pour
ce quil ya plusieurs manieres de causes qui desirẽt auoir eloquence auecques elles
plusieurs adolescẽs en la chose publique ont acquis grant louenge par bien parler
tant en plaidoyant en iugement/ comme en deliberant au senat/car cest grande ad/
miration que bien plaidoyer en iugemẽt/ desquelz iugemens il est deux manieres/
car lune est en accusant/q laultre est en deffendant.Et combien que la deffence soit
bien a louer/touteffoys laccusation est encore plus a prouuer. Car par bien parler
en accusation Lutius Crassus dont nous auons parle dessus acquist la grant lou
enge quil eust/et aussy fist Marcus Anthonius qui estoit adolescent. Semblable/
ment par accusation Publius Sulpitius fut beaucop loue quant il accusa en iuge
mẽt Sedutius et le inutile citoyen Gay le Norbain. Mais vng hõme ne doit pas
souuẽt accuser aultruy/q sy ne doit hõme accuser du tout sy non pour cause de la cho
se publique/cõme firẽt les deux Luculles/ou en deffendãt aultruy/yme no⁹ fismes
pour les siciliẽs/pour les sardiẽs/ q pour Marc⁹ Albuti⁹. E aussy lindustrie de Lu
tius Fusius fut meschãtemẽt cõgnue en accusant Pauli⁹. Et pourtãt on peut biẽ

accufer aulcun vneffoys/comme dit eft non pas fouuent. Et fil aduient quil fe fail
le faire plus fouuět on le doit faire pour la chofe publique. Car on neft point repzins
de accufer les ennemys de la chofe publique. Et touteffoys on y doit adiouster ma/
niere/car ceft vne chofe qui doit eftre bien dure a vng homme/ τ ne luy doit point ad
uenir que par fon accufation aulcun prêne mort/pource que ceft vne chofe maului
fe et trop pereilleufe que faire que on foit appelle accufateur/ laquelle chofe aduint
a Marcus Brutus qui eftoit venu de grant lieu/ car fon pere eftoit lung des plus
expers en la fcience de dzoit ciuil qui fut oncques.

¶ Diligěter tenendū eft: ne quě vncp innocentě in iudicio capitis accerfas. Id em
fine fcelere fieri nullo modo poteft. ¶ Et femblablement on doit tenir celle vertu
que on naccufe iamais en iugement vng homme qui foit innocent du cas/ car on ne
le faroit faire fans grant peche/ pourtant que il neft rien fy inhumain que conuertir
fon eloquence au mal et en la peftilence des bons hommes et innocens/ laquelle elo
quence nous a efte donnee par nature pour le falut et la confexuation des hommes.
Et combien quil ne foit pas licite de accufer en iugemēt vng hôme innocēt/ toutef/
foys il eft aulcuneffops licite de deffendre vng mauluais homme et miferable/ com
bien quil foit coulpable de quelque mauluais cas/ car la multitude le veult/ la cou/
ftume le feuffre/ lumanite le porte. Oxes vng iuge doit toufiours enquerir la verite
des caufes qui font en fa cognoiffance/ mais non pas vng aduocat femblablemēt/
car il peut bien deffendre vne caufe/ combien quelle ne foit pas vxaye/ laquelle cho/
fe ie neuffe pas efcript quant ie efcripui de philofophie/ fy non pource que Panetius
qui eftoit repute le plufgrant des ftoiques la ainfy efcript/ lequel ie enfuys principa
lement en mon liure. Et pourtāt ie le dis pareillemēt. Mais on acquiert grāt gloi/
re et grant grace en deffendant aultruy/ et encore plufgrande quant on deffent vng
poure homme qui eft greue ou côtraint par les richeffes dung riche homme/ comme
nous auons fait pour plufieurs qui eftopeut tourmentez par les richeffes de Luci/
us Scilla lors quil gouuernoit/ et auffy fifmes nous pour Septus Rofcius/ τ pour
plufieurs aultres.

¶ De liberalite.

Uis que nous auons exppfe les offices des adolefcens qui vail/
lent a acquerir gloire/ il nous fault apzes parler de liberalite/ de
laquelle ie treuue double maniere. Car ou ceulx q̃ veulent eftre
liberaulx donnent begninement leur euure a ceulx qui en ont be
foing/ et lors ceft benificence/ ou ilz donnent leur pecune/ τ adonc
ceft liberalite/ et dicelles deux fa derreniere eft la plus aifee/ et
principallement a vng riche homme. Mais la premiere eft la plus nette/ et plus
refplendiffant/ et plus digne a vng noble homme/ car combien que en vne chef/
cune des deux foit liberalle voulente de gratiffier toutes/ lune vient du coffre/
laultre vient de vertu. Et la liberalite qui eft faicte en donnant pecune vuyde et
efpuife la fontaine de begninite tellement que la begninite eft toftue par begninite
pource q̃ les facultez ne peuent pas fuffire a dôner toufiours. Et en celle liberalite

tant plus donneras / et tant moins pourras donner apres. Et quant tu seras be/
nifique de ton euure et industrie premierement a tant plus de gens donneras / et
plus auras de gens qui te aideront begninement se tu en as besoing. Et apres par
acoustumer a bien faire a aultruy tu en seras plus prest et mieulx exercite a bien
faire a plusieurs. Et pourtant quãt Alixandre eust conquis les macedoniẽs / affin
quilz ne se rebellassent contre luy / et quilz le souffrissent tousiours estre leur roy il
leur donnoit beaucop de bien / dor et dargent / et leur faisoit de grandes liberalitez.
Mais Philippe son pere le repiint moult noblement en vne espystre ql luy enuoya
par laqlle il luy manda. Quel mal destrayson dist il ta induit en ceste esperãce de cui
der que ceulx que tu corromps par pecune te soyent loyaulx. Ne pences tu pas que
se tu acoustumes tousiours ainsy a leur donner ilz ne te reputeroyent pas leur roy /
mais leur donneur / laquelle chose est infame a vng roy. Et pourtant Philippe di/
soit que cestoit plustost corruption que liberalite. Car cessuy qui piẽt en est fait plus
mauluais et plus prest a entendre tousiours que on luy donne. Et nonobstant quil
ne baillast ce commandement que a son filz seulement. Toutesfoys sy le deuons
nous tous ensuyr. Il nest doncques point de doubte que la begninite qui viẽt de leu
ure / et de lindustrie qui vient de lomme ne soit bien honneste ꝛ bien grandement ap
parent / et quelle ne puisse proffiter a plusieurs. Et non pourtant on ne doit pas du
tout debouter liberalite. Mais doit on aulcunesfoys distribuer de son argent / et des
partir de sa chose familiere aux indigẽs ydonee / et la doit on departir diligemmẽt /
et par attrempance / car plusieurs en faisant leurs largitiõs ont despendu tout leur
patrimoine sans y auoir aulcune cõsultation ne aduis. Mais quelle chose esse qui
est plus folle que se garder de faire longuement vne bonne chose que on fait volen/
tiers.

¶ Sequuntur largitionez rapine. Cũ enim dando egere ceperũt homines: alienis
bonis manus afferre coguntur. ¶ Et semblablement quant on a fait les grandes
largitions / les rapines sen ensuyuent / car quant par trop donner homme vient a
pouurete / il est contraint de mettre les mains aux choses daultruy et de les embler.
Et par ainsy la hayne quil acquiert de ceulx a qui il emble / luy nuyst beaucop plus
que ne luy proffite lamour de ceulx a qui il donne. Et pourtãt nous ne deuõs point
tant cloire nostre chose familiere que begninite ne la puisse ouurir. Et ne la deuõs
point tant ouurir quelle soit apparent a tous. Mais nous y deuons adiouster ma/
niere / et raporter celle maniere a nostre possibilite. Et deuons auoir du tout memoi/
re du commun prouerbe qui dit que largition na point de fons / car pourquoy quel
fons peut elle donner. Et plusieurs aultres desirent tousiours que on leur donne.
Et pource que nous auons parle dessus de largesse / nous deuons sauoir quil est
deux manieres de gens larges / desquelz les vngz sont prodigues / et les aultres li/
beraulx. Les prodigues sont ceulx qui despendẽt leurs pecunes en viandes / en ven
trailles / et a donner a ceulx qui se combatent par glayues / ou aultrement a faire
ieux / ou a faire chaces / ou en pareilles choses desquelles il est bien peut de memoi/
te / ou desquelles il nest point de memoire apres quelles sont faictes. Et les libe/
raulx sont ceulx qui de leurs facultez rachaptent les prinsonniers q̃ sont prins des

ennemys ou qui poyēt aux creanciers les debtes de leurs amps/ou aider a marier
leurs filles/ou ilz aidēt a leurs amps a acquerir aulcune chose/ou a augmēter leur
chose familiere. Mais ie me esbahis que Theofrastus auoit en pencee quāt il fist
son liure qui parle des richesses/ouquel il dit des choses moult notablement dictes.
Mais il men dit vne qui mest bien obscure/car il fut moult habondant a louer les
grandes magnificences et les grans appareilz des dons q̄ on fait au peuple/et dist
quil cuide que la liberte que on fait en telz despēs est le fruit des richesses. Mais il
me semble que le fruit de la liberte dont nous auons parle deuant est beaucop plus
grant et plus certain en tant que Aristote no⁹ reprēt plus grandemēt et plus vraye
ment que Theofrastus/car il dit quil ne nous fait point de mal/ȝ ne no⁹ esmerueil
lons point de espandre noz pecunes a donner a vne multitude de gēs pour les faire
plus doulx enuers nous. Mais quāt aulcuns sont enuironnez de leurs ennemys/
et que pour lachete des viures ilz sont cōtrains de acheter le septier deaue vng escu
quant nous loyons dire il nous semble que cest vne chose increable/et no⁹ en esmer
ueillons iusques a ce que nous considerons la cause ȝ la necessite. Et toutesfoys en
ces grans dommaigce et infiniȝ despens que nous faisons par noz prodigalitez il
ne nous en fait point de mal/et ne uous en esmerueillons point/et par iceulx nous
ne secourons point a la necessite daultruy/et sy ne augmentōs point nostre dignite.
Et aussy celle delectation que on prent a donner a vne multitude vient dung tresle
gier courage et ne dure gueres de temps/car la memoire en est morte apres q̄ la vo
lupte est acomplie. Et aussy cest vne chose qui est bien aggreable aux enfans/aux
femmes/aux scruiteurs/et a telz gens. Mais vng homme graue qui poyse les cho
ses qui se font par droit iugemēt ne laprouue point/cōme dit Aristote/combien que
ientens quil ya danciēne coustume en nostre cite de romme que de tous tēps quant
vng homme est esleu en loffice de edille pour entēdre a la pollice de la char ȝ des mai
sons de la cite pource que loffice est bien digne/les grans gens de la ville requierent
quil face vng beau conuy/cōme fist Publius Crassus le riche. Car il fist bien grāt
despance au conuy quil fist quant il fut esleu edille. Et vng peu apres Quintus
Munitius qui estoit le plus attrempe de tous les hommes. Et Lutius Crassus
quant ilz furent faiz edilles/ilz firent vng bien sumptueux conuy. Et semblable
ment Quintus Claudi⁹ qui estoit filz de Apius/et Luculus le pere/et aussy le filz
Pareillement Ortensius et Silianus/et plusieurs aulttres. Mais tandis q̄ ie fuz
consulle Publius Lentullus fist vng conuy par lequel il surmonta tous ceulx dont
iay parle dessus pour la grande sumptuosite quil y fist. Et aussy Scaurus lensuy
uist. Mais les dons que fist Pompee a la seconde foiz quil fut fait consulle furent
tresmanifiques. Et pourtāt tu peuz veoir quelle chose me plaist en ces grandes des
pāces. Et nō pourtāt tu doiȝ cuiter q̄ par ta chichete/ou nay poit sur toy de suspecti
on dauarice/car Mamerc⁹ q̄ estoit trestiche vouloit estre cōsul/ȝ fut esleu en loffice
de edille/laq̄lle il reffusa pour auoir celle de cōsulle. Et pource q̄ on auoit suspection
sur luy quil se faisoit par auarice/il fut dit quil nauroit point loffice de consulle. Et
combien q̄ ces grans despēs ne soyent pas desirez de grās gens/mais seulemēt du
menu peuple. Et q̄ pourtāt les grās gēs les approuuēt/toutesfoys on les doit faire

selon les facultez/comme nous mesmes auons fait. Combien q̃ aulcunesfoys pour
faire des largitions au peuple on acquiert de grans choses et vtiles/ comme Horre
stes qui acquist grant hõneur pource que de ces dismes il fist vng grant disgner ou
sentier de sa disme/et la il dõna a disgner a tous ceulx q̃ passoyent. Semblablemẽt
Marcus le Viel acquist tresgrant hõneur pource q̃ vne annee que le ble fut cher/ et
quil estoit famine il dõna au peuple chescũ iour vng muy de ble. Et toutessoys par
auant il estoit repute eschars τ auaricieux/ τ pour grãde despãce q̃l peust faire quãt
il fut esleu edille celle suspection dauarice q̃ le peuple auoit sur luy ne cheust point. Et
pourtãt la cause de largesse sy est/ q̃ y fault estre large sil en est necessite ou sil est vti
le. Et en telles largesses la reigle de mediocrite est tresbonne. Et certainemẽt Luti⁹
Philippus q̃ estoit filz de Quintus Fabius/et estoit hõme de grant engin et noble
deuãt tous aultres souloit dire/et se glorifioit que sans aulcun don il auoit acquis
toutes grãdes choses. Et semblablemẽt disoit Gay⁹ Curio. Et il me fault en cela
aulcunemẽt glorifier/ car pour lamplitude des hõneurs q̃ iay acquis p laide de tous
en mon annee iay fait bien peu de despãce quãt iay este edille/laquelle chose nauint
point a aulcun de ceulx que iay nagueres nõmez. Et aussy les despances sont meilleurs que on employe aux euures de la Ville/et a faire les voyes des fleuues/ affin
que les bateaux nagẽt plus aisemẽt et sans empeschemẽt. Et a faire les pors/τ les
conduitz des eaucs/et toutes aultres choses qui appartiennent a lusage de la chose
publique/combien q̃ pour le present le don que on baille en la main est presentement
plus ioyeux. Mais ce q̃ on met en lusage de la chose publique est aps pl⁹ gracieux
Mais on ne doit pas faire despances excessiues a faire vne place publique/ cõme
vng marche/vng port/ou vng nouueau temple/ainsy que fist Pompeyus/et aussy
les sages philosophes ne le approuuent/et mesmement Panetius lequel ie ne inter
prete pas en ce present liure. Et semblablemẽt Demetri⁹ Faleri⁹ Vitupere bien fort
vng des princes de grece nomme Pericles/ pource quil fist trop excessiue despãce en
vne maison royalle q̃l fist faire. Mais de toutes ces manieres de despãces excessiues nous auõs assez parle en noz liures q̃ parlent de la chose publique/esquelz no⁹
en auons grandemẽt determine. Et pourtant toute la rayson de telles largesses est
generalemẽt vicieuse τ mauluaise. Mais il est aulcun tẽps esquelz elle est necessai
re. Et toutessoys elle doit estre faicte selon les facultez/et moderee p attrẽpance.

¶ De Begnificence.

N laultre maniere de largesse qui vient de liberalite et est appel-
lee begnificence/ et descent de la vertu de lomme/et non pas touf
iours du coffre/ nous ne deuõs pas estre benifiques par vne ma
niere en diuerses causes. Car lune cause est de celluy qui est foul-
le par calamite et aduersite. Et laultre de celluy q̃ veult faire ces
choses meilleurs/τ na point dauersite en icelles. Et pourtãt nous
deuõs estre plus prõps a bien faire a ceulx qui sont en aduersite/ sy non q̃lz fussent
dignes dauoir aduersite. Et toutessoys nous ne deuons point reffuser du tout a aider a ceulx qui veulent faire leurs choses meilleurs/combien quilz ne le facent pas
seulement affin q̃lz ne soyent pas tormentez/ mais affin quilz soyẽt plus riches.

¶ Benefacta male locata malefacta arbitror dicit Ennyus. ¶ Et pour faire noz
begnificences no⁹ deuons mettre diligence a esllre les plus pdoynes/car cōme dit le
poere Ennyus les bienffaiz qui sont mal assis sont mal faiz. Or de la chose mes/
me qui est donnee a ᴠng homme ᴠertueux qui nest point ingrat il ᴠient aulcunes/
foys fruit a cestuy qui la donne et aulcunesfoys daultre chose/car toute folie de don
net ostee la liberalite est tresagreable. Et plusieurs louent tresgrandement celle be/
gnificēce pource que la begninite dung grāt est le commun reffuge de tous. Et pour
tant nous deuons mettre nostre estude a faire noz biens faiz a plusieurs tellement
que la memoire en aille iusques a leurs enfans ⁊ a ceulx qui ᴠiendront apres eulx/
affin quilz ne soyent point ingratz enuers nous. Car toutes gens hayent ᴠng hom
me qui est ingrat/et na point de memoire des bienffaiz que on luy fait. Et leur sem
ble que ᴠng homme ingrat leur fait iniure pource quil donne exemple a ceulx qui
sont benifiques de amaindrir leur begninite. Et pour ceste cause les poures gens
reputent ᴠng homme leur ennemy quant il est ingrat enuers ceulx qui luy sont bi
en. Et pareillement cest ᴠne begninite qui est bien ᴠtile a la chose publique que ra
chapter de seruitude ceulx qui y sont detenuz/ et enrichir les pouures/ laquelle chose
on a acoustume de faire a ceulx qui sont de nostre estat et profection/cōme nous re/
cite grandement Crassus en son orayson. Et pourtant ie met celle coustume de be/
gninite deuant largesse des dons/car elle appartient aux grans hommes ⁊ graues
Et la largesse des dons appartient a gens qui ᴠeulent adoulcir ᴠne multitude de
peuple lesquelz sont tirez a ligierte par ᴠolupte. Mais il est necessaire a ᴠng hom/
me que en donnant il soit aulcunesfoys large/et en prenant ce q̃ luy est deu il ne soit
pas aulcunesfoys rude. Et semblablement en contractant toute aultre chose/cōme
en ᴠendant/en achaptant/en louant/ en prestant. Et est necessaire quil face droit a
ses ᴠoisins et a ses prouchains/⁊ quil laisse aulcunesfoys aller plusieurs choses de
son droit a plusieurs en se abstenant de debatz et de proces tant quil luy sera licite/
et encore plus sil peut/car ce nest pas seulemēt liberallemēt fait de laisser aller ᴠng
petit de son droit/aincoys il est aulcunesfoys tresuertueulx ⁊ tresfructueux. Nonob
stāt quon doit tousiours auoir sollicitude de sa chose familiere/ car cest tresmal fait
de la laisser deschoir sans cause et sans rayson. Et pource la fault il garder tellemēt
quon nayt point sur nous de suspection que nous ne soyōs liberaulx/ou que ne soy/
ons auaricieux/ car nous pouons bien estre liberaulx sans nous despouiller de no/
stre patrimoine combien que le fruit de la pecune soit bien grāt. Et semblablemēt
Theofrastus a bien loue ⁊ approuue les hosteleries. Et aussy comme il me semble
il est bien honneste q̃ les maisons des grans et nobles gens dune cite soyent paten/
tes et ouuertes aux estranges pour les loger/ car cest ᴠng beau aournement en nr̄e
chose publique que les estranges nayent point deffaulte de hosteleries en nostre ᴠil
le. Il est aussy grandemēt ᴠtile a ceulx qui ᴠeulent acquerir hōneur que par les ho
stes quilz logēt ilz puissent mieulx ᴠaloir en richesses et en grace enuers les estran
ges peuples. Et a ce propos Theofrastus escript que quant les laciades ᴠindrent
a atheines deuers Cymon/ icelluy Cymō ᴠoulut quilz fussent logez en son hostel/
et commanda a ceulx datheines quilz rendissent aux laciades tout ce quilz auoyēt

despendu. Et pour ceste cause Cymon en acquist tresgrãt grace enuers les laciades
lesquelz le raporterent en leur pays, dont il eust aussy grant honneur. Or les biens
faiz qui sont faiz par euure ⁊ non pas par largition de pecune sont aulcunesfoys at
tribuez a la chose publique/et aulcunesfoys a chescun des citoyens. Car quant vng
bon homme plege vng aultre en iugement/ou quil luy donne conseil/ou quil postul⸗
le pour luy/il nen acquiert pas seulement richesses par ce faire/ mais aussy il en ac⸗
quiert la grace des gens. Et combien que anciennement noz maieurs ayent eu de
belles sciences et diuerses/ toutesfoys ceulx qui ont este constituez en droit ciuil/ et
qui en ont eu linterpretation et la congnoissance ont tousiours este en plusgrãt hon
neut que les aultres/laquelle science les princes auoyent retenu deuant celle confes
sion que vng chescun cest mys a y estudier. Et pourtant comme les hõneurs et tous
les degrez de celle dignite soyent abatuz / aussy est la resplendisseur dicelle science.
Et encore esse plus indigne chose pource que quant vng homme auoit estudie en cel
le science de droit/et il veoit quil y estoit bien entendu il se faisoit pareil en honneut
aux princes et les surmontoit en icelle science/ laqlle est bien aggreable a plusieurs
et bien propre pour faire plusieurs beaulx faiz aux hõmes. Et a celle sciẽce de droit
ciuil est bien prouchaine la faculte et subtilite gracieuse et ornee de bien parler que
nous appellons rethorique. Car pourquoy quelle chose esse qui est plus excellẽt que
eloquence pour auoir honneur de ceulx qui nous oyent parler/ et aussy pour dõner
esperance a ceulx qui ont besoing/ ou pour deffendre aultruy /il me semble quil nest
rien plus excellent. Et pourtant noz maieurs ont donne la domination et la princi⸗
paulte en toute dignite en la sciẽce de droit ciuil meslee auecques celle de rethorique.
Et pour ceste cause il appartient a vng sage homme qui veult labourer pour la cho
se publique quil deffende par ces deux sciẽces les causes de plusieurs/et quil ne lais
se personne greuer. Car les bienffaiz et les aides de celluy qui deffent aultruy pour
acquerir grace/semblablement sont bien clerement apparens a tous. Or lopportu⸗
nite que iay en ce lieu me admonneste que ie me compleigne/ dont il fault que ie de⸗
laisse a parler de eloquence/affin que ie ne die point cõme elle est finie/ ⁊ aussy affin
que ie naye honte en tant ql sembleroit que ie me cõplainisse de moy mesme. Mais
toutesfoys nous voyons comme apres la mort des bons orateurs ⁊ rethoriciens les
perance de resusciter la science de eloquence est en bien peu de gens/ et la faculte di⸗
celle science est encore en plus peu de gens. Et semblablement la hardiesse de parler
nest pas en plusieurs. Mais puis que nous ne pouons pas tous ne plusieurs estre
instruiz en la science de droit/ toutesfoys sy pouous nous bien par nostre euure fai⸗
re des biens a plusieurs/ comme en demandãt que on face plaisir a aultruy/ ou en
recommandant les affaires daultruy aux iuges/ ou aux magistraulx a qui ilz ont
affaire/ou en veillant pour leur proffit/ou en priant pour ceulx qui ont la charge de
les conseillier ou de les deffendre. Et par ceste maniere nous acquerons beaucoup
de grace/⁊ nostre industrie sera grande et apparente a tout le monde. Or il me sem⸗
ble quil nest ia besoing de admonnester les hommes que quant ilz vouldront fai⸗
re plaisir a aucun ilz ne facent point de desplaisir a aultruy/ car cest vne chose qui
est bien apparente. Et pource que bien souuent on fait desplaisir a ceulx a qui on ne

se deuſt pas faire/ ou a ceulx a qui il neſt pas vtile ne expediant de le faire ſe on ne
le fait par imprudence/ ceſt par la negligence quilz le font pource quilz ne ſen ſont
pas aduiſez par auant. Et ſilz le font par ſciêce pourtant quilz ſauoyent bien quil
neſtoit pas expediant de ſe faire/ceſt leur folie. Mais on doit vſer de excuſation le
plus que on peut enuers ceulx auſquelz il eſt force que on face deſplayſir en leur re_
monſtrant comme il eſt neceſſite de le faire ainſy/car on ne le ſceut faire aultremêt.
Par ces vertuz et aultres on doit recompäcer le deſplaiſir que on a fait. Et pource
que quant nous voulons aider aux hômes nous regardons leurs meurs ou leurs
fortunes/il nous en fault preſentement parler.Et pourtant les hommes dient com
munement que en faiſant bien a vng homme ilz regardent ſes meurs/ et non pas
ſa fortune. Or ceſte rayſon ſeroit treſhôneſte/mais quelle fuſt vraye. Mais qui eſt
celluy ſy vertueux qui mettra la cauſe dung bon pouure homme deuant celle dung
riche en voulant faire playſir a aultruy/ie croy quil en eſt bien peu.

¶ A quo enim expeditior et celerior remuneratio fore videtur: in eo fere eſt volun_
tas noſtra propenſior.¶ Car noſtre volente eſt preſque touſiours plº encline a fai_
re playſir a celluy de qui nous nous attendons eſtre pluſtoſt remunerez ꝗ plus grã
dement. Mais nous deuons regarder diligemment la nature des choſes/car ſelon
nature on doit pluſtoſt aider a vng poure que a vng riche. Et ne ſe doit on point eſ_
merueiller quât on aide a vng poure homme qui na pas la puiſſance de recompan
cer le playſir que on luy fait/car certainement il ſe repute bien tenu a celluy qui luy
fait playſir/ et ſil eſtoit en ſa puiſſance il le luy retribueroit volentiers. Et ſe tu as
fait playſir a vng riche homme qui te vueille recompancer par pecune ſil a de ſa pe
cune/il ne ta pas ſuffiſamment recompance du playſir que tu luy as fait/ꝗ ſil ta re
tribue il na point de pecune/ car tât quil ſaroit finer de pecune ne ſuffiroit pas pour
te retribuer. Mais ſy tu as fait playſir a vng poure homme qui na point de pecune
et il te veult recompäcer par grace/ apres quil tara recôpance p grace en te faiſant
vng aultre playſir/ encore a il grace pour faire playſir a toy et aux aultres. Mais
ceulx qui ſont riches honnourez et cuident eſtre bien eureux ne veulent point eſtre
obligez a aultruy par bien fait/et cuident quant aulcun leur a fait playſir que eulx
meſmes luy en ont fait pource quilz ont touſiours de ſuſpection quant on leur fait
playſir que on leur face pour leur demander aulcune choſe/ou affin quilz facent aul
tre pluſgrant playſir. Mais ilz aimeroyent mieulx eſtre mors que confeſſer quon
leur euſt fait playſir/ou ꝗz fuſſent tenuz a aulcun.Et quant on fait playſir a vng
poure hôme il pence bien quon ne le fait pas pour ſes richeſſes/ mais ſeulemêt pour
ſa perſonne/ et ne le pence pas ſeulement de ceulx qui luy ont fait playſir. Mais
auſſy de ceulx quil eſpoire quil luy en ferôt/ et ſe eſtudie a eſtre aggreable a toº pour
ce quil a bien beſoing de laide de tous. Mais ſy dauêture aulcun luy a fait playſir
et que il luy vueille donner aulcune choſe/il ne fera pas ſon don pluſgrant quil neſt
comme fait le riche/ mais le fera pluſtoſt plus petit. Et ſe tu deffens ou que tu fa_
ces playſir a vng riche homme fortune par aduenture il te fera grace/ou par aduen
ture ſes enfans. Mais ſe tu deffens vng bon poure homme/tous les bons poures
deſquelz il ya grant multitude en vng peuple verront que tu ſeras touſiours preſt

a les secourir en leurs necessitez.

¶ Quamobrem melius apud bonos q̃ apud fortunatos beneficiu̅ collocari puto.

¶ Et pour ces causes il me semble que vng bon homme doit plustost colloquer ses bienfaiz enuers les bons poures que enuers les riches fortunez. Et non pourtãt tu doiz mettre toute ta pencee a satiffaire a tous tant aux poures que aux riches. Et se tu as aulcune doubte ausquelz tu doiz plustost bien faire il ne te fault que escouter ce que dit Themistocles qui auoit vne tresbelle fille preste a marier. Et pourtãt il fut interrogue par aulcuns ausquelz il aymeroit mieulx dõner sa fille a vng bon homme poure/ou a vng riche qui ne fust pas sy bõ.

¶ Ego inquit malo virum qui pecunia egeat: q̃ pecuniam que viro. ¶ Ausquelz il respondit iaymerope mieulx dit il donner ma fille a vng homme qui ait faulte de pecune/ que de sa pecune qui apt faulte dung homme. Mais noz bonnes meurs sont corrumpues et mauluaises pour les grandes richesses q̃ nous voyons/desquelles richesses quant vng chescun de nous en a beaucop/elles aidẽt cellux qui en a/ et non pas tousiours/et prenons quelles soyent bien apsees a en vser. Mais cõment en pourrons nous vser honnestement/certainement il seroit bien difficile.

¶ Exemple.

 T a ce ppos no⁹ recite Jerofme en sa tresiesme epystolle que Socrates Thebanus q̃ estoit tresriche voulut aller a atheines pour estre philosophe. Et pourtant il pensa que il ne pouoit pas auoir en luy des richesses et des vertuz ensemble. Et pour ceste cause il getta vne grant quãtite dor quil auoit/ꝗ dist quil aymoit mieulx auoir des vertuz en luy que des richesses. Semblablement nous recite valere en son quart liure que ses legatz des sannites vindrẽt vne foiz deuers Marcus Lurio qui estoit la reigle de toute continence et le mirouer de toute force tant estoit fort de courage et prudent/lesquelz se adresserent a icellup Marcus/ꝗ le cuidoyent corrumpre par argent. Et quant ilz furent en son hostel ilz le trouuetent quil disgnoit sur vng vieil banc qui ne valoit rien aupres vng petit feu/ et mangeoit en vne escuelle de boys. Et quant ilz virent quil estoit ainsy poure il leur sembla fermement que en luy presentãt vne somme dor ilz se tireroyent a leur volente/ laquelle somme dor ilz lup presenterent luy priant quil la voulsist prendre et leur aider a leur besoing. Mais quant Marcus vist quilz le cuidoyent corrumpre par or il se print a soubrire en leur disant/pourneant mauez vo⁹ apporte cest or/allez vous en et dictes a ceulx qui vous ont cy enuoyez que iayme mieulx auoir auctorite et puissance sur les riches que estre riche. Et comme vous auez apporte ce present rem portez le/ et aiez memoire que ie ne fuz oncques vaincu en bataille/ aussy ne veulx ie point estre par or. Et pourtant nous voyõs cõme les sages nont pas ayme auoir grãs richesses/car pose quelles fussent bien vtiles pour soy aider/ touteffoys a bien grant peine sen pourroit on aider honnestemeut.

¶ Lacteur.

Res se tu me demandes sil ya vng riche homme qui soit bon et il
apt bef[...] ding de nous ses richesses empescherõt elles que nous ne
luy aido[...]ns. Je te respons q̃ nenny/car nous ne deuons pas auoir
regard se[...] vng hõme est riche/ aincops deuons regarder sil est bon
et vertue[...]p. Mais le dernier cõmandemẽt des offices et vertuz
qui se font[...] par bienssaiz et par leuure des hommes sy est/ que tu
ne estriues point pour equite[...] et q̃ tu ne faces riens par iniure/ car iustice est en som
me le fondement de perpetue[...]le memoire & de renõmee sans fin/sans laquelle il ne
peut estre riens fait qui soit a[...] louer. Et pource q̃ nous auons parle dessus de la ma
niere des bienssaiz qui apparti[...]ennent a vng chescun singulierement/ il nous fault
apres parler de ceulx qui appar[...]tiennent a tous vniuersallement/& aussy a la chose
publique. Et pourtant diceulx su[...] ne partie est de telle maniere que elle appartient a
tous les citoyens vniuersallemen[...]t. Et laultre partie est de telle maniere quelle ap/
partient a vng chescun des citoyen[...]s singulieremẽt/lesquelz bienssaiz sont bien gra
cieup. Et pource nous deuons mett[...]re du tout nostre euure a proffiter en toutes les
deup manieres. Et deuõs conseiller a[...] tous en telle maniere que nostre conseil pffi/
te ou quil ne nupse poit a la chose publ[...]ique. Car Gapus Gracus qui eust le tresor
de la chose publique en garde p sa trop g[...]rant largesse diminua tout le tresor. Mais
Marcus Octauius qui leust pareillem[...] et en garde ne fist pas sy grande largesse/
et les largesses quil fist estoyent bien tole[...]rables a la chose publique et bien necessai
res au peuple. Mais celluy qui sera cõmi[...]s a administrer la chose publique deura
premierement prandre garde que vng chesc[...]un apt ce que luy appartient/ et que les
biens dung chescun particulier ne soyent poin[...]t distribuez communement. Car Phi
lippus fist bien mauluaisement quant ou trib[...]unat il fist la loy agraire/ par laquel
le il fut dit et ordonne que les champs seroyent[...] communs entre tous/et que person
ne nen auroit point a parluy. Et pource quil auo[...]t en son temps fait beaucop de cho
ses a la louenge du peuple. Finablement il dit bie[...]n mal pour fonder la loy quil fist/
car il dit que en toute la cite de romme il ne y auoit[...] pas deup mille hommes a q̃ les
terres quilz possedoyẽt appartenissent propremẽt/l[...]aquelle parolle fut tresmauluai
se/& pouoit estre cause de la destruction de tous biene[...]s qui eust este la plus grande pe
stilence qui eust peu aduenir. Et pourtãt icelluy Phi[...]ippe vist bien quil auoit mal
fait/& laissa legierement corrumpre la loy quil auoit f[...]ricte. Car pour celle cause les
citez ont este constituees/affin que la chose publique eu[...]st ce que luy appartient. Et
se par la conduite de nature les hommes estoyent tous ensemble/touteffoys pour es
perance de garder leurs choses ilz demanderoyent les aides des citez et des villes.
Et aussy ceulx qui ont le gouuernement de la chose publique doyuent bien garder
quil ne faille point que les citoyens poyent tribut pour lassiduite des batailles/ ou
pource que le tresor est trop petit/comme faisoyent noz maieurs bien souuent/ ain/
cops il doyuent pouruoire beaucop deuant que ce mal nauienne pas aultrement sil
estoit necessite quil faillist que en aulcune chose publique on leuast vng tribut pour
aulcune des deup causes dessus dictes/ tous ceulx dicelle chose publique doyuent
pencer que silz veulent estre sauluez il fault quilz obeissent a celle necessite. Et non

g iii

pourtant iayme mieulp quil aduienne a bne aultre cite qu .e a la nostre/nonobstant
que ie ne parle pas de la nostre seulemēt/mais aussp de tɩutes aultres.Et semblas
blement tous ceulp qui ont le gouuernement de la chose publique dopuent conseil/
ler que en icelle p apt tousiours grant habondance des choses qui sont necessaires.
Et nest point de necéssite de disputer presentement com ment ilz les dopuent achap/
ter/car cest bne chose qui est bien clere. Mais la princ ipalle chose qui soit en ceulp
qui ont les offices et administrations de la chose publique sp est/que de toute
leur puissance ilz gardent que on napt tant soit pe u de suspection dauarice sur
eulp . Et pource dist Gapus Pontius qui auoit guerre contre nostre cite de rom/
me. O pleust a dieu dist il que fortune meust resetu e a estre ou temps que les romɩ
mains commancerent a prendre dons/ et que ie fusse nez lors quil commancerent a
estre corrumpuz par argent/ certainement ie neus/ie pas souffert quilz eussent eu sp
grant empire ne domination comme ilz ont eu / car ieusse bien tant fait par dons
quilz neussent point eu tant de pays en leur puissance.Et pource que ce mal est ad/
uenu en nostre chose publique que aulcunessoɩz on est corrumpu par dons pour ce/
ste cause iayme mieulp que Ponti⁹ apt este nɩɩz en son tēps que fortune leust aultre
mēt resetue. Et sil eust eu tant de force en lur) quil eust peu corrumpre noz rōmains
par dons/ie crop que ce eust este biē difficile chose a lup. Car il np a pas encore cent
et dip ans que Lutius Pizo fist bne lop par laquelle il estoit dist que sp bng consul
prenoit quelque chose iniustemēt/cellup c̨ui la lup aroit donnee la pourroit repeter/
et par auāt celle lop il nen y auoit point pource que on np prenoit riens iniustemēt.
Mais depuis et na pas long temps en a fait des lops encores plus dures/ pource
que la malice croissoit toustours / et aussp il en pa eu plusieurs coulpables et plu/
sieurs qui en ont este condempnez.Et pour ceste cause ont este faictes les batailles
ytaliques/car ceulp qui auopent prɩ ne aulcune chose iniustement auopent sp grant
paour den estre apprehendez en iugemēt quilz faisopent les batailles/ affin tandis
quelles duteropent ilz ne fussent point tirez en iugement.Et apres que les lops ont
este ostees le tresor de la chose publique a este tout pillie/ les biēs de noz cōpaignōs
ont este tauiz/ɑ tellement quil fault q̄ nous sopons bons par limbecilite et la maul
uaistie des aultres/ɕt non pas. par nostre bertu pource que noⁿ les bopons pugniz
des maulp quilz sont.Or Panetius loue fort Scipio Laffrican pource quil estoit
abstinant/ et ne bouloit riens prandre daultrup. Pourquoy ne se doit il pas louer/
nesse pas bne belle bertu que abstinence/certes sp est. Mais il y auoit en lup daul
tres plusgrandes louenges/car celle de son abstinence nestoit pas seulement de lup
mais elle estoit du temps ouquel il estoit natif. Nauons nous pas oup reciter com/
me Paulus son pere conquist toutes les richesses des macedoniens qui estopent bi
en grandes/ desquelles il fist le tresor de la chose publique sp riche et sp opulent que
parce quil conquist tous les tribuz cesserent.Et touteffops il ne mist point dicelles
richesses en sa mayson/ aincops nen boulut retenir sp non la memoire eternelle de
son nom.Et pourtant Scipio Laffrican ensupuit son pere Paulus/car quant il de
struit la riche cite de carthage/il nen fut de tiēs plus riche. Semblablement Lutius
Manilius qui estoit son compaignon a la destruire nen fut de rien plus riche/ car

de ce quil y cõquist il en ayma mieulp aourner la chose publique de son pays ditalie
que sa propre mayson / combien que quãt la chose publique de son pays en fut aour
nee sa mayson en fut assez aournee / car il acquist nom et gloire perpetuelle. Et pour
tant affin que nostre parolle retourne dont elle est venue / il nest point de vice plus
obscur ne plus detestable que auarice / et principallement en princes ou en ceulp qui
ont le gouuernement de la chose publique.

❡ Exemple.

T pource nous raconte Valere que beaucop de consulles de rom
me ont voulu estre sy poures que ilz nauoyent pas de quoy marier leurs filles a de bien nobles gens qui les demandoyêt auoir
en mariage. Mais quant ceulp du senat voyoyent que par leurs
vertuz ilz estoyent sy continens ilz les marioyent / et estoyent ma
riees le plus honnourablement quil se pouoit faire aup despens
du senat. Pareillement raconte icelluy Valere que les legatz dung pays vindrent
deuers Quintus Tyberio qui estoit consulle / et luy apporterent de tresbeaup vaisseaulp dargent moult pesans et bien forgez / pource quilz auoyent ouy dire q Quin
tus Tyberio nauoit sur sa table que des vaisseaulp de boys. Mais quant Quin
tus vist ses vaisseaulp quilz luy auoyent apportez / il leur respondit assez vous en
dit il auecques vostre argent / il vous semble que vous secourez a ma continence /
comme a pourete. Non ferez dist il / car le tresor de ma continence est beaucoup plusgrant et plus noble que nest celluy de vostre argent. Et pource emportez vostre tre
sor et me laissez le mien. Pourtant doncques par ces exemples et plusieurs aultres
dont nous auons parle dessus / il appert que ceulp qui sont au gouuernement de la
chose publique ne doyuent point estre auaricieup / mais doyuent estre continens.

❡ Lacteur.

At ce nest pas seulement laide chose / mais est chose mauldite et
grant peche que prendre la chose publique en acquest. Et pourtãt
ce que dit Appollo Pythius fut bien vray quant il dit que la cite
desparte ne periroit point par aultre vice que par auarice. Semblablement dist aup lacedemoniens et a plusieurs aultres tresri
ches peuples / lesquelz finablemêt en sont periz. Mais ceulp qui
ont le gouuernement de la chose publique ne peuuent mieulp entretenir la begniuolence dune multitude de peuple que par abstinence et continence. Dies pource
quil en ya daultres qui pour estre aggreables au peuple ostent aup riches de leur
terres et possessions pour les donner aup poures / pource quilz voyent q les aulcuns
en ont beaucop / et les aultres nen ont point / ou aussy ilz côtraingnêt les creãciers
a donner leur debte a ceulp a q ilz ont preste leur argent. Mais telles gens gastent
les fondemens de la chose publique / car premieremêt ilz destruisent côcorde laquel
le ne peut auoir force ne vigueur quant on oste la pecune aup vngz pour la donner
aup aultres. Et apres ilz ostêt equite / laquelle est du tout destruicte se vng homme

na ce que luy appartiét. Et pourtant la propre chose dune cité ou dune ville comme
iay dit dessus sy est/ que vng chescun ayt sa liberalle voulente de garder ses choses
sans estre contraint den faire contre son playsir. Et en vne chose publique ceulx qui
ostent aux vngz pour donner aux aultres naquierent pas sy grant grace quilz cuident. Car celluy a qui on oste sa chose pour la dõner a vng aultre est fait ennemy de
celluy qui la luy a ostee. Et celluy a qui on la dõnee cõbien quil dissimule ne la vouloir pas prendre/car de la ioye quil en a et ne la veult pas monstrer. Et principallement quant on luy donne la debte quil doit/ affin quil ne semble pas quil neust de
quoy payer. Mais celluy a qui on a fait iniure en luy ostant sa chose/ z qui en a me
moire porte tousiours la douleur en sa memoire. Et pourtant la hayne dung a qui
on a oste greue plus que lamour de plusieurs a qui on donne . Or quant aulcun a
possede vng heritaige par grant et long temps/ et on le luy oste pour donner a vng
aultre/ quelle equite peut il auoir quãt celluy a qui deuoit estre leritaige en soit fru
stre/ et celluy qui nya aulcun droit en soit possesseur/il me semble quil nya point de
equite . Et pourtant sil te semble que ceste maniere de iniure na point este nuysible
a plusieurs anciens/ie te monstreray clerement que sy a. Car les lacedemoniês en
bouterent leur roy Lysander Ephorus hors de son royaulme. Et semblablement ilz
en tuerent leur roy Hagin/ et de ceste iniure sont venues de grandes discordes/ car
plusieurs en ont este nõmez tyrans/et les princes en ont este tuez et occiz. Et la cho
se publique des lacedemoniens qui estoit sy bien constituee en descheust. Et elle ne
descheust pas tant seulement/ mais aussy elle subuertit tout le demourant du pays
de grece par les grans maulx qui y estoyent/ lesquelz maulx vindrent des lacede-
moniens/ et se sont espanduz en plusieurs aultres pays . Semblablement les filz
de ce grant homme Tyberius Gracus qui estoyent nepueuz de Scipio Laffrican
ne furent ilz pas tuez et occiz pour vouloir oster aux vngz pour donner aux aul-
tres/certainement sy furent. Et pourtant ceulx qui se veulent mettre a faire ce mal
ne peuent acquerir que toute hayne et discorde. Mais nous deuons bien louer par
rayson Oratus Sitionius/lequel estoit roy de sitione/ et en fut mys hors par vng
tyrant nomme Nyocodes/lequel tyrãt tint et occuppa le royaulme de Oratus par
lespace de cinquante ans. Mais Oratus qui estoit en grece pensa en luy quil luy
failloit trouuer maniere de recouurer son pays. Et pource faire il se partit de grece
auecques grande cõpaignie/et sen vint deuant sitione/et de nuyt furtiuement il en
tra dedans auecques sa cõpaignie/et print le tyrant Nyocodes q ne sen dõnoit pas
garde. Et quãt Oratus fut paysible de son royaulme/il vint a luy. Si. cês hommes
qui auoyêt estez les plus riches du royaulme de sitione q se plaignoyent que pour te
nir sa querelle ilz auoyêt estez mys hors du pays et spillez par bien long temps/ et
que y ce moyen plusieurs aultres auoyent detenuz et occuppez leurs heritaiges/ et
en auoyent estez long temps en possession. Et lors que Oratus les eust ouy/ il leur
promist faire rayson. Et pensa long temps comment il pourroit mettre paix en sa
chose publique de son royaulme qui par ce moyen pouoit estre fort troublee pource
quil veoit bien que ce nestoit pas rayson q ceulx qui auoyent este mys hors du pays
pour tenir sa querelle pdissent leurs heritaiges/et q a ce moyen ilz demourassent en

pourete. Et auſſy au contraire ce neſtoit pas rayſon q̃ ceulx q̃ auoyent iouy ꝛ vſe de
leurs heritaiges par leſpace de cinquante ans en fuſſent priuez/car les vngz les te/
noyent par ſucceſſion/et les aultres les auoyẽt venduz ou achaptez/et les femmes
auoyent leurs douaires aſſignez deſſus. Et pour ces cauſes il penſoit quil ne les ſa/
roit oſter ſans iniure a ceulx qui les tenoyent. Et auſſy ceulx qui auoyent eſte exil
lez pour lup ne ſatoyent eſtre priuez ſans iniure. Et pourtant il conclud neceſſaire/
ment quil failloit ſatiſfaire a tous. Et pource faire il luy failloit auoir grant argẽt
pource diſt il quil vouloit aller en alixandrie/ et que tout demouroit en ſon eſtat iuſ
ques a tant quil fuſt retourne. Adonc il partit de ſitione/et ſen vint legierement a
ſon hoſte Ptholomee qui fut roy dalixandrie apres ce quelle fut conſtituee/ auquel
il compta comment il auoit recouuert ſon royaulme/et que pour ſouſtenir ſa querel
le enuiron de. vi. cens hõmes qui auoyent eſtez des pl⁹ riches de ſon royaulme auoy
ent eſtez exillez et priuez de leurs heritaige s/leſquelz heritaiges auoyent eſte occup
pez par aultres et poſſedez par ſy long temps quil ne les leur puoit oſter ſans iniu
re. Et pourtaut quil vouloit ſatiſfaire a tous il lup pria quil lup preſtaſt vne grant
ſomme dargẽt/ laquelle ſomme Ptholomee qui eſtoit treſpuiſſant roy lup preſta de
ſon cueur. Adonc Dratus Sitionius partit de Ptholomee ꝛ ſen vint a Sitione/et
print auecques lup quinze princes pour oupr les cauſes de ceulx q̃ auoyent occuppe
les heritaiges/ et de ceulx qui les auoyent perduz. Auſquelz princes il fiſt eptimer
les heritaiges/ et leur diſt quilz admonneſtaſſent les vngz de prendre leptimation
de leritage ꝛ laiſſer leritaige a ceulx q̃ en auoyent eſte priuez/ et aux aultres de pren
dre leptimation de leritaige et laiſſer leritaige a ceulx qui les poſſedoyẽt/ꝛ ainſy fut
il fait tellemẽt que vng cheſcun fut content ſans noyſe ne diſcorde. Et parce moyen
Dratus miſt paix en ſa choſe publique. O le grant homme ꝛ digne qui eſtoit Dra
tus Sitioni⁹ que pleuſt aux dieux quil fut natif en noſtre choſe publique. Ceſt dõc/
ques bien iuſtement fait que faire pareillement auecques les citoyens/ et non pas
mettre la harche ou marche pour vendre ꝛ ſubhaſter les biens des citoyens/ comme
nous auons veu quil a eſte fait par deux foiz/ceſtaſſauoir p Lutius Scilla/et par
Iulius Ceſar. Et pource Dratus Sitionius comme vng ſaige homme et prudent
monſtra a tous comment ilz deuoyent faire/car ceſt la ſouueraine rayſon et ſapien
ce dung bon homme que ne oſter point les proffitz des citoyens/ mais les entretenir
tous en vne equite. Eſſe doncques rayſon quant ie auray achapte vng heritaige/
ou que ie lauray ediffie ou deffendu/ou que ie p auray deſpendu ma cheuãce que tu
habites pour neant en icelluy qui neſt pas a toy/et que tu en vſes malgre moy a qui
il appartiẽt/queſſe aultre choſe faire ſy non oſter aux vngz ce qui eſt leur pour don/
ner aux aultres q̃ np ont aulcun droit/ il eſt tout cler q̃ np a point de rayſon. Mais
que peut on arguer contre la loy des neuf tables/ſy nõ que tu achaptes vng heritai
ge de ma pecune et que tu detiennes leritaige ſans me bailler ma pecune qui eſt pa
reil. Et pourtant on doit bien puruoir par pluſieurs rayſons que les deſtes des ci/
toyens ne nupſent põt a ſa choſe publique. Ceſt a dire que combien que ceulx q̃ ont
preſte leur argẽt ſoyent riches/et ceulx qui ſont emprunte ſoyent poures/touteſſoys
ſy ne le deuoyent pas perdre ceulx qui ſont preſte.

Nec enim Blla res Behementius rempu. continet q̃ fides que esse nulla potest: nisi erit necessaria solutio rerum creditarum. Car il nya chose qui entretienne sy grandement les citoyẽs que foy/laquelle ne peut auoir force sy non quil soit necessi‑ te aux debteurs de poyer ce quilz ont emprunte. Or oncques ne fut plus grandemẽt essaye a faire cesser de poyer les debtes que quant ie fuz cõsul/ car toutes manieres de gens et de toute ordre essayerent bien a faire tant que les debtes ne fussent point poyees en la Bille de romme et aux enuirons. A laq̃lle chose ie resistay de tout mõ pouoir/affin que sy grant mal ne aduenist point en nostre chose publique. Et cõbien quil y ayt eu aulcunessoys de plus grans debtes et de meilleurs / touteffoys elles nont pas este destruictes sy legierement comme elles sont maintenant. Car quant lesperance de frauder a este ostee/ il a este necessite de poyer ce qui estoit deu. Mais nostre empereur Julius Cesar qui a maintenant tout Baincu/et estoit Baincu luy mesme quant iestoye consul a acheue ce quil auoit pence/car il a fait perdre ses deb‑ tes aux creanciers/combien quil ny eust point dinterest. Mais il print sy grant de‑ lit a pecher quil y mist toute sa delectation/ cõbien quil nauoit point de cause de fai‑ re mal. Et pourtant ceulx qui gouuernerõt les choses publiques se doyuent garder de celle maniere de largition de oster aux Bngz pour dõner aux aultres. Et premie‑ rement ilz mettront toute leur eunre et leur estude que Bng chescun ayt ce que il luy appartient par droit et par equite de droit/et q̃ les poures ne soyent point deceuz par leur humilite. Et semblablement que enuye ne nuyse point aux riches en deffandãt ou recouurant ce qui est a culx/puis apres ilz augmenteront la chose publique soit en batailles/ou en leurs maysons de toutes choses quilz pourrõt/ou en empire/ ou en terres/ou en tributz/car cest le fait des grans gens/ et a este souuẽt fait par noz anciens. Et ceulx qui seront en lauctorite de la chose publique/ et ensuyueront ces offices et Bertuz acqueront grant grace et grant gloire.

C De la maniere de garder sante et pecune.

Antipater Tyrius qui estoit de la secte des stoiques et est na gue res mort a atheynes/ nous recite Panetius en tractant des offi‑ ces et Bertuz qui Biennẽt de Btilite a laisse deux commandemẽs des Bertuz qui en Biennent. Cestassauoir la garde de sante et la garde de pecune/et pence que le grãt philosophe Panetius a pas‑ se ces deux commandemẽs pource quilz sont bien faciles a enten‑ dre et non pourtant ilz sont bien Btiles. Et pour en monstrer aulcune chose il est bi‑ en cler que la sante de lomme est substantee a gardee par la congnoissance de sa am plexion et de son corps en prenant les choses qui luy sont proffitables/et en se gar‑ dant de prendre celles qui luy sont nuysibles/ et en soy entretenant tousiours hon‑ nestement en sa Bie/ et en son labourage/ et en laissant les Boluptez pour cause de garder son corps. Et finablemẽt la sante est substãtee par lart des medecins pource que cest leur sciẽce q̃ garder sa sante des hõmes. Mais la pecune et la chose familie re doit estre acquise p choses hõnestes et nõ pas p les deshonnestes/ et doit estre gar dee par diligẽce/ et espergnee et augmẽtee aussy p icelles. Et se tu Beulx Beoir plus

Mon filz Marcus/ Scipio q̃ fut le premier appelle Laffricã/ pource q̃l subiuga affrique estoit acoustume de dire ainsy q̃ no⁹ escript a Chaton q̃ estoit prez q̃ pareil a luy en aage q̃ il ne se trouuoit iamais moins oyseux q̃ quant il estoit seul. Cest vne parolle moult magnifique qui est digne dung grant a sage hõme/ laquelle parolle declare que quant il estoit en oysiuete il pensoit des negoces de la chose publique. Et quant il estoit seul il en parloit en luy mesme et tellement quil ne cessoit iamais de pencer au proffit dicelle. Et nauoit point aulcunessoys besoing de la parolle daultrup/ car il estoit sy sage quil sauoit bien comment les choses se deuoyent faire. Et pourtãt deux choses qui sont causes de bailler langueur aux aultres luy esguysoyent lentendement. Cestassauoir opsiuete a sollicitude/ ie bouldroye bien q̃l nous fut bien licite de pouoir ainsy dire veritablemẽt. Mais combien que par imitation nous ne puissons pas ensupure dengin comme auoit Laffrican/ touteffoys nous en approuchons fort par volente/ car quant nous auons este deboutez par armes iniques et par violences des negoces de la chose publique/ a dehors no⁹ auons ensuy opsiuete. Et pour celle cause nous auõs laisse la ville/ et sommes venuz aux champs ou nous suismes bien souuẽt tous seulx. Mais nostre oysiuete nest point a comparoit a loysiuete de Laffrican/ et nostre sollicitude nest poit a cõparoir auecques la sienne/ car quant il se repousoit des tresbelles negoces de la chose publique/ il prenoit oysiuete en luy et se separoit aulcunessoys de la cõpaignie et de la frequentation des hõmes/ comme quãt vng nauire a beaucop este demenee sur leau a quelle ariue a port/ elle est a repos. Semblablemẽt estoit il de loysiuete de Laffricã. Mais nostre oysiuete nest point cõstituee pour prendre plaisir a nous reposer/ ayns elle est cõstituee par faultes de negoces. Et pource que nous nauõs que faire/ car puis que le senat a este destruit et que les iugemens ont este abatuz/ nous ne sarions quelle chose eslire qui nous fust digne a faire fut en court ou en iugemẽt. Et pourtãt nous qui iadis en grande diligence auons vescu a entendre au gouuernement des citoyens. Maintenãt en fuyant le regard du maultiais tyrant Julius Cesar q̃ a vsurpe a luy toutes dignitez nous nous cachons tant quil nous est licite/ et suysmes bien souuent tous seulx. Mais pource que nous auons oup dire a plusieurs saiges gens que on ne doit pas seulement eslire le moindre de deux maulx/ mais on doit enscrcher en eulx sil ya point de bien. Et pource nous nous suysmes mys en oysiuete. Et ne vsons pas de telle oysiuete/ de laquelle vsoit Scipio qui bailla oysiuete en nostre cite de romme en tant quil subiuga les carthagiens/ contre lesquelz nous auõs tousiours guerroye. Mais ie ne saroye souffrir q̃ celle sollicitude que necessi

te me baille/ꝗ non pas ma voulente languist en moy/car ie me applique tousiours
a faire quesque chose. Et combien ꝗ loysiuete de Laffrican ꝗ sa sollicitude soit plus
a louer que la nostre/ touteffoys il ne appliqua point son entendement a faire ne a
escripre aulcuns enseignemens/car en son oysiuete il ne fist riens/et en sa sollicitude il ne donna aulcun don de euure quil fist. Parquoy on doit entendre que iamais
il nestoit oyseux ou seul en la cogitation de sa pencee/ ou en linquisition des choses
quil comprenoit en pensant. Mais nous qui nauõs pas tant de force que par vne
pēcee taysible nous no⁹ puissons oster des cures ꝗ sollicitudes cõme faisoit Laffri-
can/nous auõs mys toute nostre cure ꝗ nr̃e estude a ceste euure de escripre. Et pour
tant en plusieurs ans que la chose publique estoit encore en son estat/ nous auons
escript plusieurs choses que ont este reuersees en peu de temps. Mais combiē que
toute philosophie mon filz Cicero soit fructueuse/et qui porte grant fruit/et quil ny
ayt aulcune partie dicelle qui soit deserte/ ou sans auoir fruit. Touteffoys il nya
lieu en icelle qui soit sy habondant ne sy fructucux ꝗ celluy des offices et vertuz/du
quel viennent les enseignemens de viure honnestement et par constance. Et pourtant combien que iay bien grant fiance que tu apprens continuellement iceulx enseignemens de ton maistre Cratipus qui est repute le prince des philosophes/ dont
il est a present memoire. Touteffoys il me semble quil est bien vtile que les oreilles
soyent enuironnees de toutes pars de la voix diceulx enseignemēs/ꝗ que sil se peut
faire tu ne oupes aultre chose/car cest ce qui appartient a ceulx qui ont voulente de
viure honnestement. Et touteffoys ie croy quil nest gueres personne a qui il appartienne plustost que a toy/car tu nas pas peu dentente de ensupure la science ꝗ nous
auons. Semblablement tu nas pas peu dentente de ensupure noz honneurs et nostre nom/car au temps aduenir tu pourras estre consulte comme nous suysmes. Et
aussy tu as prins vne grant charge de estre allez a atheines estudier soubz Crati-
pus/ car pource que tu y es alle comme a la marchandise des bonnes sciences/ ce te
seroit bien laide chose et bien deshonneste que tu retournasse vuide sans auoir de la
science/car tu seroyes deshonneur a lauctorite de la ville de atheines/et pareillemēt
a celle de ton maistre Cratipus. Et pource tant que tu te pourras efforcer par courage et aussy par labour/combien que lestude de apprendre soit labour plustost que
volupte/fay tant que tu ne viennes point vuide/ mais que tu apportes de la science le plus que tu pourras/affin que quant nous aurons suppedite toutes choses/ et
que nous serõs venuz a bout de nostre voulente/il ne semble point que tu ayes fait
faulte en tant que tu naroyes pas bien estudie. Mais il nous suffit pour le present
de te auoir inuite a estudier/ car nous tauons aultreffoys escript plusieurs choses
pour cause de ty induire. Maintenãt il nous fault retourner a laultre partie de nostre orayson que nous auõs proposee au premier liure qui est de la comparaysõ de
honnestete et vtilite.

Anetius doncques q̃ disputa des offices
et vertuz tressagement sans monstrer la
comparation a controuersie dicelles/ leq̃l
nous auons ensupui principallement es
deux liures precedens en adioustant aulcu peu de correctio a ses ditz/ dist que les
hommes estoyêt acoustumez de deliberer
et consulter des offices et vertuz en troys
manieres/ lesq̃lles il proposa en son liure
des offices. La premiere maniere sy est/
quãt on doubte se la chose quon veult fai
re est hõneste ou deshonneste. La seconde/
quãt on doubte se elle est vtile ou inutile.
La tierce/ quant vne chose a la semblance
destre hõneste dune part a vtile de laultre/ cõme il les fault aduiser. Or en ces troys
premiers liures il determina des deux premieres manieres/ et dit en apres q̃l determineroit de la tierce. Mais il na pas fait ce quil auoit promis de quoy ie me esmerueille beaucop pource q̃ son disciple Possidoine a escript q̃ icelluy Panetius vesquit
trente ans apres quil eust parfait ses troys liures. Et toutesfoys Possidoine a tracte briefuemêt de celle derniere maniere q̃ son maistre Panetius auoit laissee dont
ie me esmerueille mesmement pource quil a escript quil nya matiere en toute philosophie sy necessaire. Mais ie ne me consens point a ceulx qui dient que Panetius
na pas oublie ce derrenier membre/ aincoys quil la laisse de propos delibere et quil
nestoit ia besoing quil en determinast aulcune chose/ car vtilite ne pourroit iamais
batailler contre honnestete. Et pourtant les vngz pourropent doubter sy ce membre
qui est le tiers en la diuision de Panetius/ laquelle est de troys pties y doit estre ad-
iouste/ ou sil doit estre laisse. Les aultres pourropêt dire que on ne peut doubter que
Panetius ne se soit biê aduise dicelluy membre/mais quil la laisse. Et pource il me
semble quil ne la point laisse de propos delibere. Car quant aulcun a fait vne diuision qui est partie en troys membres et il a determine de deux/ il luy est necessite quil
determine du tiers. Puys doncques que Panetius a determine des deux premiers
membres en troys liures/ et quil a promis ou tiers liure de determiner du derrenier
membre/pour ceste cause on ne peut doubter que ceste derreniere partie ny doye estre
adioustee. Mais cõme nous recite Possidoine en vne eppstolle quil a faicte a Publius Rutullius Ruffus qui auoit este disciple de Panetius/ estoit acoustume de
dire que on ne saroit trouuer paintre qui voulsist acheuer vne pmage/laq̃lle est commancee ou temple de Venus/car la grant beaute de la bouche dicelle pmage oste lef
perance de parfaire le corps aux paintres qui la veulent parfaire. Semblablemêt
il nest homme qui ose acheuer la troisiesme partie que Panetius a delaissee pour la
grant excellence des deux parties quil a parfaictes. Et pour ceste cause on ne peut
pas doubter de lentention de Panetius quil napt bien pêce quil deuoit determiner
de ceste tierce partie/ ou aultremêt on en peut p aduêture disputer/ car se Panetius

auoit celle opinion que seulement ce qui est hõneste est bien qui est lopinion de ceulx
qui sont de la secte des stoiques/ ou sil auoit celle opinion que ce qui est honneste est
le souuerain bien intrinseque/ qui est lopinion de ceulx qui sont de la secte des peri/
pathetiques. Et au regard des biês de fortune qui sont extrinseques/ les peripathe
tiques les reputent estre a la semblance du plus petit mouuement qui soit. Et donc
ques se Panetius auoit bien lune de ces deux opinions/ il ne deuoit point doubter
sil determineroit de ceste derreniere partie ou non/ car selon icelles opinions Vtilite
ne peut estre comparee auecques honnestete. Et pourtant nous auons ouy dire que
Socrates estoit acoustume de mauldire ceulx qui auoyent mys difference par opi/
nion entre Vtilite et honneste/ lesquelles souloyent estre conioinctes par nature/ au
quel les stoiques se sont sy accordez quilz dient que toute chose qui est honneste est
Vtile.

¶ Nec quicquam Vtile quod non honnestum. ¶ Et nest chose Vtile qui ne soit hon
neste. Mais se Panetius qui dit que on doit aymer Vertu pource que par elle vient
Vtilite/ comme ceulx qui sont de la secte des eppicures q̃ dient que on doit desirer les
choses pour Volupte ou par indigence. Adonc il luy seroit licite de dire q̃ Vtilite pour
roit bien estre comparee auecques honnestete/ mais quil estoit de lopinion et de la
secte des stoiques qui iugent estre bien seulement ce qui est honneste. Pourtant il ne
semble pas quil deust auoir introduit celle deliberation de comparoir Vtilite auec/
ques honnestete. Car quãt aulcun prent vne chose q̃ luy semble Vtile a ne sest pas/
sa vie nen est point meilleure/ et quant il la laisse elle nest point pire. Et quant les
stoiques disent que le souuerain bien est Viure conuenablement selon nature/ il me
semble quil entendent que on doit tousiours accorder sa vie auecques Vertuz/ et esli
les aultres choses qui sont selon nature tellement q̃ elles ne repugnent point a Ver/
tuz. Et pourtant quant on se feroit ainsy aulcuns cuidẽt que la comparation de Vti
lite et hõnestete ne seroit pas bien introduite/ et que du tout il nen fauldroit rien de
terminer. Or celle honnestete qui est proprement et vrayement dicte honnestete est
semblablemẽt es saiges gẽs/ et ne peut iamais estre separee de Vertuz. Mais hon
nestete nest point parfaicte en ceulx esquelz nest pas parfaicte sapiẽce. Et nõ pour/
tant quilz nayent pas parfaicte sapience/ ilz peuent bien auoir des similitudes de
sapiẽce en ayant les Vertuz dont nous parlons en ce liure/ qui sont appellees p les
stoiques les moyennes offices pource quelles sont communes et clerement apparẽ
tes/ et plusieurs les ensupuent par bonte dengin ou p force de apprendre. Mais les
offices et Vertuz que les stoiques appellent droictes Vertuz elles sont parfaictes et
absolues/ et ont en elles toute perfection/ car elles ne peuẽt cheoir en aulcun/ sy non
quil soit saige. Mais quant aulcun fait vne chose en laquelle les moiennes offices
dont nous tractons sont apparentes/ il semble a plusieurs que celle chose soit par/
faicte pourtant que plusieurs/ cestassauoir, le peuple nentent pas bien souuent cõ
bien elle differe de perfection/ et en ce quil entẽt il luy semble quil ny deffault riẽs
cõme nous voyons bien souuẽt es poetries/ et es paintures/ et en plusieurs aultres
choses/ esquelles ceulx qui ne sont pas bien instruiz se delectent et louent les choses
qui ne sont pas a louer. Et pour ceste cause ie croy q̃lz ont en eulx vng peu de bonte

qui decoit les ignorans/ lesquelz ne peuent pas iuger quel vice il ya en vne chescu
ne chose. Et quant ilz en sont enseignez par ceulx qui sont expres/ ilz delaissent bi
en legierement leur opinion. Et pource aulcuns dient que les vertuz dont nous par
lons en ce present liure qui sont communes sont honnestes/ et ne sont pas propres
de plus saiges gens/ mais elles sont communes a toutes manieres de gẽs. Et par
icelles sont esmeuz a bien faire tous ceulx qui ont aulcune semblance des vertuz.
Mais quant nous disons que Decius loncle/ et Decius son nepueu ont este bien
fors/ et que nous demandons vne exemple de leur force comme de fortes gens/ ou
que nous disons que Fabritius et Aristodes estoient bien iustes/ et que no⁹ deman
dons vng exemple de leur iustice comme de saiges/ certainemẽt il ny auoit aulcun
diceulx qui fut fort ne saige/ ainsy comme nous voulons prendre force et sapience.
Et pareillement ceulx que nous disons ꝗ appellons estre saiges/ comme Marcus
Catho/ꝗ Gapus Lelius nestoient pas saiges. Ne semblablement les septz sages
qui ont este a atheines/ cestassauoir Solon/ Chilon/ Periãdus/ Cleopotus/ Biãs/
Pytacus/ꝗ Tulles nestoient pas saiges/ ainsy que nous voulons prendre sapien
ce. Mais par la frequentation quilz tenoient des moyennes offices dont nous tra
ctons/ ilz portoient aulcune similitude et aulcune espece destre saiges. Et pourtant
il nest pas licite de comparoir ce que est veritablement hõneste auecques lespece de
vtilite. Et semblablement on ne doit iamais cõparoir auecques les proffitz ꝗ cmo
lumens ce que nous appellons communement honnestete qui est en ceulx qui veu
lent estre bons/ aincoys celle honnestete qui chiet en nostre entendement/ꝗ est appel
lee la commune honnestete doit estre autant deffendue ꝗ gardee comme celle qui est
proprement dicte honnestete/ laquelle est aux saiges/ car aultrement se vng homme
ne gardoit celle honnestete/ il ne saroit exercer les euures des vertuz. Or ce que iay
dit dessus sentent de ceulx qui semblent estre bons/ pource quilz gardent les bonnes
euures. Mais ceulx qui cuident que tous biens soit en proffitz et en emolumẽs et
ne poysent point le bien par honnestete/ telz gens ont acoustume en deliberãt de com
paroir vtilite auecques honnestete/ et non pas les bonnes gens. Et pourtant quãt
Panetius dit que les hommes estoient acoustumez de doubter se ilz mettroyẽt vti
lite deuant honnestete en la comparayson des choses vtiles et honnestes. Je cuide
quil entendoit dire quilz estoient acoustumez de ainsy le faire/ et non pas ꝗl le fail
loit ainsy faire. Car ce nest pas seulement laide chose de cuider que vtilite soit plus
grande que honnestete/ aincoys cest laide chose de en doubter et de les comparoir en
semble. Mais quelle chose esse dont il ne puisse aulcunesfoys venir doubte et dont
il ne faille considerer quelle chose/ cest quant la doubte aduient. Je croy quil nen ya
gueres/ car bien souuent on treuue que vne chose qui est triste ꝗ laide a faire en vng
temps nest pas laide a faire en vng aultre temps. Et pour lentẽdre plus facilemẽt
nous le monstrerõs par exemple quel peche peut estre plus grant que non pas seu
lement tuer vng homme/ mais tuer vng homme familier il nest point de plusgrant
pechie. Et pourtant se aulcun tuoyt vng homme familier il fait grãt peche. Mais
se vng homme familier deuiẽt tyrant et aulcun le tue ne fait il pas peche/ le peuple
rommain dit que non/ cõbien que le tyrant soit familier. Car il est aduis au peuple

ħ iii

de romme que cest le plus beau fait que vng homme puisse faire que tuer vng tyrãt
familier. Et touteffoys sil nestoit tyrant se seroit vng des grãs pechez que vng hõ/
me sceut faire. Il sensuit doncques que vtilite surmonte honnestete/ mais pluftoft
honnestete ensuit vtilite. Et pourtãt affin q̃ nous puissons iuger sans erreur quãt
ce que nous entendõs estre honneste bataille auecq̃s ce qui semble estre vtile. Nous
en baillerons vne reigle par laquelle nous ne departitõs iamais des offices et ver
tuz quant nous sensuyuerons en la comparayson des choses hõnestes et vtiles. Et
celle reigle sera principallement consonant a la rayson et discipline des stoiques/la
quelle discipline nous ensuyuons en ce present liure/ pource que cõbien que ceste ma
tiere soit bien disputee par noz anciens achademiques et peripathetiques que anci/
ennement souloyent estre dune opinion/ lesquelz achademiques mettent les choses
honnestes deuant celles qui sont vtiles. Touteffoys elle est encore mieulx disputee
par les stoiques qui sont de opinion que toute chose honneste est vtile/ et nest chose
vtile sy non qnelle soit honneste. Et aussy elle est plus saigemẽt disputee par iceulx
stoiques que par les peripathetiques qui sont dopinion que toutes choses dopuent
estre honnestes et non pas vtiles. Et semblablemẽt elle est mieulx disputee par les
stoiques que par les eppicures qui dient que toutes choses dopuẽt estre vtiles et non
pas hõnestee. Mais ce nonobstant lopinion de noz achademiq̃s nous donne grãt
licence de parler de ceste matiere/ et nous semble estre bien prouuable/ et il nous est
licite p noftre droit de deffendre toutes choses qui sont principallement prouuables
Mais il nous fault retourner a la reigle que nous deuons bailler.

¶ De la comparayson des choses vtiles et honnestes en la vertu de iustice.

A reigle que nous voulons donner pour sauoir la comparayson
des choses vtiles et hõnestes en la vertu de iustice sy est telle/que
vng homme fait plus contre nature de oster et rauir a aultruy et
accroistre son proffit par le dommaige de aultruy quil ne fait de
souffrir la mort/pourete/douleur/ou toutes aultres choses q̃ peu
uent aduenir au corps/ou aux biens extrinseques. Car cellup q̃
oste a aultruy ou accroist son pffit par le dõmaige daultruy/ il oste principallemẽt
la cõiunction et la societe humaine. Car se nous supfmes sy mauluais que vng chef
cun de nous despoille ou viole vng aultre pour son pffit/il est force que la societe de
humain lignage qui est principallemẽt selon nature soit rompue ainsy comme vng
chefcun des mẽbres du corps de somme auoit/ cest entendement quil cuidast mieulx
valoir sil tiroit a luy la sante des aultres membres/ il seroit force q̃ tout le corps fut
debilite a quil mourust. Semblablement se vng chefcun de nous tire a luy le proffit
des aultres et quil oste a aultruy tout ce quil pourra pour faire son pffit/ il est force
que la communite et la compaignie des hommes soit destruicte/ car il est a croire a
vng chefcun sans ce que nature y contredie q̃l acquiere pluftoft pour luy ce q̃ appar/
tient a lusage de sa vie que pour vng aultre. Mais nature ne seuffre point q̃ nous
augmentons noz facultez/ noz copies/ et noz richesses/ par les despouilles des aul/
tres. Mais encore il nest pas seulement cõstitue par nature/ cest a dire par le droit
des gens q̃ on ne nuyse point a aultruy pour cause de son proffit/ aincops il est aussy

côstitue par les loys des peuples/par lesquelles la chose publique est entretenue en
toutes citez/ car cest ce que les loys dient/ et veulent que la coniunction des citoyês
soit seure et sanne entre eulx/et par les loys sont pugniz ceulx qui destruisent icelle
coniunction/les vngz par mort/les aultres par epil/les aultres par prisons/ et les
aultres par dômaige de leurs biens. Et encore fait plus icelle rayson de nature qui
est la loy diuine et humaine/a laquelle tous ceulx q̃ veulent viure selon rayson doy
uent obeir. Car elle ne seuffre iamais que vng hôme desire ce qui nest pas a luy ne
que il applique a soy ce quil a oste a vng aultre/ car la haultesse et grandeur du cou
rage de lomme vertueux ne se pourroit souffrir. Semblablemêt humanite/iustice/
et liberalite sont beaucop pl⁹ selon nature que volupte/ q̃ la vie/ ne q̃ les richesses/
lesquelles vng homme de grant courage doit despriser et ne tenit compte quât il les
comparera auecques lutilite commune. Et pourtant comme iay dit vng hôme fait
plus côtre nature de prendre des labours et des peines pour aider aux aultres en en
suyuât Hercules qui pour les labours quil a prins pour les hommes a este colloque
par la cômune renômee des hômes en la compaignie et au conseil des dieux que ce
nest de viure en solitude/ non pas seulement sans labour/ mais viure en volupte/
et habonder en richesses/ en beaute/ꝗ en force. Et pourtât vng chescũ q̃ a bon entende
mêt ꝗ resplendissât met la vie de bie faire a to⁹ beaucop deuât celle des voluptez.

⸿ Argumentum ducens hominem ad inconueniens/ ⸿ Et parce que dit est nous
voyons que vng hôme qui obeist a nature ne saroit nuyre a vng aultre. Mais cel
luy qui viole vng aultre pour cause de faire son proffit/ ou il ne cuide faire rien con
tre nature/ou il cuide q̃l doit plustost fuir la mort/pourete/ douleur/ la perdition de
ses enfans/de ses prouchains/ꝗ de ses amys q̃ faire iniure a aultruy sil pêce ne fai
re rien côtre nature en violant vng aultre/ il ne fault pôit arguer contre luy puis q̃
pour son pfit il veult deffaire les hômes. Et sil pence q̃ on ne doit point faire iniu
re a aultruy. Mais se il cuide que ce soit plus mauluaise chose de souffrir la mort/
pourete/ou douleur que de faire iniure a aultruy/ il erre en ce quil cuide que les vi
ces du corps ou de fortune soyent plus graues et plus mauluaises que ceulx du cou
rage. Et pourtant nous deuons auoir vng mesme couraige et ppos. Cest assauoir
que la vtilite de nous tous soit cômune entre nous vniuersellemêt. Et si aulcun la
prent ou rauist a luy/ il destruit toute la compaignie humaine. Semblablmêt il est
ainsy que nature nous admonneste q̃ tout hôme quel quil soit/pource quil est hôme
doit conseillier aux hommes/ il est necessite selon icelle nature/que lutilite des hom
mes soit cômune entre eulx. Or est il ainsi que nous suismes tous contenuz soubz
vne mesme loy de nature. Il est doncques tout euident/ quil nous est deffendu par
icelle loy de nature/que ne violons aultruy pour nostre proffit. Mais il en ya dau
cuns qui confessent bien que pour cause de leur proffit ilz ne doiuêt rien oster a leur
parens/ne a leurs freres. Mais au regard des aultres citoyens/ilz dient q̃ cest vne
aultre raison côme sil vouloyent dire q̃lz leur peussent bien oster pour cause de leur
proffit. Et se tu me demâdes se leur oppinion est bône/ie te respons q̃ nô/ car selon
leur opinion/ilz ne cuident point auoir de droit ne de côpaignie auecq̃s les citoyês
pour cause de lutilite commune la quelle opinion est faulse. Et pourtât telles gens

deſtruyſent toute ſa compaignie de ſa cite. Mais il eη ya daultres qui ſont dopiniõ que pour leur vtilite ilz ne dopuent riens oſter aux citoyens. Mais au regard des eſtranges ilz le nyent/pource doncques leur opinion eſt elle bonne/ nenny. Car par leur opinion ilz deſtruiſent toute la ſociete de humain lignage. Et pourtãt quilz la deſtruiſent/il eſt force que begnificence/liberalite/bonte/et iuſtice/ſont du tout de ſtruictes/et pource ceulx qui les oſtent dopuent eſtre reputez iniques et abhominables enuers les dieux immortelz/car par eulx eſt ſubuertie la cõpaignie qui eſt conſtituee entre tous les hommes/ de laquelle compaignie le plus eſtroit biẽ ſy eſt que oη doit pencer que oſter a aultruy pour ſon proffit eſt plus contre nature que auoir tous les dõmaiges qui peuent aduenir au corps/et aux biens de dehors/ou a ceulx du courage/eſqlz il nya point de iuſtice. Car ſa vertu de iuſtice eſt ſa dame et ſa royne de toutes les aultres vertuz. Mais aulcun me pourroit enquerir de ceſte queſtiõ/vng ſaige homme qui meurt de fain voit vng aultre homme inutile a toute choſe faire qui porte ſa viãde ſa luy peut il oſter. Il ſemble que neη/car ſa vie de ce ſaige homme ne luy doit pas eſtre plus vtile que ſaffection dauoir tel courage quil ne viole point aultruy pour ſon proffit. Oη pourroit ſemblablement demander vne telle queſtion/vng ſaige hõme eſt tout nuz et meurt de froit/il voit le cruel tyrãt Phalaire qui eſt bien veſtu/ne le peut il pas bien deſpoiller pour ſoy reueſtir/ affiη quil ne meure de froit. Ces queſtiõs ſont biẽ faciles a determiner/ car ſe tu oſtes a vng homme quelque choſe que ce ſoit pour ton proffit/ tu faiz inhumainement et contre la loy de nature. Mais ſy tu es tel que tu puiſſes faire beaucop de proffit et de vtilite a ſa choſe publique/ꝗ a ſa compaignie des hõmes ſe tu demeures eη vie/ꝗ pour ceſte cauſe tu oſtes ſa viande a vng homme inutile/ou tu deſpoilles ſe tyrant Phalaire/ tu ne doiz point eſtre repris. Et ſe tu nes pas de ceſte maniere que tu puiſſes beaucop ꝓffiter a ſa choſe publique/ tu doiz pluſtoſt ſouffrir dõmaige eη ton corps ou eη tes biens que oſter a aultruy ſoη proffit. Et pourtant maladie/pourete/ꝗ toutes ſemblables choſes ne ſont point tant contre nature/cõme oſter ou deſirer ce qui eſt a aultruy. Mais ie te demande ſe tu vois que tu puiſſes faire ſe proffit et vtilite de ſa choſe publique/ou de ſa ſociete et compaignie des hommes/et que tu ſe laiſſes ſans ſe faire ne faiz tu pas contre nature/certainement ſy faiz/ car tu faiz iniuſtement. Et pourtant ſa loy de nature qui garde et entretient lutilite des hommes ſeuffre bien que vng ſaige hõme boη et fort qui ſe meurt de faiη puiſſe oſter a vng homme inutile les choſes qui luy ſont neceſſaires a viure/ ou quil puiſſe deſpoiller vng tyrant pour ſoy reueſtir. Et ſe tu demãdes ſil ſe peut bien tuer ie te dis que nenny/ car il feroit contre ſa commune vtilite et ſociete. Et quant il oſtera quelque choſe a aultruy/ il ne ſa doit point oſter pour eptimation ꝗl ait de luy meſmes/ne pour ce quil ayme ſa vie/ car ſil ſe faiſoit ainſy il feroit iniure. Et ainſy quant il conſeillera touſiours a lutilite des hommes et a ſa ſociete et cõpaignie dont iay pluſieurs foiz parle/il vſera doffice et vertu/car eη tant ꝗ iay parle du tyrant Phalaire/il eſt bien ar ſe a iuger/car noꝰ nauõs point de cõpaignie auecꝗs les tyrans. Mais pluſtoſt ceſt vne grãt ſeparatioη de culx et de noꝰ/ꝗ neſt ꝓit fait cõtre nature de deſpoiller celluy ꝗ eſt hõneſte de tuer/car toute celle inique et mauluaiſe maniere de tyrãs

doit estre ostee de la commune humanite des hõmes/comme les membres qui nont
point desperit ne de sang dopuent estre ostez de auecques les aultres mêbres/pource
quilz nupsent aup aultres parties du corps/en ceste maniere les hõmes crueulp et
aussy les bestes cruelles dopuent estre ostez de la cõmunite des aultres corps. Il ya
plusieurs aultres questions de ceste maniere doffice/mais pour le present nous nen
parlerons plus. Et pourtant ie croy bien que Panetius eust determine de ceste com
parapson de Vtilite et honnestete / sy non que aulcune aduenture ou ;aulcune occu-
pation luy a destourbe son conseil. Et non pourtant nous auons beaucop ple de ces
consultatiõs es liures precedens/ par lesquelz on peut regarder que cest que on doit
fuir pour deshonneur/et que cest quon ne doit pas fuir/pource quil ny a point de des-
honneur/ou quelle chose cest qui nest pas du tout deshonneste. Mais pource que bi-
en peu sen fault que nous ne nous ennupons desia de ceste euure que nous auons
commancee et bien prez que acheuee/ ainsy comme les geometriês ont de coustume
de ne dire pas tout ce quilz ont en leur entendement/sy non que premieremêt ilz demandent a ceulp auecques lesquelz ilz conferent quilz leurs concedent quelque cho
se/affin quilz determinent plus legierement de ce q̃lz veulent determiner. Sembla
blement ie te demande mon filz Cicero que tu me concedes sil test possible quon ne
doit desirer aucune chose pour elle mesme/ sy non la chose qui est honneste. Et sil ne
test pas licite de le mottroper/ pource que ce nest pas lopinion de ton maistre Crati
pus/au moins tu me ottroperas que ce qui est honneste doit estre desire principallement pour lup mesme/car lung des deup me suffit. Et combien que la seconde chose que ie te demande soit prouuable/ touteffoys la premiere est encore plus prouua-
ble. Et pour chose q̃ tu me confesses elles nen seront point plus prouuables. Mais
premierement Panetius doit estre deffendu en ce quil na pas dit q̃ les choses Vtiles
peuent aulcuneffoys estre cõparees auecques les honnestes/car il ne lup estoit pas
licite de le dire. Et touteffoys il a dit que les choses Vtiles peuent bien estre comparees entre elles/et la rayson sy est/car selon lopinion des stoiques de laq̃lle secte Pa
netius estoit/il nest rien Vtile qui ne soit honneste/et nest rien honneste q̃ ne soit Vti
le/ comme icellup Panetius a plusieurs foys monstre/ et a dit quil ne Vist oncques
plusgrant pestilence a la Vie des hommes que lopinion de ceulp qui ont separe Vtilite et honnestete/lesquelz soulopent estre communes par nature. Et pourtãt Pane
tius a parle de la cõparation qui sembleroit estre/ et nõ pas qui seroit entre les cho
ses Vtiles et honnestes/et nen a pas parle/affin q̃ nous missions aulcuneffoys les
choses Vtiles deuant les honnestes. Mais affin quant il sembleroit quon en peust
faire comparation que nous en peussiõs iuger sans erreur/ pource doncques nous
parferõs sans aulcune aide ceste derreniere partie qui a este delaissee de Panetius/
car il npa rien en ce dõt ie Veulp parler que iap determine apres Panetius. Et pour
tant doncques quant il nous semble que en quelque chose nous Voyons Vne espece
de Vtilite/ lors nous deuons bien regarder sy en icelle chose pa point de turpitude.
Adonc nous ne deuons point priser celle Vtilite.

¶ Vbi turpitudo sit;ibi Vtilitatem esse non posse. ¶ Mais nous deuons entendre
que Vtilite ne peut estre auecques turpitude/car puis quil nest rien q̃ soit tãt contre

nature que turpitude/ pource que nature defire les chofes droictes/ conuenables/ et
conftantes/ et defprife les chofes côtraires. Et auffy puis ql neft riens qui foit tant
felon nature que vtilite/ il eft bien apparent que turpitude ne peut eftre auecqs vti
lite/ et par confequant elle ne peut eftre en vne chofe honnefte. Semblablement fe
nous fuyfmes nez pour honneftete/ et que nous la deuons femblablement differer/
comme difoit zenon le ftoique/ ou q nous la deuons defirer deuant toute auftre cho/
fe/ comme difoit Ariftote qui eftoit peripathetique. Adonc il eft neceffite q ce qui eft
honnefte foit femblablement bien/ ou ql foit le fouuerain bien/ mais ce q eft bien eft
vtile/ et ce q eft honnefte eft vtile. Et pourtant quant lerreur des hômes deffoy aufy
prent vne chofe qui leur femble eftre vtile incontinent elle la feparce de honneftete/
et de ce mal font venues les batailles/ les venis/ et en naiffent les faulx teftamês/
les larrecins/ les pillages/ et les rapines. Et en viennent femblablement les puif
fances des trop grandes richeffes q ne font pas a foufftir. Semblablemêt les fran
ches citez ont aulcuneffoys vne cupidite de regner et dauoit dominatiô fur les auf
tres. Et touteffoys il neft riens plus obfcur ne plus mauluais/ car elles voyêt les
emolumens et proffitz des chofes par iugemens deccpuables/ mais elles ne voyêt
pas la peine/ ie ne dis pas des loys/ laquelle ilz rompent bien fouuent/ mais la pei
ne de turpitude qui eft ttefcruelle. Et pourtât celle maniere de deliberer doit eftre de
laiffee/ car ceft chofe inique et defrayfonnable de deliberer fe on prendra ce q eft hon
nefte/ ou fe a fon effient on fe corrumpra par peche en prenant ce qui eft vtile/ car en
celle deliberation il nya que tout mal/ combien quon ne foit pas venu a leffect dicel
le deliberation.

¶ Ergo ea deliberanda oino non funt in quibus eft turpis ipfa deliberatio. ¶ Et
pource doncques on ne doit pint prendre de deliberation des chofes/ efquelles la deli
beration eft deffhonnefte.

¶ Sy omês deos hominefqz celare poffimus: nihil tamen auare: nihil iniufte: nihil
libidinofe : nihil incontinenter effe faciendum. ¶ Et femblablement on doit ofter
toute fon efperance/ et fon opinion de toute deliberation de faire les chofes celeemêt
et occultemêt. Car fe nous auôs aulcune chofe pfitee en philofophie/ no9 fuyfmes
affez admonneftez de ne faire rien auaricieufemêt/ iniuftemêt/ ne luxurieufcmêt/
combien q nous le puiffons bien faire fans ce que les dieux et les hommes en fceuf
fent riens.   ¶ La fable.
Et a ce propos nous recite Platon vne fable dung paftoureau nomme Giges qui
eftoit paftour du roy de fidie/ lequel gardoit fes moutons par vng iour treffort plu/
uieux/ et pour la grande habondance de la pluye ou auftrement/ la terre fe ouurit de
uant Giges/ et quant il vift la terre ouuerte il defcendit dedans fouuerture et y en
tra bien auant/ et fe print a regarder deuât luy et vift vng grât cheual Darain qui
en fes couftez auoit des portes/ lefqlles fe ouurerêt deuât luy. Et quant Giges les
vift ouuertes il entra dedâs le cheual/ ouql il vift le corps dung hôme mort q eftoit
grât oultre mefure/ et appceuft q en vng dop de fune des mais dicelluy corps il auoit
vng anneau dor/ leql anneau Giges tira et le mift en vng de fes doiz/ et aps ce quil
euft ceft anneau il fe ptit de ceft cheual et fe trouua ou côfeil des paftoureaulx/ ouql

conseil quãt il mettoit la pierre de cest anneau dedãs la paulme de sa main/il estoit
inuisible tellemēt que personne ne le pouoit Veoir.Et toutesfoys il Veoit bien ceulx
qui estoyent ou il estoit/et ce quilz faisoyent/et quant il remettoit lanneau en son
doy il nestoit plus inuisible.Et pourtant quãt il Vist lopportunite de mal faire quil
auoit par cest anneau/il en Vsa tant quil eust charnelle congnoissance auecques sa
dame la royne de lidie/τ en fist a sa playsance telle que par laide dicelle il tua son sei
gneur le roy de lidie/et osta tous ceulx qui le pouoyint nuyre/τ fist tant que finable
ment par lopportunite de cest anneau il fut fait roy de lidie/et en ses maulx quil fai
soit personne ne le pouoit Veoir. Et pourtant se Vng sage hõme auoit cest anneau il
ne deuroit point pēcer quil luy fut plustost licite de faire mal que se il ne sauoit pas
car les sages gens ne quierent pas les choses obscures et mucees/aincoys ilz quierent les choses honnestes. Mais les bons philosophes qui ne sont pas assez aguz
dentendement dient que Platon a recite ceste fable fainte et controuuee/cõme Vou
lant dire et deffendre quelle est Vraye/et quelle a este ou pourroit auoir este ainsy fai
cte en ceste maniere.Et pource cest tout leffect τ la force de lanneau et de ceste exem
ple. Or doncques quant tu Veulx faire aulcune chose pour cause dauoir des riches-
ses/ou puissance/ou domination/ou pour cause de luxure/τ que personne nen peut
rien sauoir/et nen peut aulcun auoir suspition/et aussy que dieu et les hommes
nen puissent iamais auoir congnoissance le doiz tu pourtant faire. Les saiges dient que combien quil soit en ta puissance de le pouoir faire/toutesfoys sy ne le doiz
tu pas faire..Mais il demande aux saiges qui dient quon ne doit pas faire se ilz le
feroyent point se ilz pouoyent/ilz dient que nenny et sont fermes en ceste opinion.
Mais les simples gens rustiques dient quilz le feroyent bien silz pouoyent/pour-
ce quilz nentendēt pas quel mal ou quelle desshõneur il ya. Et pourtant quãt nous
demandons quelle chose on doit faire quant on se peut celer/nous ne demandons
pas se on se peut celer. Mais pour Vaincre ceulx qui dient quilz le feroyent silz p
uoyent . Nous demandons silz le pourroyent faire sans pugnition ou non / affin
que silz respondent quilz le peuuent faire sans pugnition/il fault quilz confessent
quilz soyent plains de mauluaistie. Et silz dient q̃lz ne le peuent faire sans pugni
tion il fault quilz confessent que toutes choses laides et desshonnestes dopuent estre
fuyes delles mesmes. Mais il nous fault maintenãt retourner a nostre ppos/ilz
aduient souuentesfoys plusieurs causes q̃ troublent les courages des hõmes pource quelles semblent estre Vtiles/non pas en deliberãt se on laira hõnestcte pour prēdre Vtilite/car celle deliberation est tresmauluaise.Mais en deliberant se on pourra faire honnestement sans desshonneur ce qui semble estre Vtile.Quant Brutus et
Colatinus furent commis de par noz rommains a subiuguer lorgueilleux Tar-
quinius qui estoit roy de nostre Ville de romme apres ce quil fust delibere au conseil
des princes rommains que toute la lignee et le nom des tarquins seroit destruicte/
et q̃l ny auroit plus de roys en nostre cite de romme.Pourtãt il sembloit q̃ Brutus
et Colatin⁹ ne feissent pas bien iustemēt de Vouloir oster τ subiuguer les tarquins
pour estre empereurs/ et quilz ne le feissent seulement que pour leur Vtilite. Mais
pource que cestoit Vne chose qui estoit tresutile aux rommains que le roy Tarquin

forgueilleux et toute sa lignee fust destruicte pour la grande tyrãnie et mauluaistie
dont ilz estoyent plaine/ pour ceste cause il leur estoit sy hõneste de se subiuguer que
ilz ny auoyent point de desshonneur. Mais il ne fut pas ainsy de Romulus qui son
da nostre ville de romme auecques son frere Remus. Car apres ce quil eust fondee
il fist vng edit que quiconcques enfraindroit aulcunement les murs il seroit pugny
de peine capital. Et pource que Remus estoit roy de rõme comme son frere Romulus et gouuernoyẽt ensemble le royaulme pour ceste cause/ il luy sembla quil pouoit
bien monter par dessus les murs sans pugnitiõ/ et sefforca dy monter pourquoy
son frere Romulus se fist prande et le fist mourir. Car il luy sembloit quil luy estoit
plus vtile destre roy seul que auecques son frere/ et le fist mourir pour auoir ce q̃ luy
sembloit estre vtile et ne lestoit pas/ pourtant oublia il pitie et humanite et pescha
tresgrandement. Et touteffoys noº ne deuons pas laisser noz vtilitez pour les bail
ler aulx aultres quant nous en auons affaire. Mais vng chescun doit entendre a
faire son proffit et vtilite en ce quil pourra sans faire iniure a aultruy/ car cõme dit
Crisippus quãt vng homme prent a courir a quelque aultre pour sauoir lequel cou
ra le mieulx vne lieue soing/ lors il se doit bien efforcer de courir tant quil pourra/
mais il ne doit pas mettre la iambe deuant son compaignon pour le faire cheoir/ et
ne se doit bouter de mains ne aultremẽt. Semblablemẽt ce nest pas mal fait a vng
homme de querir ce qui appartient a lusage de sa vie/ mais cest mal fait de oster le
droit de aultruy. Dres les offices et vertuz sont souuent grandemẽt troublees par
les amitiez/ car on fait contre vertu quant on ne fait pas a son amy ce que on luy
peust bien faire/ z aussy fait on contre vertu quant on fait pour son amy ce que nest
pas raysonnable. Et de toute ceste maniere de vertu nous baillerõs vng petit com
mandement qui ne sera pas difficile qui est tel/ que les choses qui semblent estre vti
les/ comme les honneurs/ les richesses/ les voluptez/ et semblables choses ne doyuent iamais estre mises deuant amitie. Et aussy vng amy pour cause de son amy
ne doit iamais rien faire contre la chose publique/ou contre son serment/ ne contre
la foy. Car cõme iay dit en mon liure de amitie/ la loy de amitie sy est que nous ne
prions point noz amys de faire pour nous choses desshonnestes. Et semblablement
se nous suismes priez deulx de les faire que nous ne les facions/ car nous deuons
demander choses honnestes a noz amys/ et faire pour eulx choses honnestes. Car
quant nous arions pesche pour cause de nostre amy ce ne seroit point pour nous de
excusatiõ de nostre peche. Mais se tu est iuge de ton amy tu doiz aussy iustement
iuger de luy comme tu feroyes dung aultre estrange/ car quant tu prens la personne du iuge tu laisses la personne de lamy. Et pourtãt ton amitie doit de tant seruir
a ton amy quant tu seras son iuge/ et que tu aymes mieulx que sa cause soit vraye
que mauluaise/ et luy doiz donner du temps a plaidoyer sa cause/ et des delaiz tant
quil te sera licite selon les loys. Et quãt tu vouldras dõner ta sentẽce tu doiz auoir
en memoire de appeller dieu en tesmoing de ce que tu diras.
¶ Cum vero iurato dicenda sentẽtia sit:meminerit deũ se adhibere testem ¶ Cest
a dire comme ie croy ta conscience/ car dieu na riens donne aux hommes qui soit
plus diuin que leurs consciences. Et semblablement noº auons ouy raconter a noz

anciens vne tresbelle maniere de prier vng iuste se nous la gardions/cestassauoir
en le priāt de faire chose quil puisse bien faire sa foy saulue.Et celle priere est ce que
iay dit vng peu deuāt que vng iuge peut bien ottroyer a son amy choses honestes/
aultremēt se nous voulions faire tout ce dont noz amys nous pourroyēt bien prier
ce ne seroit pas amitie/aincops ce seroit plustost cōiuration et mauluaistie.Mais
ie parle des communes amitiez/car en saiges gens et parfaiz il nya point de telles
amitiez.Car comme nous auons oup souuent reciter Damon z Pythias qui estoy
ent pytagores eurent sy parfaicte amour entre eulx que quāt Denis le tyrant eust
iugie lung deulx a mourir/celluy qui estoit iugie pria a Denis le tyrāt que il le laif
sast aller en son pays pour disposer de ses biēs/de sa femme/z de ses enfans.Auquel
Denis respondit quil estoit contēt de se laisser aller/mais quil trouuast aulcun qui
le voulsist cautonner corps pour corps.Laultre amy vint q̃ se cautionna/et demou
ra prisonnier ou lieu de celluy qui auoit este condempne/tellement que se celluy qui
auoit este condempne a mourir ne fut retourne/celluy qui lauoit cautiōne eust souf
fert la mort pour luy.Or celluy qui estoit allez au pays demoura grāt piece a venir
tellement que sil eust demoure encore vng iour celluy qui lauoit cautionne eust este
occis.Mais quāt vint le iour auquel il deuoit venir/il ne faillist pas et se vint pre
senter deuant Denis le tyrant et deliurer son amy qui lauoit cautionne.Et quant
Denis le tyrant le vist il fut moult esmerueisse de lamitie quilz auoyent ensemble.
Et les pria quilz le receussent le tiers compaignon en leur amitie/et quil remettoit
la peine a celluy qui auoit este condempne a mourir.Et pourtant quant en amitie
ce qui semble estre vtile est compare a ce qui est honneste/lespece de vtilite doit estre
regettee en honnestete/et doit valoir et estre mise deuant.Mais quāt en amitie on
demande choses qui ne sont pas honnestes/ceulx a qui on les demande doyuēt tous
iours mettre leur serment z la foy deuant amitie.Et par ce moyen on verra bien la
difference des offices et vertuz qui sont en amitie.Mais bien souuent on peche en
vne chose publiq̃ p vne espece de vtilite. Cōme en la destruction de corinthe q̃ estoit
vne des principale villes de grece/car pource quelle menoit guere a noz rommains/
et aussy pource que la ville estoit mal situee et nous pouoit beaucop nupre/ pour ce
ste cause aulcūs ont ensuyui loportunite du lieu/ et sont destruicte cōme no⁹ auons
dit ou premier liure.Semblablement les atheniēs firent bien mauluaisemēt quāt
ilz couperent les poulces a ceulx de la ville de egyne/ pource quilz estoyēt sy eppers
a nauiger sur la mer que silz eussent priins guerre aux atheniēs desquelz ilz estoyēt
bien prez/les atheniens ny eussent sceu resister pour la grant habilite quilz auoyent
de mener nauires. Et aussy pource q̃ la ville de egyne estoit fort prouchaine du port
de atheines z y pouoit beaucop nupre. Et pourtant sembloit il aux atheniens quil
estoit vtile de destruire les eginiens/ et mirent celle espece de vtilite deuant honne
stete et pescherent tresgrandement.

¶ Nihil quod crudele vtile est.¶ Mais vne chose qui est cruelle nest iamais vti
le/car cruaulte est grandement ennemye a la nature des hommes/laquelle nous de
uons principallement ensuyure. Semblablement ceulx font bien mal q̃ deffendent

i i

que les pelerins nentrent point aux villes/et quilz ny preignent point leurs necessi
tez comme fist Pennius a noz anciens/et aussi Papius na gueres/car ce nest pas
raison que vng homme qui nest pas citoyen/soit tenu pour citoyen. Car cest la loy
que baillerent les deux saiges consulles Crassus a Sceuola. Mais nonobstant
cest vne chose bien inhumaine que deffendre aux pelerins quilz ne prennent leurs
necessitez aux villes. Car de ce mal sot venues les deux destructios de troye pour
ce que Laomedon qui estoit roy de troye refusa le port de sa ville a Jason. Et pour
ceste cause Jason fut sy fort courouce contre les troyens/ que il vint deuant troye a
compaigne de plusieurs princes a roys de grece/par lesquelz elle fut destruicte par
deux foyz. Et pource cest belle chose quant lespece de lutilite publicque est desprisee
pour preudre honnestete. Nostre chose publicque en est toute plaine de exeples qui
aduienent bien souuent. Et premierement en la seconde bataille de affrica/car non
obstat q noz romais fussent subiuguez a mis en calamite en la ville de canes toutes
foys sy eurent ilz plusgrat courayge en ycelle aduersite qlz nauoyet iamais eu en
leur prosperite/car oncques ne mostreret vne semblace de paour et ne fut point fait
de mencion de paix. Semblablemet les atheniez ne pouoyet aulcunement souffrir
limpetuosite des batailles q leur fasoyent les perses. Et pourtat ilz ordonnerent en
tre eux q ilz laroyent la cite datheines/et metroyet leurs femmes/et leurs enfans
en la ville de troezene et se mettroyent en leurs nauires pour deffendre par nauire la liberte de grece. Mais lung des atheniez nomme Circilus admonnesta ses
compaignons quil valopt mieulx quilz demourassent en la ville a quilz receussent
perces qui estopt roy des perses pour leur roy/et que par ce moyen ilz arroyent paix
Et quant les atheniens ouprent que Circilus les admonnesta de ce sa ire. Ilz prin
drent des pierres et les luy getterent/en luy disant beaucop de iniures/ pource quil
voulopt ensuiuir vtilite qui estoit nulle. Car silz leussent ainsy fait/ilz eussent laisse honnestete sans laqlle vtilite ne peult riens valoir a eussent fait deshonnestemet. Pa
reillement aps la victoyre q les atheniez euret contre les perses. Themistocles dist
a la compaignie des atheniens quil sauoit vng tresbon conseil et salutaire pour la
chose publicq/mais ql nestoit point de besoing quil fust publie a la compaignie/ et
demanda vng saige a qui il exposeropt/lors luy fut baille Aristides/qui estoit tenu
vng des plus saiges datheines/au quel il dist que son conseil estoit quil failloit aller secretement au port de egypte /ou estoyent les nauires des lacedemoniez et mettre le feu dedens. Et par ainsi les richesses des lacedemoniens seropent destruictes
et perdues. Et quant Aristides eust ouy ce coseil/il sen vint a la copaignie des athe
niens qui latendoyent pour sauoir ce conseil et leur dist que le coseil que Themisto
cles bailloit estoit bien vtille pour la chose publicque/mais quil nestoit pas honeste
Et pourtat les atheniens disrent que puis quil nestoit pas honneste il nestoit pas
vtille et depriserent le conseil de Themistocles q Aristides leur auoit raporte/pour
ce doncques les atheniens firent mieulx que noz rommains qui prindrent les pira
tes de mer/ et les lesserent aller sans mal/par tel quilz paieroyent tribut. Et pourtant doncques nous pouons tousiours conclure que vne chose qui est deshonneste
ne peult iamais estre vtille. Et ne doit on point prendre ne acquerir vne chose qui

eſt deſhonneſte/car ceſt mauluaiſe choſe de cuider de vne choſe qui eſt deſhonneſte
que elle ſoit vtile. Mais comme iay dit deſſus il aduient bien ſouuent des cauſes/
eſquelles quant vtilite ſemble repugner a honneſtete on doit regarder ſe elle y repu
gne du tout tellement quelle ne puiſſe eſtre conioincte auecques honneſtete ou celle
y peut eſtre conioincte/et de celles manieres de cauſes il ya de telles queſtions/com
me ſe vng bon homme va par la mer dalixandrie a todes/et quil y maine des naui
res chargees de froment pour ſecourir a la pourete famine et grande cherte de blez
qui eſt a todes. Ores en allant il a veu daultres marchans ſur la mer qui ſembla
blement mainent des blez a rodes/ leſquelz marchans y ſeront en brief tēps/mais
touteſfoys il eſt arriue deuant eulx. Et pource ie demande ſil doit dire a ceulx de ro
des quil en a veu venir daultres marchans qui leur amainent grant habondance
de blez ou ſil le doit taire affin quil vende mieulx ſon ble/ou comment il ſe doit deli
berer ne conſeiller. Certainemēt nous diſons que vng homme eſt ſaige et bon hom
me quant il ne cele rien quil puiſſe eſtre a ſon proffit a ceulx quil veult vendre/pour
ce quil voit que ce ſeroit deſhonneſtement fait. Mais prenōs quil doubte ſe ceſt deſ
honneſtement fait ou non/que doit il faire. Dyogenes le babylonien qui eſtoit vng
des pluſgrans ſtoiques qui fut en la ſecte/et ſon diſciple Antipater q̃ eſtoit treſagu
dentendemēt diſputerent enſemble de ceſte queſtion et tindrent diuerſes opinions/
car Antipater diſoit que le bon marchant qui auoit veu les aultres marchans ſur
la mer/ leſquelz venoyent a Rodes le doit dire aux rodiens z leur doit tout faire ap
paroir ce quil ſcait. Car le vendeur ne doit iamais riens ſauoir qui ſoit au proffit
des achapteurs que les achapteurs ne ſachent comme luy. Mais Dyogenes eſtoit
daultre opinion/ car il confeſſoit bien que le vendeur doit dire les vices qui ſont en
la choſe quil vent ainſy comme il eſt ordōne par le droit ciuil. Mais au regart des
aultres vices il neſt point tenu de les dire/et au ſurplus il doit faire ſa marchandi
ſe ſans y pencer aulcun mal. Et quāt il vent ſon ble il le doit vendre le mieulx quil
peut/car il la amene de alexandrie iuſques a Rodes a grant trauail/et a deſpendu
le ſien a le achapter et a lamener. Et ſil vent ce qui eſt a luy non point plus que les
aultres/mais a ſauēture moins pour ſen deſpecher/car il en a beaucop a qui fait il
iniure/certainnement il ne fait point de iniure a aultruy ſelon droit. Mais Antipa
ter replique q̃ ſelon rayſon il le doit dire/et argue ainſy contre Dyogenes/ne ſcais
tu pas que les hommes ſont nez en telle loy que ſelon la ſociete humaine ilz doyuēt
conſeiller les vngz aux aultres/et que ſelon leurs commancemens de nature auſ
quelz ilz doyuent obeir et les doyuent enſuyure/ lutilite de vng cheſcun doit eſtre la
commune vtilite. Et ſemblablement la cōmune vtilite doit eſtre lutilite dung cheſ
cun. Et pourtant doiz tu celer aux hommes lutilite et habondance des biens q̃ leur
viēt. Aquoy Dyogenes reſpont ainſy. Je te dis dit il que ceſt aultre choſe celer vne
choſe et aultre choſe que la taire/car ſy ie voy que tu ſoyes vng hōme ſimple/et que
tu ne ſaches pas que ceſt des dieux ne quelle eſt la fin des biēs. Et que ie ne ſe te die
pas/cōbien quil te fuſt plus vtile a ſauoir quil ne te ſeroit pas vtile de ſauoir quil
vient des marchans qui amainent des blez/touteſſoys ie ne le te cele pas/car ie ne

suis pas tenu a le te dire .Et auſſi il ne eſt pas neceſſite de te dire tout ce qui te ſe/
roit bien vtile de ouir.Et pourtant le marchant neſt point tenu de ſe dire aux rodi/
ens.Et ie te vuil mõſtrer diſt Antipater q̃ ſy eſt/car pourquoy nas tu pas biẽ remẽ
brance q̃ entre les hommes il ya vne naturelle ſociete cõiointe. Jen ay bien memoi
re dit Diogenes. Voire mais ſelle ſociete diſt Antipater neſt elle pas telle q̃ les hõ/
mes ſelon nature nont rien qui ſoit leur propre. Et pourtãt ſil eſt ainſy quilz ne dop
uent riens vendre/ayns ilz dopuent tout dõner. Mais pource que depuis icelle na/
turelle ſociete les hommes ont prins vne couſtume de vendre leurs choſes. Pource
doncques ſilz les vendent ne dopuent ilz pas monſtrer les vices et dommaiges qui
y ſont a ceulx qui les achaptent/certainemẽt ſy font/et ſilz font aultrement ilz ſont
deſhonneſtement. Idea diſt Dyogenes ie ne dis pas q̃ le vendeur puiſſe dire ie ven
dray mon forment ſane dire les vices cõbien que ce ſoit deſhonneſtement fait/mais
pource quil meſt vtile ie ſe feray.Aincoys ie dy que vng vendeur doit faire ſa choſe
vtile tellement quelle ne ſoit point deſhonneſte/ceſtaſſauoir en diſant ſeulement les
vices qui dopuent eſtre ditz ſelon lordenance de droit ciuil. Certainement dit Anti/
pater il ne ſuffiſt pas/aincoys ie dy que le vendeur doit dire tous les vices qui ſont
en la choſe quil vent/aultrement il fait deſhonneſtement. Or voyez cy vne aultre
queſtion .Prenes que vng bon homme a vne maiſon/ laquelle il vent a vng aultre
pource que en icelle il ya des vices/leſquelz perſonne q̃ luy ne ſcait point/ car la mai
ſon eſt peſtiſſencieuſe/mais elle ſemble eſtre bien ſaine. Semblablemẽt es litz dicel/
le maiſon il ya des ſerpẽs/ou aultres mauluaiſes beſtes/ou la maiſon eſt de maul/
uaiſe matiere.Et pourtant elle eſt rupneuſe/ mais perſonne ne ſcait riens que le ſei
gneur dicelle qui la vend. Et pourtãt ie demande ſil la vend a vng aultre ſans luy
dire les vices et quil la vende beaucop plus q̃l ne cuidoit/ne fait il pas iniuſtement
et deſſoyaulmẽt.Antipater diſt que ſy fait/car laiſſer treſbucher vng achapteur/ et
par erreur ſe mettre en fraude et en deception/ce neſt aultre choſe q̃ ne monſtrer pas
la voye a vng homme q̃ erre en ſon chemin ainſy comme il a eſte decide a atheines
par concluſions publiques/ et encore eſſe plus que ne monſtrer pas la voye a vng
homme qui erre/ car ceſt mettre vng homme en erreur a ſon eſſient. Dyogenes dit
le contraire/car il dit que celluy qui a vendu ſa maiſon na point cõtraint celluy que
la achaptee de lachapter et ne ſen a point admonneſte/car il la vend pource quelle ne
luy plaiſt pas/et lachapteur lachapte pource quelle luy plaiſt/ pourtant neſt il point
deceu.Et ſy ie te vens vne ville laquelle te ſemble bonne ꝗ bien ediffiee/ ie ne te de
pcop point combien quelle ne ſoit pas bonne ne bien ediffiee.Et pourtant encore te
decop ie moins ſy ie te vens vne maiſon quil te plaiſt/ car vng vedeur ne fait point
de fraude en vendant ſa choſe a celluy a qui elle plaiſt.Mais il neſt pas aulcuneſ/
foys neceſſite au vendeur de bailler tout ce qui eſt entre luy et lachapteur. Et pour
tant pences tu quil ſaille bailler ce qui neſt pas dit/ nennp. Et doncques puis que
le vendeur na point promis de bailler ſa maiſon non vicieuſe/il neſt pas tenu de la
bailler ſans vice/car il neſt point plus folle choſe a vng vendeur que raconter les
vices de la choſe quil vend. Mais quelle choſe peut eſtre plus laide que quant vng

matchant qui vend vne maison fait crier par le crieur quil veult vendre vne mai/
son pestillencieuse il nest point de plus laide chose/ car iamais ne la pourroit ven/
dre. Et pourtant en aulcunes causes par Antipater est deffendue honnestete dune
partie/ et par Dyogenes est sy fort deffendue honnestete daultre part que ce nest
pas seulemeut honneste chose de ne faire pas ce qui semble estre vtile/ mais cest lai
de chose de deliberer se on le fera ou non/ combien que on ne le face pas. Et pourtát
voyez la discention qui semble estre entre les choses vtiles et honnestes de laquel/
le il fault bailler vne solution/ car nous ne sauons pas epposee pour le monstrer
seulement/ mais aussy pour eppliquer. Et pourtant il me semble que le marchant
qui a mene les blez a rodes/ et le vendeur qui a vendu sa maison ne doit point celer
aux achapteurs les vices qui y sont/ car quant tu tays vne chose ce nest pas a dire
que tu la celes/ mais tu la celes quant tu ne veulx que ceulx qui ont interestz le sa/
chent/ affin que tu y ayes proffit et vtilite. Mais qui esse qui ne cógnoist bien quel
le est ceste maniere de celer et en qel hôme elle peut estre/ certainemét elle nest poit
en vng hôme ouuert/ simple/ courtois/ iuste/ et bon. Mais elle est plustost en vng
homme barateur/ obscur/ cault/ decepuable/ chault/ et viel en malice/ et en toutes
semblables gens. Nesse donc pas chose bien vtile que estre nôme par le nom de telz
vices/ certes sy est. Et pourtant se ceulx taysent les vices des choses quilz vendent
sont a blasmer/ que deuons nous pencer et dire de ceulx qui pour mieulx vendre
leurs choses font des fraudes et deceptions/ tant par parolle comme par fait. Car
ace propos vng cheualier rommain nomme Canius qui estoit bien courtoys/ ⁊ as
sez bon clerc senquist par plusieurs foiz sil pourroit poit trouuer vng iardin a ven
dre qui fut situe aux sarragoces pour passer son opsiuete/ et pour inuiter ses amys
a boire et a manger/ ouquel il se pourroit esbatre sans que personne eust que veoir
sur luy. Et vng iour il sen enquist a vng orffeure nomme Pythius/ lequel luy dist
quil auoit vng iardin aux sarragoces quil ne vouloit pas vendre/ mais quil estoit
content que Canius en fist comme sil estoit sien/ et quil y menast boire et manger
qui il vouldroit. Et quant Canius dist que Pythius luy habondonna son iardin/
il conuia vng sien amy pour le festoyer le iour ensupuant. Lors Pythius qui estoit
moult gracieux en langaige appella les pescheurs des sarrogoces/ et les pria quilz
ne faillissent pas le iour ensupuant a venir pescher deuant son iardin/ et quilz prii/
sent le plus de poisson quilz pourroyent/ ⁊ quilz le luy gettassent deuant ses piez/ et
leur dist la cause pourquoy il vouloit qlz le feissent le iour ensupuant: Canius vint
ou iardin de Pythius bien ioyeulx/ et trouua Pythius qui appareilloit le conup/ il
regarda les pescheurs qui peschoyent deuant ce iardin/ et prenoyent grant foyson
de poisson/ lequel ilz gettoyent deuát les piez de Pythius. Et lors Canius se print
a demander a Pythius. Pythius dist il quesse a dire quon te gette tant de poisson de
uant tes piez. Auquel Pythius respondit tu ne ten doiz pas esmerueillez/ car tout le
poisson qui est en ceste eau est a ceulx qui ont iardin en ces sarragoces. Et ceste ri/
uiere est sy bonne et ya tant de poisson que ceulx de la ville ne peuent auoir faulte.

i iii

Et pour ceste cause Canius fust sy enflambe de grant couuoitise dauoir le iardin que il pria a Pithius quil le luy vendist. Pithius fut cault ꝛ fist maniere au cōmancement de ne le vouloir point vendre. Mais Canius luy dist ꝙl estoit content den donner ce quil vouldroit. Et brief Canius qui estoit tresriche et couuoiteux dauoir ce iardin lachata finablement par tel pris que Pithius voulust/ et fust fait le marche dauant des tesmoings et le contrait passe. Et Canius qui estoit tout ioyeulx dōt ce iardin estoit a luy il inuita deux ou trois iours apres de ses familliers pour les y festoyer/ et le iour que deuoit estre ce conuy ilz vint de bōne heure et regardast sur la riuiere sil verroit venir les pescheurs pour auoir du poisson/ il ne vist ne pescheurs ne nasselles sur la riuiere. Et pourtant il demanda a lung des voisins sil estoit la feste des pescheurs/ pource ꝙl nen veoit point sur la riuiere/ le voisin luy respondist ꝙl nestoit point leur feste quil sceust. Mais quil nauoyent point acostume de pescher en celle riuiere. Ha dist il Canꝰ ie me esmerueilloye beaucop laultre iour pourquoy on y peschoit ainsy. Et vist bien Canius ꝙl estoit deceu/ et pource se print a courroucer tresfort. Mais il ne sauoit que faire/ car mon compaignon et familier Acquilius nauoit pas encore fait les reigles de la fraude ou mauluais dol/ lesquelles il a faictes depuis par lesquelles quant on luy demandoit que cestoit mauluaistie. Il respondit que cest quant on fait faire vne chose et on fait le contraire/ et ainsy doit il estre diffini clerement de tout homme qui entent que cest. Et pourtant Pythius et tous aultres qui faignent vne chose et font le contraire sont mauluais desloyaulx/ et malicieux/ tellement que tout leur fait ne peut estre vtile pris quil est diffame de tant de vices. Et se la diffinition de mon compaignon Acquilius est vraye tout homme doit oster de sa vie toute fainte et dissimulation tellement que vng homme ne doit faindre ou dissimuler aulcune chose/ affin quil vende ou achapte mieulx. Et aussy ce mauluais dol estoit pugny selon les loys deuant que mon compaignon Acquilius en fist les reigles/ comme quant vng tuteur administroit mal la tutelle dung mineur il estoit pugny par la loy des douze tables. Et quāt aulcun decepuoit vng ieune adolescent il estoit pugny par la loy que fist Latorius/ et aussy sans les loys ilz estoyent pugniz par les iugemens esquelz est requise bonne foy. Et aux aultres iugemens comme a ceulx qui touchent les douaires et mariages on deuoit selon les iugemens principallement garder ces motz tant plus iustement feras ꝛ mieulx feras. Et aux aultres contraitz qui sont faiz par entre les loyaulx il falloit semblablement selon les iugemens garder ces motz/ fay bien entre les bons. Et pourtant doncques comme peut on faire fraude en faisant iustement/ ou en faisant bien entre les bons. Comment peut on aulcune chose frauduleusemēt ou malicieusement faire/ certes il ne seroit pas possible. Mais comme dit Acquilius les mauluais dolz ou fraude sont contenuz en dissimulation. Et pource quant on ne veult point faire dol ne fraude en ce que on veult faire on en doit oster toute menterie/ et ne doit point auoir le vendeur de corratiers qui admōnestent les achapteurs ne achapter pour mieulx vendre sa chose/ ne semblablement lachapteur/ aincoys quant il sont assemblez pour faire leur marche ilz le doyuent faire a vne foyz.

Et ace propos Quintus Sceuola qui estoit filz de Publius voulut achapter vng
heritaige dung aultre qui le vouloit vendre. Et pria Quintus au vendeur quil luy
monstrast vne foiz leritaige apres ce quil en auoit promis certain pris/ le vendeur
luy monstra leritaige. Et quant Quintus Sceuola le vist il dit au vendeur quil ne
lauoit pas assez achapte/ et quil valoit plus que ce quil lauoist achapte/ pour laqlle cause il y adiousta encore cent escuz/ il nest personne qui puisse nyer que ce ne soit
fait dung bon homme. Mais les saiges dient que ce nest pas fait dung bon homme ne saige amplus que eust fait le vendeur sil eust vendu son heritaige le moins
quil eust peu. Mais cest bien mal dit dire que les vngz sont bons et les aultres sai
ges/ et en ensuiuant cest opinion Ennius le poete dit que vng saige homme ne doit
pencer ne entendre chose qui ne luy proffite. Et certainement sy ie me voulois accor
der auecques lopinion de Ennpus ie my accorderoye seulemet en ce quil dit que on
doit proffiter a soy mesmes/ et non pas en ce qnil entent que les vngz sont bons et
les aultres saiges/ car iamais vng homme nest bon qui ne soit saige ne saige quil
ne soit bon. Et aussy ie boy Heccaton le rodien qui estoit disciple de Panetius/ et
estoit natif degypte et de la secte des stoiques qui dist en ses liures des offices/ lesquelz il a escriptz a Quintus Tuberon que vng saige homme peut bien faire son
proffit.

¶ Sapientis esse nihil contra mores leges: instituta facientem: habere rationem
rei familiaris. neqz eniz solum nobis diuites esse volumus: sed liberis: propinquis:
amicis: mapimeqz reipublice. singulorum enim facultates et copie diuitie sunt ciui
tatis. ¶ Et gaigner pour soustenir sa famille/ mais quil ne face rien contre les cou
stumes. Car nous ne voulons pas seulement estre riches pour nous/ mais aussy
pour noz enfans/ noz parens/ noz prouchains/ noz amps. Et principallement
pour la chose publique/ car les copies et les facultez dung chescun citoyen sont les
richesses de la cite. Et pourtant le fait de Sceuola dont nous auons parle dessus
ne peut aulcunement plaire a Heccaton/ car il dit que vng homme ne doit pas seulement laisser a faire pour son proffit ce qui nest pas licite/ aincoys il doit faire son
proffit en ce qui est licite. Et pource que Sceuola ne la pas fait/ il ne luy en baille
pas grant grace ne grant louenge. Mais se simulation et dissimulation est mauluais dol/ car il se fait bien peu de choses esquelles on ne treuue ce mauluais dol/ ou
se vng bon homme est cellup qui proffite a ceulp a qui il peut ↄ ne nuyst point a aul
truy pour ces causes/ nous ne trouuons pas droictement vng bon homme iuste/
il nest doncques iamais vtile de pescher pource quil est tousiours deshonneste. Et
pource quil est tousiours honneste destre bon homme il est tousiours vtile. Du pour
reuenir a nostre propos il est assez determine en droit ciuil du droit des heritaiges/
car le droit ciuil dit que le vendeur en vendant son heritaige doit dire les vices qui
y sont lesquelz il congnoist/ car combien que par la loy des douze tables il suffit au

i iiii

vendeur de bailler a lachapteur ce quil luy a promis/il est condempne a poyer a la/
chapteur le double. Mais toutessoys les iurisconsultes ont constitue vne pecune
pour pugnir ceulx qui taisent les vices des choses quilz vendent/ car ilz ont ordon
ne que se aulcun vend vng heritaige vicieux et il ne le die pas/il est tenu a restau/
rer le vice de leritaige ou rendre largent/ et prendre son heritaige sy plaist a lachap/
teur/ainsy comme quant les augures qui diuinent les auentures eurent a faire en
leur tour pour faire leurs dominations/ilz comanderent a Titus Claudius Cen
timanus qui auoit vne maison sur la montaigne de stelle en vne isle quil fit abatre
celle maison pource quelle leur nupsoit a leur veue/z quant ilz eurent denunce a cel
luy Titus il mist sa maison en veue et la vendit a Publius Calphurnius le dra/
pier. Les augures denuncerent pareissement a icelluy Publius apres ce quil eust a
chaptee quil la fist abatre pource quelle leur nupsoit. Et pour ceste cause Publius
Calphurnius fut contraint a sa faire abbatre/mais apres ce quelle fut abbatue/il
vint a sa congnoissance que Titus Claudius la luy auoit vendue apres ce ql luy
auoit este denunce par les augures quil la fist abatre. Et pour ceste cause il se tira
deuers Titus et luy remonstra le cas/et luy dist quil le feroit couenir sil ne luy ren
doit son argent. Titus Claudius luy respondit quil ne le fist point conuenir/z quil
estoit content de sen raporter a ce que Marcus Catho en diroit/z esseurent de leur
consentement icelluy Catho qui estoit pere de nostre bon Catho pour leur iuge les
quel en pronunca sa sentence/z dist quil condampnoit Titus Claudius a restituer
a Publius Calphurnius le dommaige quil auoit en la maison/ pource que quant
il la luy vendit/ il sauoit bien quil estoit necessite quelle fust abatue/ car les augu/
res le luy auoyent denunce / et toutessoys il ne lauoit pas dit a Publius en la luy
vendant. Et pourtant doncques Catho declara bien selon bonne foy que le vendeur
doit dire a lachapteur le vice qui est en la chose quil vend/et sil a droitemen t iugie il
est tout apparent que celluy qui mena le forment de alixandrie a rodes/z celluy qui
vendit la maison pestilencieuse/desquelz nous auons parle dessus ne douuent pas
taire les vices qui y estoyent. Mais toutes ces manieres de taire les vices qui sont
en cas especiaulx ne peuent pas estre comprinses en droit ciuil/z celles qui y sont com
prinses sont diligement gardees. Semblablement Marcus Marius Cratidia/
nus nostre prouchain auoit vne maison laquelle il auoit achaptee nauoit pas long
temps de Gayus Sergius/ z depuis il fist tant par son beau parler q icelluy Gay
us Sergius lachapta de luy. Or celle maison deuoit seruitude a Gayus Sergius.
Mais Marcus Marius ne luy dist pas en la vendant/ et pour ceste cause Ser/
gius fist conuenir Marius en iugement z print Crassus pour son aduocat/lequel
proposa en iugement que Marius auoit inuite Sergius par son beau parler a a/
chapter vne maison/laqlle luy deuoit seruitude. Et toutessoys celluy Marius qui
le sauoit bien ne lauoit pas dit a Sergius qui nen sauoit rien/et selon droit il le luy
deuoit dire. Et pourtant icelluy Crassus concluoit pour Sergius que Marius fut
contraint et condempne a luy restituer son argent/ou luy restaurer le vice qui estoit
en la maison entant quelle deuoit seruitude. Marius pour deffendre au contraire

pzint Anthonius pour son aduocat/lequel se deffendit disant que Marius nestoit
point tenu selon equite de dire a Sergi° que sa maison luy deuoit seruitude/car Ser
gius ne ignozoit pas quelle ne luy deust seruitude/pource quil lauoit vendue na∕
uoit pas long temps a icelluy Marius. Et pourtant disoit Anthonius que Mari
us nestoit point tenu de necessite de dire a Sergius quelle luy deuoit seruitude et q̃
par tant Sergius nestoit point deceu pource quil sauoit bien quil auoit seruitude en
celle maison. Oz doncques se tu veulx sauoir lequel a dzoit il fault que tu entendes
que les hommes decepuans nont point pleu a noz anciens/et doiz sauoir que les
loys ont aultrement oste les deceptions que les philosophes firent/car les loys les
iugent entant quelles les peuent entendze et maintenir par fait. Mais les philoso
phes les iugent entant quilz les peuent entendze par raison et intelligence. Et rai∕
son dit ꞇ commande que on ne face rien par malice/par simulation/ne par fallace/
ne sont ce doncques pas malices et fallaces sil a este pzohibe que on ne chasse point
et quelcung tend vng rethz en lequel il se pzent vne beste de chace combien quil ne la
chace point/certainement sy sont. Car celluy qui la tend scait bien que les bestes se
pzennent bien aulcunesfoys sans chacer . Semblablement tu vouldzas vendze ta
maison et celeras les vices qui y sont/cest autãt comme sy tu tendoyes vngz rethz/
car aulcun la vouldza achapter qui sera ingnozant du vice/tu la luy vendzas sans
le luy dire/et le decepuzas mauluaisement combien que tu ne linuites pas de lacha
pter. Mais non pourtãt que il semble que ces deceptions ne soyent point de pzesent
laides a faire pour la mauluaistie et frequentation de lauoir ainsy acoustume a fai
te/et quil nest point deffendu par les loys ne par le dzoit ciuil. Toutessoys il est des
fendu par sa loy de nature/car il ya entre les hommes vne naturelle societe/de laq̃l
le nous auons plusieurs foiz parle qui est grandemẽt apparent entre tous les hom
mes, et est plus pzouchaine entre ceulx qui sont dune lignee/ꞇ encoze plus contigue
entre ceulx qui sont dune cite. Et pource noz anciẽs vouldzoyent quil y eust le dzoit
des villes qui se appelle le dzoit ciuil. Et le dzoit qui est ciuil nest pas tousiours le
dzoit des gens/mais le dzoit des gens doit estre tousiours ciuil. Oz nous ne tenons
point de forme ne expzesse semblance de dzoit ne de sa germaine iustice/aincops no°
nen vsons que de lombze et de limaige. Et encoze pleust aux dieux que nous les en∕
supuissions bien/car ilz viennent des bonnes exemples de nature et de verite/com
me nous declarent ces motz qui sont de dzoit ꞇ de iustice/cestassauoir q̃ vng homme
pour la foy de aultruy ne doit point estre deceu ou trompe. Semblablemẽt ces motz
dozez q̃ dient q̃ on doit bien faire entre les bons et sans fraude ou deception. Mais
cest vne grãt question q̃ vouldzoit demander q̃ sont les bons et q̃ cest que bien faire.
Car Quint° Sceuola q̃ estoit vng tresgrãt hõme disoit q̃l y auoit grande differan
ce en to° les contraulx esquelz estoit req̃se bonne foy/et disoit q̃ le nom de bonne foy
sestendoit en beaucop de choses/et appartenoit a plusieurs choses . Et principalle∕
ment il estoit requis es tutelles des mineurs/es compaignies/es loyaultez/es mã
demens/aux choses achaptees et vendues/et aux choses loues/esquelles choses est

contenne la societe et compaignie de la Bie des hommes.

C Quocirca astutie tollende sunt: eaqz malicia que Bult quidem Bideri se esse pru
dentiam. Sed abest ab ea: distatqz plurimum. C Et pourtant quant deuant Bng
iuge il ya debat en ces contractz entre deux parties qui sont contraires en leurs
ditz/ cest fait dung bon iuge quant il regarde quelle chose Bng chescun doit faire a
aultruy. Et pource les fraudes et deceptions doyuent estre ostees/ et aussy la frau
de qui Beult sembler et estre dicte prudence/ mais elle en est bien loing/ et ya grant
differance entre fraude et prudence. Car prudence est mise en sa differace des biens
et des maulx. Mais puis que malice iuge toutes choses mauluaises deuant les
bonnes. Ores le droit ciuil qui Bient du droit naturel ne punit pas seulemet la ma
lice et la fraude qui est faicte en Bendant les heritaiges. Mais aussy il oste toute
fraude qui est faicte en Bendant les serfs et les aultres choses qui se peuent prendre
en bailler/ car celluy qui Bent Bng serf doit dire sil est sain/ fugitif/ ou larron/ car sil
est et il ne le dit/ il en est pugny par ledit des ediles. Mais cest Bne aultre cause des
heritaiges/ car combien quilz ne sachent pas les Bices des choses qui leur sont Be
nues en succession. Touteffoys pource que la nature de droit est la fontaine de tou
te nature/ pource est il que selon nature Bng homme ne doit iamais gaigner ne per
dre/ car lignorance daultruy ne lexcuse pas.

C Nec Blla pernicies Bite maior inueniri potest:qz in malicia simulatio intelligen
tie. C Car il ny a point de plus grande mauluaistie en malice que monstrer sem
blance de prudence ou il ny en a point. Et de la Biennet innumerables maulx par
lesquelz les choses Btiles semblent batailler auecques les honnestes . Mais ie te
demande quel est trouue Bng homme qui Boit quil peut bien faire Bng mal sans ce
quil en soit pugny ne rien sceu. Et touteffoys il se abstiet de le faire/ nest il pas trou
ue quant homme est saige /certainement sy est . Et pourtant regardons les exem
ples esquelz les hommes pechent/ souuent . Et touteffoys par auenture ilz ne cui
dent pas pecher. Ores il nest ia besoing de pler en ce lieu des homicides/ ne de ceulx
qui tuent les gens par Benin/ ne de ceulx qui se estriuet et supposent aux testames
des larrons/ne de ceulx qui robent la chose publique/ lesquelz ne doyuent pas estre
reprins par parolles/ne par la disputation des philosoples/aincoys ilz doyuet estre
pugniz par les fpens/gegynes/z prisons. Mais cosiderons les maulx q font ceulx
qui semblent estre bons/ car aulcuns du pays de grece apporterent a romme Bng
faulx testament/ et disoyent que cestoit le testament /de Lucius Munitius Basi
lius qui mourut en grece/et en ce testament ilz escripuerent leurs noms/affin quilz
fussent heritiers. Et ad ce quilz neussent pas tant de cotrouerse a auoir heritaige ilz
escripuerent heritiers auecqs eulx Marcus Crassus/et Quintus Ortensius qui
estoyent en ce temps a romme trespuissans homes. Et cobien q iceulx Crassus et
Ortensius se suspeconnassent bien q le testament estoit faulx. Touteffoys pource
quil leur sembloit q ilz nestoyent point coulpables du mal que auoyet fait les grecz

qui auoyent apporte le testament/ ilz ne reffuserent pas leritaige de Lucius Mu
nitius. Pourquoy doncques ie te demande se ilz ne firent pas assez pour dire quilz
ont mal fait et peche/ il me semble que sy firent combien que ie les ay bien aymez
tous deux. Mais pource que Lucius Munitius auoit institue sont nepueu Mar
cus Satrius son heritier et auoit voulu quil portast son nom. Ne fusse doncqs pas
bien mal fait a Marcus Crassus/ et Quintus Ortensius de prandre leritaige de
Lucius Munitius duquel ilz nestoyent pas heritiers/ et ne laissez a Marcus Sa
trius qui deuoit estre heritier que le nom de son oncle Lucius Munitius/ certaine
ment sy fut .

¶ Mihi quidem etiam vere hereditates non honneste videntur si sint malitiosis
blandiciis officiou non veritate sed simulatione acquisite. ¶ Et pource doncques
se celluy fait iniustement qui ne deffent pas liniure que on fait aux siens quant il
est bien en sa puissance de la debouter come nous auons dit au premier liure. Quel
deuons nous pencer que soit celluy qui ne la deffent pas seulement apns aide a la
faire. Et pour toute resolution il me semble que les heritaiges ne sont point vrayz
heritaiges ne honnestes quant ilz sont acquis par malicieuses fraudes de vertuz/
ou par simulation et non point par verite. Mais en telles choses il semble aulcu
nesfoys saulfement que vne chose soit honneste a aulcunesfoys quelle soit vtile/ car
cest vne mesme reigle de vtilite comme de honnestete. Et pourtant qui ny prent gar
de il ne pourroit estre sans fraude ne sans peche. Or doncques quant aulcun pence
que vne chose est honneste dune part et vtile de laultre/ doit il bien estre sy hardy de
separer vtilite a honnestete qui sont conioinctes ensemble par nature/ certainemet
nenny/ou sil le fait il fault dire quil est la fontaine de toutes fraudes. Et pource se
vng bon homme auoit celle puissance que des doiz il peut bie effacer les noms des
heritiers que les riches gens instituent en leurs testamens et y mettre son nom/ia
mais il nen doit vser combien quil soit bien certain que personne nen pourra riens
sauoir. Et se Marcus crassus auoit celle puissance que pour frapper des doyz sur
le testament dung riche homme il peust oster le nom de leritier qui y seroit escript et
y mettre le sien par telle condition que il saulteroit en plain iour deux ou troys foiz
en plain iugement deuant tout le monde/ie te dy croy moy seurement que il saulte
roit auant quil perdist leritaige. Mais vng homme iuste et celluy que nous disons
estre bon homme ne osteroit iamais a aultruy chose quil voulsist appliquer a soy.
Et se tu tesmerueilles dont ie dy que vng bon homme ne le feroit iamais/ tu peuz
bien confesser que tu ne scais que cest que vng bon homme . Mais se tu consi
deres bien que vng bon homme est celluy qui ne oste rien a aultruy pour appli
quer a son proffit/ et que pource tu vueilles corrigier ta complexion que tu con
gnois estre contraire/ il fault que tu entendes que vng bon homme est celluy qui
proffite a ceulx a qui il peut /et ne nuyst point a aultruy sy non que il soit es
meu par iniure que on luy fait. Mais quoy doncques celluy qui oste les vraiz
heritiers des testamens pour succeder en leur lieu ne nuyst il pas autant comme
silz tuoit vng homme par venin/ certes sy fait . Et pourtant se aulcun confesse

que on ne doit point faire ce qui est vtile ne expediant sy non quelle soit iuste/et celluy qui ne la vouldra entendre ne pourra estre bon homme. Car en mon ieune aage
ic ouy racontet a mon pere que Marcus Luthatius qui estoit cheualier rommain
et bien honneste homme/et cestoit soubmis au dit dung conseillier de la ville de pro
inthic nomme Fimbrias pour iuger sil estoit bon homme/ lequel Fimbrias comme
mon pere racontoit reffusa a faire le iugement pensant que sil disoit que Marcus
Luthatius ne fut pas bon homme il luy osteroit sa bonne renommee. Semblablement sil iugeoit quil fust bon homme ce seroit trop grande presumption a luy de se
iuger bon homme/pource quil fault que vng homme ayt des vertuz et louëges in
numerables auant quil soit dit bon homme. Et pourtant le bon homme Marcus
Luthatius qui estoit repute bon hôme non pas seulemêt de Fimbrias/mais aussy
de Socrates qui disoit que iamais on ne doit pencer que vne chose soit vtile/sy non
quelle soit honneste. Et pourtant vng tel homme ne doit iamais auoir la hardiesse
de faire ou pencer chose quil nose bien prescher et maintenir deuant tous. Mais
cest bien deshonneste chose a vng philosophe de ne sauoir pas les prouerbes que les
rustiques et indiscretes gens dient tous les iours. Car quant ilz veulent louer la
foy ou bonte daulcun homme/ilz dient quil est sy loyal et sy bon que on se pourroit
bien fier en luy acompter des noiz en vng lieu/ou on ne verroit riens. Et pour ten
bailler exemple/comme se aulcun depose vne somme dargent/ou face aulcun marche auecques vng bon homme/et que personne nen sache rien/ toutesfoys sy gardera il sa foy aussy bien que se tout le monde se sauoit/et ne pencera point quil luy soit
pluftoft licite de mal faire quant on nen scait rien que se on le sauoit. Quesse doncques a dire sy non quil nest rien vtile ne expediant sil nest honneste/combien que on
le puisse bien faire sans contradiction de personne. Tu voys doncques parce prouerbe que Gyges le pastour du roy de lidic duquel nous auons parle dessus/ne fist
pas honnestement/et ne se saroit soubstenir son fait en equite. Non fist pas Marcus Crassus duquel ie faignoye dessus que pour frapper du doy sur les testamens
des riches gês il peust oster le nom de leritier et y mettre le sien/ car ce qui est deshon
neste côbien quil soit sy secret que personne nen sache riê ne se saroit en aulcune ma
niere faire honnestement. Semblablemeut il ne se saroit faire que ce qui nest pas
honneste peust estre vtile pource que nature y est repugnante et contraire. Mais
quant de ce que on veult faire il sensuit grant proffit/il ya cause de pecher/car nous
auons veu a ce propos que apres ce que Gayus Marius eust perdu toute son espe
rance destre cousulle pource quil sauoit este septz ans sans lestre apres ce quil auoit
este preuoft. Et toutesfoys cest la coustume que apres ce que aulcun a este preuoft il
est volentiers esleu estre côsulle. Pour ceste cause il ne luy sembloit pas que iamais
il deust demander loffice. Dr Quintus Metellus fut esleu pour gouuerner lexercite de la guerre que noz rommains eurent contre Iugurtha/et alla Gay' Mari
us en icelle guerre auecqs Quint' Metellus/q fut cnuoye a rôme icelluy Mari'
p Metellus pour aulcunes besongnes/ leql quât il fut a romme y blasma tresfort
Quint' Metell' deuât le peuple/ car nôobstât ql fut biê grât hôme q bon citoyê et

quil fut son empereur entãt quil militoit soubz luy/toutessoys sy dist il que Quin/
tus Metellus beaucop prolonguoit la guerre/et que se on se vouloit esstire consulle
il ameneroit en brief tẽps Jugurtha vif ou mort/et le bailleroit au peuple rõmain
pour en faire a son plaisir/pour ceste cause il fist tant quil fut esleu consulle/et osta
la charge de la bataille a Quintus Metellus. Et pourtant il ne fist pas selon foy
et iustice de imposer vng faulx crime a Metellus deuant le peuple rommain. Pa/
reillement il ne vsa pas de la vertu dung bon homme quant il fut preuost. Car les
tribunes du peuple rommain par vng temps quil estoit famine assemblerent tous
ses preuost/affin que du cõmun consentement de tous il fut aduise se on feroit vne
loy pour distribuer au peuple qui mouroit de fain les deniers de la chose publique.
Car en temps de famine on auoit de coustume de getter largent de la chose publi/
que au peuple/lequel se assembloit en vne multitude bien grande. Et pource les tri
bunes et preuostz firent vng edit que vng chescun deusp se trouueroit apres midy
en la chambre du conseil sur peine de certaine grosse amende. Et quant vint apres
midy ilz entrerẽt ou conseil ouquel ilz desibererent que largent de sachose publique
seroit distribue au peuple pour le garder de famine. Apres quilz eurent desibere et
cõclu Gayus Marius se leua de son siege et vint tout seul au peuple anũcer com
me il auoit este cõclu que largẽt de la chose publique seroit distribue/ pour ceste cau
se le peuple luy en fist sy grant honneur que merueilles tellement que a tous les con
ioings des rues furent mises des ymages pour lonneur de Marius/et deuant ces
ymaiges des sierges ardens et de sencens/ et brief oncques hõme ne acquist sy grãt
grace de peuple que fist Marius. Et toutessoys il fist contre equite/car il osta lon/
neur que les preuostz et tribunes auopẽt acoustume dauoir/ car cestoit la coustume
que les preuostz et tribunes le annuncopent au peuple tous ensemble. Mais Ma
rius le fist affin quil eust lamour du peuple et ql fust esleu par ce moyen pour estre
consulle. Et ce sont les choses qui troublent bien souuẽt les courages des hommes
en deliberant quãt ce en quoy ilz violent equite ne leur semble pas sy grant que son
neur quilz en veulent auoir/ car il ne sembloit pas a Marius que ce fut sy grant
mal de oster aux preuost et tribunes sa grace du peuple comme cellup pouoit estre
grant proffit de estre esleu consulle par ce moyen. Mais de toutes choses il ya vne
teigle mon filz Cicero et ie desire beaucop que tu la congnoisses. Cestassauoir que
ce qui te semble estre vtile ne soit point deshõneste/ ou sil est deshonneste quil te sem
ble point estre vtile. Que diras tu doncques pourrons nous iuger Gayus Ma/
rius estre bon homme en ce quil blasma Quintus Metellus deuant le peuple de
romme et en fut consulle/ et en ce quil osta lonneur aux preuostz et tribunes pour
auoir la grace du peuple/ considere le en ton courage et en explique ce quil ten
semble/ affin que tu voyes quelle espece/ forme/ ou congnoissance de bon homme
il y a. Et pourtant affiert il a vng bon homme de mentir et de blasmer aultruy
pour cause de son proffit de prendre lonneur daultruy et le decepuoir/ certaine/
ment il nest rien qui lup affiere moins. Et pource doncques ny a il point de chose
sy grande ou de sy grant proffit qui soit tant a desirer que on en dope perdre

se nom et la resplendeur de ton homme. Quelle chose esse dõcques qui te puisse bail
ler tant de vtilite que tu appelles vtilite et ne lest pas comme elle ten peut oster se el
se te oste se nom de ton homme et que esse te oste foy et iustice/ quelle difference faiz
tu se vng homme se tourne de homme en beste/ou se la figure de somme porte la cru
aulte dune beste/tu peuz bien cõgnoistre quil nya point de difference. Et quesse que
de vng homme qui desprise toutes choses droictes et honnestes pour auoir puissan
ce/ne fait il pas ainsy que fist Pompee qui dõna sa fille en mariage a Cesar/ affin
quil fut plus puissant p la hardiesse de Cesar/ il luy sembloit estre biẽ vtile dauoir
grant puissance par senuie daultruy/ mais il ne veoit pas combien il estoit iniuste
au pays ne comme il estoit deshonneste. Et icelluy Cesar auoit tousiours en sa bou
che des vers q̃ souuent en grec ie les reciteray ainsy q̃ ie pourray/ et p auenture im/
perfaitemẽt/mais seulemẽt pour en auoir la sentence. Car ces vers disoyent q̃ se le
droit peut estre corrũpu et viole pour regner/ aussy peut il estre es aultres chose/ cõ
me sil vouloit dire q̃l peust estre corrũpu pour cause de regner/ et disoyent aussy ces
vers quõ doit garder pitie. Or Etheocles q̃ dit ces vers fut mauluais ɑ iniq̃ de les
dire/ aussy fut Euripides q̃ extrait des ditz de Etheocles vne chose la plº mauluai
se de toutes/ce sont ces vers dont noº vendõs de pler. Mais pourquoy parlons noº
de ces petites exemples des heritaiges/des marchandises/ et des venditions frau/
duleuses/ne deussions nous pas plustost parler de Cesar qui a conuoite a estre roy
des rõmains et seigneur de toutes gẽs/ɑ est paruenu a son desir. Et se aulcun veult
dire que ceste conuoitise est honneste il est foul/ car il a approuue de destruction des
loys et de la liberte/ et cuide que lopression dicelles qui est obscure et detestable soit
bonne et glorieuse. Mais p quelle menasse ou opprobre nous pourrons nous effor/
cer de oster de sy grant erreur/ celluy qui confesse bien quil nest pas honneste de re/
gner par force en vne cite qui a este franche/ et se doit estre/ mais il a dit q̃l est vtile
a celluy qui se peut faire. O dieux immortelz se puant et detestable Patricide et ho
micide de son pays peut il estre vtile a aulcun/ cõbien que celluy Cesar qui sy est
desecte soit nomme pere des citoyens contrains a luy obeir/ certainement nenny.
Et pourtant vtilite doit estre adrecee par honnestete tellement q̃ ces deux motz estre
pere des citoyens et regner sur eulx se doyuẽt raporter a vne chose/cestassauoir a hõ
nestete. Mais ie viens a la commune opinion/car selon lopinion commune il nest
point de plusgrande vtilite que regner/ et au contraire quant le amaine la rayson a
verite. Je treuue quil nest riẽs qui soit plus inutile a vng homme qui regne que re/
gner iniustement/car pourquoy il est possible que les tristesses/ les sollicitudes/ les
paours de nupt ɑ de iour/ sa vie qui est tresplaine de espies et de perilz puissent estre
vtiles a aulcun/nenny.

¶ Multi iniq̃ atq̃ infideles regno:pauci boni sunt inquit Actius. ¶ Mais cer
tes il pa beaucop de gens iniqs et desloyaulx q̃ regnent/ ɑ y en a bien peu de bons ce
dit Actius. Et pourtant a q̃ semble q̃ Tantalus ɑ Pelope tenissent iustemẽt le roy
aulme q̃lz auoyent acq̃s par fraude. Pource doncq̃s de tãt que tu voys q̃l pa moult
de gens iniques et infideles qui sont gouuernez par celluy qui cõtraint par force se

peuple rōmain a luy obeir/et a contraint a luy obeir la cite nō pas seulement frā
che.Mais quil commandoit aux aultres villes et citez/de tant doiz tu plus pēcer
quil ya de grans taches de conscience et de grans playes en luy.Dies comment luy
peut estre sa vie vtile quant elle est subiecte a telle conditiō q̄ celluy qui la luy oste
ra acquerra grant grace et grant gloire de tout le peuple.Et pourtant se ces choses
ne sont point vtilles qui semblent estre bien grandes/pource quelles sont plaines
de deshonneur et de turpitude il doit estre asses cler et apparēt quil nest rien vtile si/
non quil soit honneste.Et combien que ie lay monstre aultresfoys /touteffoys il a
este bien monstre en la bataille de Pirhus par le consulle Fabritius/et aussi par le
senat/car quant le roy Pirhus fist guerre au peuple rommain de son gre/laquelle
guerre il fist pour auoir lempire /car il estoit noble roy q̄ puissant/il se partist de son
chateau lung de ses gens q̄ senfuit au chateau de Fabritius/et promist a Fabritius
q̄ sy luy vouloit dōner aulcune chose/il iroit furtiuement au chateau de Pirhus dōt
il estoit parti / et feroit mourir le roy Pirhus par venin .Mais sitost que Fabriti⁹
leust ouy/il le fist prendre et lier et remener au roy Pirhus/dont son fait fut tressort
loue du senat.Or se nous deuōs demander lespece et opiniō de vtilite pour laisser
honnestete/tu vois que vng fugitif eust fait grāt vtilite a noz rōmains/car il eust
oste la guerre et occis le grant aduersaire de nostre cite et de tout lempire/mais ce
eust este trop grant deshonneur et diffame/pourtant que nous auōs bataille de lou
enge contre Pirhus.Et pource il neust pas este hōneste que Pirhus eust este vain
cu par peche q̄ nō pas par vertu.Et parce il sembla a Fabritius q̄ estoit tenu ainsy
saige a romme/comme Aristides a atheines/et aussy au senat qui iamais ne sepa/
re vtilite dauecques honnestete quil estoit vtile que on bataillast auecques Pirhus
par armes/et nō par venin.

[Sin ipse opes eppetuntur quoquo modo non poterunt esse vtiles cum infamia.
[Et se pour cause de gloire aulcun veult auoir empire et dominatiō/ il doit fuir
tout peche/car par peche on ne peut auoir gloire/ou se on veult desirer des richesses
elles ne pourropent iamais estre vtiles auecques infamie.Et pourtant lopiniō de
Philippus Lutius qui estoit filz de Quintus ne fut pas vtile/quāt il dit que les ci
tez seropēt de rechief tributaires/desquelles Lutius Scilla auoit prins vne somme
dargent par le cōseil du senat/affin qnelles ne feussent plus tributaires et que le se/
nat ne leur rendroit point largent quelles auoyent baille pour auoir liberte.Et pour
tant le senat se cōsentit a lopiniō dicelluy Philippus Lutius/dont il acquist grāt
deshōneue/et fut dit que les pyrates de mer ont meilleure foy que neust le senat.Et
se tu me veulx dire q̄ le senat ne fit pas mal de se accorder a lopiniō de Philippus
Lutius/car il le fist pour accroistre les tributz de la chose publiq̄.Je te demāde sy tu
seras biē sy hardi de dire q̄ toute chose q̄ est vtile pour accroistre les tributz soit hōne
ste/ie croy que nēny/car il nest pas possible que vng empire qui doit estre aourne de
gloire et beqniuolence des compaignons puisse estre vtile par hayne et par infamie
Et pource iay bien souuent discorde a lopiniō de nostre saige Chaton pource quil
ne deffendoit pas asses parfaictement le tresor de la chose publ.q̄ ne semblassienēt
les tributz/car il disoit que on ne deuoit point ottroyer aux fermiers chose quilz des

mandaſſent. Et que ſemblablemēt on deuoit reffuſer pluſieurs choſes que les compaignons de lempire demandoyent. Et touteſſoys nous leur deuons eſtre begnifiques et liberaulp/et leur faire pareiſſement que nous deuōs faire a noz laboureup Et encore plus pource que la coniunction quilz ont a nous eſt pour le ſalut de la choſe publique. Semblablement Curio fiſt bien mal quant il ſouſtenoit la cauſe des marchans eſtranges. Car il diſoit que ſelon equite ilz ne deuoyēt point poyer de tributz/pource que ce quilz faiſoyēt eſtoit pour le bien de la choſe publique/et que pour tant leur cauſe eſtoit iuſte puis quelle eſtoit vtile a la choſe publique. Et diſoit que toute choſe vtile a la choſe publique eſtoit hōneſte. Mais il deuoit pluſtoſt dire que elle neſtoit pas iuſte/pource quelle neſtoit pas vtile a la choſe publique/car par ſon opinion il euſt faillu que la choſe publique euſt perdu ſes tributz. Et pourtant quil diſoit quelle eſtoit vtile/il confeſſoit q̄lle neſtoit pas iuſte/car elle neſtoit pas vtile. Dies le ſipieſme liure des offices z vertuz que fiſt Heccaton eſt tout plain de teſſes queſtions.

❡ La premiere queſtion.

Car premier il demande ſe ceſt fait dung bon homme de ne nourir point de famille par le temps de la grāde cherte de blez/il argue dung couſte et daulſtre. Mais finablement il conclud que vng bon homme doit pluſtoſt adrecer ſes vertuz ſelon vtilite que ſelon humanite.

❡ La ſeconde queſtion.

Secondement il demande ſe vng bon homme eſt ſur la mer et que pour la tempeſte il faille allegir la nef et getter en la mer des choſes qui ſont dedans la nef/ ſe il doit pluſtoſt getter ſon cheual qui vault grant argent que vng meſchant ſerf qui y eſt et ne vault gueres. Finablemēt il dit que les vngz ayment mieulp ſauluer leur choſe familiere/pource quelle leur plaiſt plus/ et les aulſtres aymeroyent mieulp ſauluer lumanite de leur ſerf.

❡ La tierce queſtion.

Tiercemēt il demande ſe vng ſaige homme ou vng foul ſont en vne nauire ſur la mer/et q̄ la nef ſe rompt par nauffraige/ſe foul prent vne des tables de la nef rompue z ſe met deſſus pour ſe ſauluer ſil peut/le ſage ne la luy doit il pas oſter ſil peut Heccaton dit que non/car il feroit iniure au foul qui la deſia ocupee. Mais ſe le ſeigueur de la nauire la peut oſter au foul ne la luy doit il pas oſter puis que elle eſt a luy. Heccaton reſpont que non nō plus quil pourroit getter en lamer lung des mariniers qui ſont en ſa nef/ car la nef neſt point au ſeigneur tant quelle ſoit retournee ou elle a eſte prinſe/aincoys elle eſt aup mariniers qui y ſont.

❡ La quarte queſtion.

Quartement il demande ſe par nauffrage la nef ſe rompt z quily ayt vne table de la nef rompue ſur laquelle il ne puiſſe que vng homme/et touteſſoys il ya deup ſaiges hommes qui ſont ſur la mer et la veulent prēdre lequel des deup doit faire lieu lung a laultre. Il reſpōt que ſe lung deulp a pluſgrāt intereſt de viure ſoit pour luy meſme ou pour la choſe publique/laultre luy doit faire lieu. Mais ſilz ſont auſſy ſaiges lung comme laultre et que lung nayt point plus grant intereſt de viure que

aultre lequel la doit prendre. Heccaton dist q̃ celluy qui la pourra prendre le premier
la doit auoir.

Quintement il demande se vng homme emble les cognins aux terriers de la gue∕
rine qui appartient a la chose publique de quelque ville/et que son filz le sache bien
ne le doit il pas dire aux magistraux et au recepueur dicelle chose publique. Hecca∕
ton respont que ce seroit bien mal fait au filz de le dire/aincops se sont pere en estoit
reprins il le deuroit deffendre. Et se tu veulx conclure pource que le bien ne deuoit
pas estre mys deuant to⁹ les aultres biens/sy fait. Mais il est vtile aux pays que
les parens soyēt piteables les vngz des aultres/et principallemēt le filz du pere.

Septement Heccaton demande se vng homme par tyrannie vouloit trahir le pays
et le bailler aux ennemys et son filz le scait bien/se doit il taire ou sil le doit dire. Jl
respont que se filz doit premierement prier son pere quil ne le face pas. Et se le pere
nen veult riens faire pour sa priere il le doit menacer de le dire/꙳ se pour sa menace
du filz le pere nen laisse riens a faire et que se filz congnoisse quil le vueille faire/il
le doit accuser et mettre le salut publique deuant celluy de son pere.

Pour la septiesme question il demande se vng saige hõme prent de faulse monnoye
en payement cuidant quelle soit bonne/mais touteffoys il cõgnoist bien apres quel
le est faulse. En doit il payer ceulx a qui il doit et la bailler cõme bonne. Dyogenes
dist quil le peust faire. Mais Antipater dist que non fait/꙳ suis de son opinion.

Semblablement se vng homme a du venin duquel il ne veult point pource q̃l scait
bien que cest venin/sil le vend a vng aultre ne doit il pas dire que cest venin. Dyo∕
genes dist quil ne luy est pas necessaire de le dire. Mais Antipater dit que vng bon
homme le doit dire/et ce sont les droitz et controuerses des stoiques.

Mais se aulcun vend vng serf qui soit vicieux ne doit il pas dire les vices q̃ sont
ou serf/ non pas ceulx quil est tenu de dire par le droit ciuil/aultremēt il seroit con∕
traint de reprendre son serf et rebailler largent. Mais les aultres vices comme sil
est manteur/ioueulx de dez/larron/ou purõgne/les vngz dient quil les doit dire/et
les aultres que non fait.

Di se quelque vng vend a vng bon marchant de lor cuidãt que ce soit leton/se mar
chant luy doit il remõstrer que cest or/ou sil le doit achapter sans le luy dire et auoir
pour vng escu ce que en vault plus de mille/iay assez mõstre dessus ce qui men sem
ble/et aussy la controuerse qui est entre Dyogenes et Antipater.

Mais les pactions et promesses qui sont faictes entre aulcuns ne doyuent elles
pas tousiours estre gardees quant elles ne sont point faictes par dol ne p̃ contrain
te. Comme se aulcun est malade de la goute ꝗ que vng medecin luy baille medicine

pour en guerir par tel que le malade promet au medecin que sil guerist par celle me/
decine iamais il nen vsera il prent ceste medecine ↄ en guerist de sa goute. Mais vng
peu de temps apres il rechiet en sa maladie/et vient au medecin luy prier que il luy
ottroye quil puisse vser de sa medecine/par laquelle il estoit aultresfoys guery le me
decin ne luy veult pas ottroyer que doit il faire. Je te dis que puis que celluy qui
ne veult pas ottroyer vne chose pour la sante daultruy est inhumain et q on ne luy
fait point diniure de la faire/ il en peut bien vser pour son salut et pour sauluer sa
vie.

<h3>℧La douziesme question.</h3>

Di se vng malade fait son testament et quil institue vng saige homme son heritier
et luy laisse vne grant somme dargent par telle condition que deuant quil entre en
leritaige/ il pra en iugement en plain iour et deuant tous ceulx qui y seront il sera
troys ou quatre saulx/et luy prie le testateur quil le face/car aultrement il ne le fait
point son heritier pourquoy se saige luy a promis le doit il pourtant faire. Certaine
ment ie ne le vouldroye pas auoir promis/ et croy que vng saige homme ne le pro/
mettroit iamais. Mais nonobstant quil a promis sil voyt que ce soit deshonneste
chose de saulter en iugemēt il sera plus honnestemēt sil ne saulte point ↄ sil ne prent
rien de leritaige que sil saultoit et il en print aulcune chose/ sy non ql le voulsist fai/
re pour conuertir largent quil y gaigneroit et lutilite de la chose publique/ car en ce
cas il ne luy seroit pas deshonneste de saulter en iugemēt. Mais aussy les promes/
ses qui ne sont pas vtiles a ceulx a qui elles sont promises ne doyuēt pas estre gar/
dees. Car affin que nous retournions aux fables/ le souleil promist a son filz Phe
ton de luy ottroyer vne demande. Pheton luy demāda et pria quil menast vng iour
ses cheuaulx et son chariot q le mainent/ le souleil fut contraint de luy ottroyer pour
la promesse quil luy auoit faicte/et Pheton mena les cheuaulx ↄ le chariot ou estoit
son pere le souleil/et fist tellement courir les cheuaulx que deuant quil cessast il ap/
proucha tant son pere de la terre quil ten..t sy grant chaleur sur terre quil brula to⁹
les biens/ↄ fist beaucop de mal. Et pourtant il eust este meilleur au souleil ql neust
pas tenu a son filz Pheton la promesse quil luy auoit faicte. Semblablement The
seus qui fut filz de Egenes apres la mort de sa premiere femme espousa Phedra la
fille de Minos. Di de sa premiere femme il eust vng filz nōme ypolite/ lequel sem/
bloit sy beau a sa marrastre Phedra q elle en fut amoureuse/ↄ pria ypolite de auoir
coulpe charnelle auecques elle. Mais ypolite la treffusa pource quelle estoit femme
de son pere Phedra/et en eust sy grāt despit quelle dit a son mary Theseus que son
filz ypolite lauoit priee damours/ mais quelle ne lauoit pas voulu pour ceste cause
Theseus eust fort en suspetion son filz ypolite. Di pource que le dieu Neptunus
auoit ottroye a Theseus quil desirast troys choses et quelles seroyent acomplies il
desira au dieu Neptunus quil fist mourir son filz ypolite/ et pource Neptunus le
fist mourir. Et Theseus aps que son filz ypolite fut mort en fut moult desplaisant
et en ploura merueilleusement. Et pourtant il luy eust mieulx valu que le dieu Ne
ptunus ne luy eust pas garde sa promesse quil luy auoit promise. Semblablement
Agamenon promist a la deesse Dyana q il luy sacrifieroit le plus beau enfant qui

naiſtroit lannee en ſon royaulme/et fut lannee quil bataiſla côtre ſes citoyens.Oz
en ceſſe annee il ne naquit point ſy beau enfant en ſon royaulme que ſa fiſſe Jpine
gias. Et pour acomplir ſa promeſſe luy fut neceſſite quelle fut ſacrifiee a la deeſſe
Dyana. Mais il euſt mieulx valu a Agamenon quil neuſt pas tenu ſa promeſſe
a Dyana que commettre ſy deteſtable peche de tuer ſa fiſſe.Pource doncques on ne
doit pas touſiours garder ſa promeſſe.Et ſembſablement ſes choſes qui ſont diſpo
ſees et bailſees en garde a queſcung ne dopuent pas touſiours eſtre rendues/car ſy
vng homme ſaige et bien ſain de ſa penſee te baiſſe vng couteau a garder et il deui/
enne foul et te demande ſon couteau quil ta baiſſe en garde/ſe tu ſe luy rens tu fe/
ras peche et feras grant bien ſe tu ne ſe luy rens pas. Mais ſe queſcung a depoſe
a ton hoſteſ vne ſomme dargent et depuis il aduienne quil maine guerre contre ton
pays ſil te demande ce quil ta baiſſe en garde ſe luy dois tu rendre/nenny/car tu fe/
ropes contre le bien de la choſe publique/laquelle doit eſtre treſcheremêt gardee. Et
par ainſy pluſieurs choſes qui ſemblent eſtre honneſtes de ſeur nature ſont deſhon
neſtes en aulcun temps/car il neſt pas honneſte de faire ce que on a promis ou dete
nir ſes conuentions que on a faictes/ou tendre ce que on a baiſſe en garde quant ſu
tilite eſt muee. Ores il me ſemble que iay aſſez parſe des choſes qui ſemblent eſtre
vtiles contre la vertu de iuſtice par ſaintiſe de prudence.

⸿ De la comparopſon de honneſtete et vtilite en la vertu de force.

Pource que nous auons parſe ou premier liure des offices et ver
tuz qui viennent des quatre fontaines de honneſtete qui ſont pru
dence/iuſtice/force/ et attrempance. Pourtant fault il que nous
retournous a en parſer en monſtrant comme ſes choſes qui ſem
blent eſtre vtiles ꝗ ne ſe ſont pas/ſont ennempes des vertuz.Oz
nous ſauons môſtre en la vertu de prudence/ſaꝗſſe malice veult
enſupute/et auſſy en la vertu de iuſtice qui eſt touſiours vtile. Mais il fault mon
ſtrer es deux aultres parties de honneſtete/ deſquelles ſune eſt force qui eſt veue en
la grandeur et nobleſſe du courage excellent. Lauſtre eſt attrempance qui eſt en la
confirmation et moderation de continence. Oz il nous fault parſer de la guerre et
diſcention qui ſemble eſtre entre honneſtete ꝗ vtilite en la vertu de force.Vlixes qui
eſtoit du pays de grece fut vng des principaulx conducteurs de la guerre que ſes
grecz eurent contre ſeſtroyans/et Ayaix ſe fort qui eſtoit treſuaillant homme mili
toit en iceſſe guerre ſoubz iceſſuy Vlixes.Mais aulcuns poetes tragiques ſaignêt
en ſeurs tragedies que pource que Vlixes eſtoit ennupe et ſas deſtre en la guerre il
ſaignit eſtre enrage et hors de ſon ſens pour fuir la cheuaſſerie/ et affin quil fut en/
uoye en ſon pays. Mais honneurs ſe vray acteur na point de teſſe ſuſpection ſur
iceſſuy Vlixes/car il ne dit point que iamais il ſaigniſt deſtre enrage pour fuir ſa
cheuaſſerie/ et auſſy il neuſt pas eſte honneſte ne vtile a iceſſuy Vlixes ſe pourroit
dire par auenture queſcung/ eſt il honneſte a Vlixes de faindre eſtre enrage pour
vouloir regner en paix et viure en oyſiuete auecques ſes parens et ſa femme Pene

ſi ii

lopes a son filz Thelematus/car il neust peu acquerir honneur a prendre seulemēt
le labour cothidien de son hostel et estre en oysiuete. Mais ie croy que celle faintise
que les poetes luy imposent doit estre desprisee et regettee/car pource quelle nest pas
honneste elle ne pourroit estre vtile. Car pourquoy que pēces tu se Vlixes eust parse
uere en celle faintise que Ayax le fort qui estoit son ennemy et auoit le serment de
cheuallerie soubz luy eust dit de luy neust il pas dit apres ce que Vlixes auoit fait
de grans faiz en la bataille que luy tout seul eust desprise sa foy/et quil eust faint de
stre hors de son sens pour fuir/et quil sen fut alle sans dire ou il alloit sy eust/car il
estoit sy cault en la sapience de Palas quil eust bien aperceu la mauluaise hardies/
se de Vlixes et comment il vouloit faulcer sa foy et son serment. Et pource il valut
mieulx a Vlixes quil bataillast non pas seulement cōtre ses ennemys/mais aussy
contre les fleuues comme il fist que qui eust laisse les grecz faisans batailles cōtre
les estranges tropane. Mais laissons les fables et les faiz des estranges/et reue/
nons a nostre propre fait. Marcus/Attilius. Regulus moult grant et prudēt hom
me qui auoit este vne foys consulle le fut fait derechief/ et fut enuoye en la guerre
que nous rōmaine eusmes contre les afficās/en laquelle par trahyson il fut prins
en son chasteau par les afficās/desquelz estoit empereur et gouuerneur Pantibus
le lacedemonien qui estoit pere de Hannibal. Et pource noz rōmains auoyēt prins
des africans prisonniers/ il fut aduise par iceulx afficans que se noz rommains
vouloyent rendre leurs prisonniers quilz rendroyent Marcus Regulus et ses gēs
Et pour sauoir sil se feroit ainsy les afficans furent contans de enuoyer a romme
Marcus Regulus deuers le senat pour sauoir se noz rommains seropēt de ce fai/
re contans. Mais deuant que Marcus Regulus partit de carthaige les afficās
luy firent faire serment que se noz rommains ne vouloyēt rendre leurs prisonniers
qui estoyent bien nobles gens/ il retourneroit a carthaige/ ainsy le iura et se partit
de carthaige pour venir a romme/et quant il fut a romme il pensa bien lutilite quil
se pouoit faire/cestassauoir de demourer a romme en sa maison auec sa femme et
ses enfans en excerrant son office de consulte/et en iugement que la calamite et mi
sere quil auoit eue en sa guerre estoit cause a la fortune de guerre/ mais il ne tenoit
compte de celle vtilite pource quil la iugeoit estre faulse. Mais comment ya il aul
cune chose qui puisse iuger celle vtilite estre faulse/ certes ouy. Car la grandeur du
courage et la force la iugent estre faulse/ il nen fault point demander de meilleur
tesmoing que Regulus. Car la ppre chose de la vertu de force sy est/quon ne doit ri
en craindre/ aincoys doit on despriser toutes choses humaines/ et ne doit on point
pencer ne croire que chose qui puisse aduenir a vng homme luy soit intollerable. Et
pourtant escoute que fist Regulus/ il vint au senat et exposa sa cause pourquoy il
estoit venu/disant que les afficans lauoyent enuoye pour sauoir se on vouloit ren
dre leurs prisonniers pour se rachapter luy et ses compaignons. Or pource ql estoit
des plus anciens on luy en demanda premierement son opinion/et il respondit quil
nen diroit riens/ car il disoit que entant quil estoit tenu aux ennemys par le sermēt
quil leur auoit baille il nestoit pas senateur. Mais ce nonobstant les senateurs di

rent quil en diroit son opinion. O foul homme se pourroit dire aulcun et repugnãt
a son vtilite qui dist que les prisonniers des affricans ne doyuent pas estre renduz
pource quil nestoit pas vtile a la chose publique/car il dist quilz estoyent ieunes a-
dolescens fors et bons conducteurs de guerre/ et il estoit ia tout vieil et ne pouoit
plus gueres. Et pourtant lauctorite de luy fut tenue/ car les prisonniers furent re-
tenuz/ τ il sen retourna a carthaige et ne se peust oncques retenir lamour du pays/
la priere de sa femme/de ses enfans/ne de tous ses amys. Et touteffoys il ne igno-
roit pas que ses ennemys estoyent cruelz et quilz le feroyent mourir cruellement/
aincoys il ayma mieulx garder son serment/ et nonobstant que quant il fut a carthaige ses ennemys le firent mourir piteusement/ car il luy couperent toute la cou-
uerture des yeulx/et le firent mourir de fain en veillant sans ce quil peust aulcune
ment dormir. Touteffoys sy estoit il en meilleure cause que sil fust demoure en son
hostel vieil et ancien prisonnier en periure consule. Et se tu me dis que combien que
Regulus fut dopinion q̃ les prisonniers affricans ne debuoyẽt point estre deliurez/
touteffoys sy ne deuoit il pas destourber le senat de les deliurer. Et se tu veulx dire
que pour ceste cause il fut bien foul/ ie te demande comment foul/ sy tu dis quil ne
les deuoit pas garder destre deliurez/combien quil ne fust pas vtile a la chose publi
que/ il fault sauoir se ce qui est inutile a la chose publique peut estre vtile a aulcun
citoyen/ ie te dis q̃ nenny. Et pour ceste cause les hommes peruertissent et degastẽt
les fondemens de nature quant ilz separent vtilite et honnestete densemble.

Omnes enim expetimus vtilitatem ad eamq̃ rapimur: nec facere aliter vllo
modo possumus. Et se tu me de demandes la cause pourquoy ilz les separent.
Ie te respons que cest pource que nous desirons tous vtilite et y mettons toute nostre pencee/τ sy ne voulons point faire aultrement/car pourquoy/qui est celluy qui
suiura vtilite ou qui ne mettra toute son estude τ sa cure a lensuyure/ie croy quil en
ya bien peu. Mais pource que nous ne pouons trouuer les choses vtiles/sy non en
louange/en honneur/τ en honnestete/pour ceste cause nous le deuons ensuyure pre
mierement et principallement. Mais nous ne reputons point le nom de vtilite sy
resplendissant comme nous le reputons necessaire.

Le premier argument.

Ores il me semble que on puisse arguer par plusieurs moyens contre le fait de Re
gulus. Car premierement nonobstant quil eust iure et fait serment a ses ennemys
de retourner. Touteffoys il ne deuoit point craindre a se piurer/car le dieu Jupiter
ne sen fust point courrouce pource q̃ cest lopinion de tous philosophes tant de ceulx
qui disent que Jupiter ne se mesle point des faiz des hommes/ comme de ceulx qui
disent quil sen mesle/τ que Jupiter ne se courrouce point τ quil ne nuyst point a aul
truy Et pour ceste cause il ne deuoit point laisser a se pariurer.

Le second argument.

Secondement pourroit on ainsy arguer quant Regulus se fut pariure et que Jupi

ter sen fut courrouce sy ne luy pouoit il plus nuyre que luy mesme seft nupst/ car il
ne se pouoit que faire mourir comme luy mesme seft fait mourir. Et pourtant son
serment ne pouoit estre sy grant quil en deust laisser a faire son vtilite qui estoit sy
grande/ pource doncques il neust point fait de mal de soy pariurer.

❡ Le tiers argument.

Tiercemēt on pourroit ainsy arguer de deux maulx on doit eslire le moidre. Mais
ce nestoit pas sy grant mal dauoir sa honte de se estre pariure comme de souffrir sa
douleur de la mort quil souffrit. Et pource il se deuoit pariurer pour souffrir le mo=
indre mal.

❡ Le quart argument.

Quartement Attius recite que vne foiz Attreus promist a son ennemy faire vne
chose/ laquelle il ne fist pas. Et pourtant il fut interrogue par aulcuns sil ne seftoit
pas pariure et faulse sa promesse. Et il respondit que nenny/ car il disoit que on ne
doit garder foy ne leaulte a son ennemy. Et pource Regulus ne deuoit point garder
sa foy ne sa loyaulte aux carthagiens qui estoyent ses ennemys.

❡ Le cinquiesme argument.

Quintemēt ainsy que nous disons quil ya daulcunes choses qui semblent estre vti
les et ne le sont pas. Semblablemēt peut on dire quil ya daulcunes choses qui sem=
blent estre honnestes et ne le sont pas/ comme il sembloit a Regulus quil estoit hō=
neste pour garder son serment de retourner a sa peine et au tourment que ses enne=
mys luy deuoyent faire. Mais a la verite il nestoit pas honneste pource que ce qui
est promis aux ennemys par force ne doit pas estre tenu.

❡ Le sixiesme argument.

Septement on pourroit ainsy arguer contre Regulus/ toute chose qui est beaucoup
vtile est honneste/ combien quelle ne se semble pas estre. Et pource doncques quil
estoit beaucop vtile a Regulus de sauluer sa vie il luy estoit honneste/ et voyez sa
pres que tous les argumens que on pourroit faire contre Regulus. Mais il fault
veoir au contraire et respondre a chescun diceulx argumens.

❡ La solution du premier argument.

Et quant au premier qui dit que Regulus ne deuoit point craindre sil se pariuroit
que Jupiter sen courroussast ne quil nupsist/ car il ne se courrouce poit a sy ne nupst
a personne. Or il me semble que ceste raison ne vault point contre Regulus plus
que contre tous les sermens que on pourroit faire. Ores aux sermens que on fait
on ne doit point prendre de garde a la paour que on en peut auoir/ aincops on doit
prendre garde quelle force a le iugement/ car cest vne sainte affirmation. Et quant
on promet par serment faire quelque chose on le doit tenir/ car dieu en est comme le
tesmoing. Et pourtant il est cler que la force du serment ne appartient pas au cour
roup ou a lire des dieux/ ayns elle appartient a iustice et a foy. Et Ennyus le poe=
te dit a ce propos que le iurement est la haulte foy et le pin conuenable de Jupiter.
Et pourtant qui viole son serment il viole foy/ laqlle est ce cieulx voysine ou grāt

dieu Jupiter/ ainsy comme on dit noz anciens/ et comme dit Chaton en son oray/
son.

¶ La solution du second argument.

Et quant au second argument qui dit que pose que Jupiter se fust courrouce a Re
gulus pour auoir faulse son serment. Touteffoys sy ne luy eust il peu nuyre plus
que luy mesmes sest voulu nuyre/ ie le confesseroye bien sil ny auoit aultre chose
que douleur que fust mal. Mais les philosophes afferment que douleur nest pas
seulement mal/aincoys ce nest point de mal. Regulus leur en a este bon tesmoing.
Et pourtant on ne doit point blasmer le tresgrãt hõme Regulus sil a voulu souf/
frir douleur pour sauluer son serment/ voulez vous doncques demander vng plus
grant prince au peuple rommain que celluy qui pour retenir a luy vertuz a voulu
souffrir peine et torment.

¶ La solution du tiers argument.

Or pour venir au tiers argument qui dit que Regulus deuoit eslire le moindre de
deux maulx/ et que cestoit moins de mal de faulcer son serment que de souffrir la
peine et la calamite quil sauoit bien quil luy fauldroit endurer. Mais ie demande
sil ya point de plusgrant mal que turpitude/ laquelle doit auoir grant mauluaistie
et puantise quant elle est au courage dung homme puis quelle a sy grãt blasme en
la difformite du corps. Et pourtant ceulx qui entendent fermemẽt et constantemẽt
que cest de turpitude/ilz osent bien dire q̃ ce q̃ est plain de turpitude est mal. Mais
ceulx qui ne le entendent pas robustemẽt ne fermement ne doubtent point que dou
leur ne soit le souuerain mal.

¶ La solution du quart argument.

Et au quart argumẽt que cecite Actius/ il dit que on ne doit point garder la foy ou
loyaulte q̃ on a pmise a vng mauluais hõme/car elle est nulle. Mais il fault bien
regarder quon ne acq̃ere point la malice de pariurement/ car on doit bien souuent
garder le droit de bataille et la foy de iurement que on a baille a son ennemy.

¶ Est aũt etiam ius belli cum fidesq; iusiurandi sepe hosti seruanda.¶ Car quãt
tu as fait vng serment et ta pencee concoit que tu le doiz tenir/ lors tu le doiz gar/
der. Mais se tu congnois que tu ne le doibues pas garder et tu le faulses/ tu ne te
pariure point/comme se tu as trouue des larrons sur vng chemin qui te voulopent
couper la gorge/ sy non que tu as iure que tu leur apporteras vne somme dargent/
affin quilz ne te facent point de mal. Et apres q̃lz sont laisse aller tu faulces ta pro
messe/ce nonobstant tu ne faiz point de fraude/ et se tu en as iure tu ne te pariures
point/car les pyrates de mer ou les aultres larrons ne sont point cõtenuz ou nõbre
de ceulx qui sont ennemys par bataille/aincoys ilz sont cõmuns ennemys de tous.
Et pourtant on ne doit point garder la foy ne le serment que on leur a promis/ car
quãt on iure vne chose faulse on ne se pariure point. Mais a nostre coustume vng
homme se pariure quãt il ne acomplist pas le serment/lequel il est tenu de acomplir

selon la sentence et opinion de son courage. Et a ce propos dit Euripedes/ combien
dist il que iaye iure de sa langue/ touteffoys ie nay point iure de ma pencee. Mais
Regulus ne deuoit point rompre les pactions et conditions quil auoit faictes auec
ques ses ennemys les affricans. Car ilz estoyent ennemys/ iustes/ et legitimes/ les
quelz estoyent obligez a noz rommains en tout droit de bataille et en plusieurs aul
tres droiz communs. Et pareillement noz rommains a eulx/ et se noz rommains
neussent estez obligez iamais ne leur eussent renuoye les dix nobles hommes/ les
quelz ilz ne voulurent pas rachapter/ mais les leurs renuoyerent tous spez/ comme
nous monsterons tantost apres. Semblablement Titus Vetutius/ et Spurius
Posthumus/ qui auoyent este vne foiz consules le furent faiz de rechief affin quilz
conduisissent lexcercite de la bataille que noz rommains eurent a lencôtre des sanni
tes. Mais ilz la gouuernerent sy mal que eulx et toutes leurs gens furent prins et
mys en la subiection diceulx sannites. Et quât ilz virent quilz estoyent en seruitu/
de ilz firêt paix auecques les sannites/ affin quilz sen retournassent a romme sans
mal. Et quant ilz furent deuers le senat et ilz eurent dit comment ilz auoyent este
prins et comment ilz auoyêt fait paix/ le senat les renuoya aux sannites pource qlz
auoyent fait paix aux ennemys sans le consentement du senat ne du peuple rom/
main et furent habondônez a iceulx sanites. Et Spurius Posthumus qui fut ha
bondonne en fut cause/ car il dist au senat quil se deuoit ainsy faire. Et pourtant le
senat voulut garder le droit de bataille en ce faisant. Et pource q̃ la paix auoit este
faicte auecques les sannites pour lauctorite de Tiberius Munitius/ et de Quin
tus Enisius/ qui pour lors estoyent tribunes du peuple rommain pour ceste cause
furent ilz renuoyez aux sannites et habondônez pour rauoir sa guerre et reffuser sa
paix. Et long temps apres Gapus Mancinus fut enuoye pour côduire la batail/
le contre ceulx de mymence. Et pource quil fut mis en captiuite et misere par iceulx
mymenciens il fist paix auecques sans lauctorite du senat/ affin quilz ne le feissent
point mourir/ il vint a romme et recita commêt il auoit fait paix auecques les my
menciens. Quant les senateurs leurent ouy il luy remonstrerent côme il auoit fait
contre la loy que Lucius Furius et Septus Attilius auoyent constituee par laucto
rite du senat/ par laquelle il estoit dit que se aulcun faisoit paix auecques les enne/
mys sans lauctorite du senat il seroit habondonne aux ennemys. Et quât Gapus
Mancinus sceut que la loy estoit telle/ il pria au senat que la loy fust gardee et quil
fust renuoye et habondonne/ et ainsy fut il fait. Et pourtât il fist plus honnestemêt
que Quintus Pompeyus q̃ semblablemêt auoit fait paix auec les ennemys sans
lauctorite du senat. Mais nonobstant que on luy eust remonstre quil auoit fait con
tre la loy/ il pria au senat que pour ceste foiz on luy pardonnast et quil ne fut point
habandonne/ le senat luy ottroya sa requeste sans prendre garde a la loy. Et pour ce
ste cause ce qui sembloit estre vtile valut plus que ce qui estoit honneste. Et toutes/
foys enuers noz anciens lespece de vtilite qui est faulce a tousiours este surmontee
par lauctorite de honnestete.

¶ La solution du cinquiesme argument.

Et pour respondre au cinquiesme argument que on pourroit faire contre Regulus
par lequel on pourroit dire quon ne doit point tenir ce que on a promis par force/
comme qui vouloroit dire que on peut faire force a vng fort homme qui nest pas de
dire. Et pourtãt on peut demander pourquoy Regulus retournoit de carchaige au
senat puis ql vouloit garder les senateurs de rendre les prisonniers. Et ie respons
que se tu len veulx blasmer tu le blasmes de ce dõt il doit estre le plus loue/ car il ne
se vouloit pas arrester a son opinion/mais vouloit quil en fut fait selon le ingemt
du senat. Et touteffoys sil neust este les prisonniers eussent este rendus aux affri=
cans/et par ainsy il fust demoure saulue a romme. Mais pource quil vist que ce ne
stoit pas lutilite de la chose publique que les prisonniers fussent renduz/ il dit quil
lup estoit honneste de endurer la mort quil endura.

❡ La solution du sixiesme argument.

Et pour respondre au sixiesme argument par lequel on pourroit arguer contre luy
en disant quil est honneste a tout homme de faire ce qui est beaucop vtile/ certaine=
ment ie dy quil est honneste de ne le faire pas. Car il nest rien vtile sy non quil soit
honneste/ et ne disons pas vne chose estre honneste pource quelle est vtile/ aincoys
nous la disons estre vtile pource quelle est honneste. Et pource de plusieurs merueil
leuses exemples nous nen pourrions pas dire ne racõpter vne qui soit plus a louer
ne plus noble q celle de Regulus/mais de toute la souenge de Regulus il npa que
vne chose dõt on se doye esmerueiller. Cest dont il fut dopinion que les prisonniers
ne deuoyẽt point estre renduz/car no⁹ ne nous esmerueillons point dont il retourna
a carchaige/car en son temps il ne le pouoit faire aultrement. Et pourtãt la louẽge
ne luy doit pas estre attribuee/mais au temps auquel il estoit.

❡ Nullum etiam vinculum ad astringendaz fidem iureiurando maiores arctius
esse voluerunt. ❡ Car les anciens qui estoyent deuant luy/ ⁊ aussy ceulx qui estoy
ent de son temps disoyẽt quil ny auoit point de lyen qui lyast sy fort la foy de lomme
cõme faisoit le iurement/ ⁊ les loys des douze tables le nous monstrent clerement/
et aussy les saintes loys et les aliences par lesquelles on est tenu de garder sa foy a
son ennemy. Et semblablement plusieurs aultres reigles le no⁹ demonstrent et les
inquisitions des censeurs/lesquelz ne iugent point sy diligemmẽt vng homme pour
quelque aultre chose comme ilz font quant il a faulse son serment. Et pour mõstrer
comment ilz gardoyent leurs serment en ce temps Lucius Manlius qui estoit filz
de Aulus fut esleu dictateur par noz rommains / et Marcus Pomponius qui
estoit tribune du peuple lup assigna certain iour iusques auquel il exerceroit la dic
tature. Lucius Manlius se plaignoit que Marcus Pomponius luy auoit assi=
gne trop court iour/et en estoit tresfort courrouce contre luy/et aussy pource que ice
luy Manlius auoit vng filz qui estoit nomme Titus/ et fut apres appelle Tor=
quatus comme nous verrons/lequel filz fut condempne par Marcus Pomponi=
us a estre relegue et bãny pour demourer en vne isle iusques a certain temps. Pour
ces deux causes Luci⁹ Manlius estoit tresfort courrouce cõtre Marc⁹ Pompõni⁹.
Et quãt le iour iusqs auql Luci⁹ Mãli⁹ deuoit estre dictateur se approucha Tit⁹

son filz pensa que ce iour on osteroit la dictature a son pere sil ny mettoit remede/et
Bist bien quil estoit necessite quil aidast a son pere. Et pource sen partit et sen Bint a
romme/et Bng iour bien matin il alla a lostel de Marcus Pomponius pour par/
ler a luy et se demanda a lung des seruiteurs de lostel seql alla a son maistre q estoit
encore couche et luy dist que Titus le filz de Lucius Maulius le demandoit. Lors
Marcus Pomponi' cuida que Titus se fut courrouce a son pere et quil luy Boul/
sist raporter quelque chose contre son pere. Et commanda a son seruiteur quil le fist
entrer/et dist Pomponius a ceulx qui estoyent en sa chambre quilz sen allassent ius
ques a ce que Titus eust parle a luy. Titus entra en sa chambre ou estoit Mar/
cus Pomponius et tira Bng grant couteau quil auoit/en iurant quil se tueroit sil ne
luy promettoit par serment quil feroit tant que on laisseroit son pere exercer la dic
tature iusques Bng certain temps quil luy dist. Marcus Pomponius eust sy grat
paour quil ne se tuast q il fist tresgrant serment a luy promist. Titus sen retourna/
et Marcus Pomponius alla au peuple reciter comment Titus lauoit Boulu tu/
et sil ne iuroit quil laisseroit son pere exercer la dittature iusq̃s a Bng certain temps
quil luy auoit dit/et que pour la grande paour quil auoit eue que Titus le tuast/il
lauoit ainsy iure. Et parce il luy estoit necessite quil le laissast encore ioyr de la dicta
ture iusques au temps que Titus luy auoit assigne/et pour sauluer son serment il
sen laissa ioyr/ nonobstant quil eust este contraint par force a faire le serment. Et
pource ceste exemple nous monstre bien clerement comment en ce temps ilz se gar/
doyent bien de faulser leur serment. Or ce Titus Maulius dont nous auons par
le fut apres appelle Torquatus/pource quil tua Bng homme du pays de gales ap/
pelle Auienes le Gale/seql luy auoit fait desplaisir. Et apres ce quil leust tue il luy
osta Bng collier dor quil auoit au col. Ores Bng collier selon le langage latin est nõ
me torques/et pour consoner au mot il fut appelle Torquatus. Et a la troisiesme
foiz quil fut consulle il subiuga les latins. Et nonobstant quil eust este secourable
a son pere. Toutesfoys sy fut il bien cruel a son filz/ car quant il fut empereur son
filz batailla côtre son empire. Mais il fut Baincu par Torquatus son pere/lequel
pere le tua apres ce quil leust Baincu. Et pourtant il fut bien cruel contre luy. Ores
comme nous deuõs louer Regulus pource quil ne Boulut pas faulser son serment
Semblablement deuons nous louer les dix que Hannibal print prisonniers en la
bataille de cannes/car il les renuoya a romme apres ce quilz furent prins pour sa/
uoir se le senat les rachapteroit/et leur fist iurer que se le senat ne les Bouloit racha
pter ilz retourneroyêt dedãs son chasteau/a silz ne fussent retournez ilz eussent este
Bituperez de toutes gês. Ores quãt ilz furêt a rõme deuere le senat et que les sena
teurs leur eurêt dit qlz sen retournassent pource qlz ne seroyêt poit rachaptez ilz sen
retournerêt. Mais cõme escript le bon aucteur Polibi' ilz ne furêt pas to' dũg cou/
rage. Car des.x.il en y eust Bng qui entra dedãs le chasteau et en saillit incõtinant
disant ql auoit oublie de faire quelque chose a rõme/a sen alla a rõme pour y demou
rer. Et quant on luy dist quil sestoit pariure il dit que non estoit/car il estoit retour/
ne dedans le chasteau de Hannibal/ ainsy quil auoit iure. Mais le senat Bist bien

quil nauoit pas bien fait/car nonobstant ceste fraude il se partiroit mauluaisemēt
et estoit vne folle fraude/laquelle vouloit mauluaisement ensuyure prudence. Et
quil estoit vng homme tresmauluais et malicieux/le senat le fist prendre et lyer/et
ramenet a Hannißal. Mais le senat fist bien encore plusgrant chose/car deux con-
sulles/cestassauoir Paulus et Varro auoyent soubz eulx. viii. mille hommes pour
batailler contre Hannißal/et les auoyēt laissez en leurs chasteaulx. Hānißal auecques ses gens les vint assegier. Et finablement ilz furent sy fort pressez quil leur
fut force de eulx eufermer en leurs chasteaulx/desquelz ilz neussent peu saillir sans
estre detenuz en captiuite. Ilz manderent au senat quil les rachaptat/le senat leur
māda quil ne les rachapteroit point/combien quil les eust bien peu rachapter pour
peu dargent/et que silz se voulopēt laisser mourir quil sen raporteroit a eulx/et leur
mandoit le senat ceste responce principallement pour leur donner cueur de vaincre
leurs ennemys. Quant Hannißal sceut quil auoit este delibere au senat quilz ne se
ropent point rachaptez il eust tresmauluais courage/comme recite Polybius pource quil sceut que le senat et le peuple rommain auoyent sy grant courage en leurs
afflictions et miseres. Et par ainsy les choses qui semblent estre vtiles sont vaincues par la comparation de honnestete. Mais Attilius qui escripuit en grec listoy-
re des rommains racompte que plusieurs retourneroyent aux chasteaux/ausquelz
ilz auoyent iure de retourner et ny demourroyent pas. Mais ilz le faisoyent seulement pour cuider sauluer leur sermēt/comme le disiesme de ceulx que Hannißal enuoya dont nous auons parle dessus. Or nous auōs assez parle de la comparayson
de vtilite et honnestete qui peut estre en la vertu de force/car il est bien apparēt que
les choses qui sont faictes par courage craintif/humble/abaisse/et rompu ne sont
pas vtiles/pource quelles sont mauluaises/infames/et deshonnestes/comme eust
este le fait de Regulus se pour son vtilite il eust delibere que le senat deuoit rendre
les prisonniers pour le rachapter/affin quil fut demoure en sa maison et quil eust
laisse le proffit de la chose publique.

¶ De la comparation de honnestete et vtilite en la vertu de attrempance.

Ous auons assez determine dessus de la comparation des choses vtiles et honnestes en trops des vertuz cardinalles/cestassa-
uoir en prudence/iustice/et force. Pource doncques il ne reste plus
a determiner dicelle comparation/sy non en la quarte vertu qui
est contenue en honneur/moderation/modestie/continence/et attrempance. Je demande doncqs se vne chose peut estre vtile quāt
elle est contraire a la compaignie de telles vertuz/certainemēt nenny combien que
les philosophes cirenayqs et anucenes q̃ sont venuz de Aristip⁹ ayent dit q̃ tout biē
est en volupte et q̃ vertuz doit estre louee/pource q̃ par elle vient volupte. Et ape ce
q̃lz ont este mors les eppcures sont venuz q̃ ont eu presq̃ semblable opinion. Mais
sy cest lopinion de ces philosophes q̃ sont ainsy vraiz et iustes que nous disone de retenir et deffendre hōnestete/il fault arguer a eulx/car sil est ainsy q̃ nō pas seulemēt

lutilite. Mais toute la Bie des hommes soit bien eureuse quant la complexion du
corps est ferme sans maladie et que lesperance dicelle complexion est certaine/com
me a escript Metheodorus qui estoit epicure. Lors celle Btilite qui est la souueraine
Btilite selon lopinion des eppcures pourra bien estre comparee auecques honneste/
te/mais ou sera principalement donne le lieu de prudence/se tasse affin quelle quie/
re les suauitez et les Boluptez/nenny.

C Quã miserest Birtutis famulat⁹ seruientis Boluptati. C Car la seruitude des
Bertuz qui sert a la Bolupte est inique et mauluaise/ꝗ aussy le don de prudence doit
il esslire les Boluptez/nenny. Car combien quil ne soit chose plus ioyeuse que les Bo
luptez/touteffoys il nest chose qui soit plus deshonneste. Et pourtant selon leur opi
nion la Bertu de prudence ne saroit auoir aulcun lieu. Mais selon lopinion diceulx
eppcures quel lieu saroit auoir la Bertu de force qui est de despriser les labeurs ꝗ les
douleurs puis ꝗl disent que douleur est le souuerain mal/elle ne saroit auoir lieu/
combien quilz disent en plusieurs lieux que la diffinition de force sy est/se douloir
assez fort. Mais touteffoys on ne doit point regarder quelle diffinition ilz luy bail
lent ne ce quilz dient/pource quilz dient que le souuerain bien cest Bolupte/et le sou
uerain mal cest douleur/aincops on doit regarder ce qui leur est conuenable a dire/
car selon leur opinion la Bertu de force ne saroit auoir aulcun lieu. Finablement ꝗl
lieu pourroit on donner selon leur opinion a la Bertu de continence ꝗ attrempance/
de laquelle ilz disent beaucop de choses en plusieurs lieux. Mais ilz plent en Bain/
certainemẽt on ne luy saroit donner lieu selon leur Bainne opinion. Car Bng hõme
qui met son souuerain bien en Bolupte ne pourroit louer attrempance/car attrem/
pance est ennemye de delit/et les delitz ensupuent les Boluptez. Et pourtant en ces
trops manieres de Bertuz ilz se desuoyent mauluaisement de Bertu/car premiere/
ment selon leur opinion ilz introduisent la Bertu de prudence tellemẽt quelle suppe/
dite toute science et deboute douleurs par Bolupte. Secondement ilz eppliquent aul
cunement la Bertu de force puis quilz baillent rayson de despriser la mort/et de souf
frir douleur. Et finablement ilz induisent attrempance/non pas facilement/mais
comme ilz peuent/car ilz dient que par la grandeur de Bolupte la douleur est ostee.
Mais selon leur opinion iustice Bacille ou elle est plustost nulle. Et semblablemẽt
toutes les Bertuz qui sont en la cõmunite et societe de lumain signaige/car les Ber/
tuz de bonte/liberalite/et humanite/ ne peuent aulcunement estre selon leur opini/
on nõ plus que amitie quant elles ne sont pas desirees pour elles mesmes/aincops
pour Bolupte et Btilite. Et pourtant il nous sault paracheuer en briefue parolle/
car comme nous auons monstre que Btilite est nulle quant elle est contraire a hon/
nestete. Pource doncques selon mon opinion Calipho et Dynomachus sont plus a
reprendre pource quilz cuidoyent oster toute controuerse silz eussent peu conioindre
Bolupte auecques honnestete/ ainsy comme bestialite est conioincte auecques hu/
manite. Mais honnestete ne recoyt point de telle coniunction/aincops elle la des/
prise et deboute plustost / car la fain des biens et des maulx que doit estre simple

ne peut estre meslee ou attrempee par choses qui ne luy ressemblent pas/mais luy
sont contraires comme est volupte a vtilite.Or nous auõs assez parle en daultres
lieux de ceste matiere/car cest vne grande chose. Et pourtant il nous fault retour=
ner a nostre propos/car il est assez dispute dessus comment on doit iuger quant ce
qui semble estre vtile repugne a honnestete. Mais se volupte sembloit auoir aul=
cune espece de vtilite.Pourtant ne peut elle auoir aulcune coniunction auecqs hon
nestete/car combien que nous baillons aulcun peu de delectation a volupte/car a=
sauenture luy en baillons nous vng peu/touteffoys sy ne pourra elle point auoir
de vtilite en elle.Et ce qui est dit dessus suffise pour le present de la comparation de
honnestete et vtilite es quattre vertuz cardinales.

R mon filz Marcus tu as vng don de ton pere qui est en ce pre=
sent liure. Et selon mon iugement le don est bien grant. mais il
te sera ainsy grant comme tu le vouldras prendre. Et pourtãt tu
receputas ces troys liures/comme hostes entre les commans de
ton maistre Cratipus/cest a dire que tu ne mettras pas tant de
temps a veoir les commans de ton maistre que tu ne voyes aul=
cuneffoys de ce psent liure/et se ie fusse alle a atheines tu meusse oup aulcuneffoys
parler/laquelle chose ieusse fait se ce ne fut que noz rommains me renuoyerent que
tir comme ie estoye ia en my chemin. Mais pource que en ces volumes ma voix est
allee iusques a toy tu y employeras de ton temps tant que tu pourras/et y en pour=
ras tant employer que tu vouldras.Et quãt ie sauray que tu te esioyras de estudier
en ceste maniere de science ie me hasteray bien brief de te aller veoir comme iespoire
Et quant tu ne seras pas auecques moy ie parleray a toy en mon absence par ce
present liure.

E te salue doncques mon filz Cicero/τ sache q̃ ie te arme beau=
cop et te tiens bien cher. Mais encore te tiendray ie plus cher se
tu tesioys des commandemens et enseignemens des offices et
vertuz que ie te enuoye.

C Sy finist ce present liure intitule Marcus Tullius Cicero contenãt troys
volumes parlant de iustice et iniustice/et des quattre vertuz cardinallee. Imprime
a lyon. Lam. M.cccc.lxxxxiiii.le.xi.iour de feburier.